Findbücher zu Beständen des Bundesarchivs

Bundeskanzleramt
1949 – 1969 (2001)

Bestand B 136

Bearbeitet von Jörg Filthaut und Lars Amelung

Koblenz 2007

Band 112

Gesamtherstellung: Wirtschaftverlag NW GmbH, Bremerhaven

ISBN 978-3-86509-784-2

Inhaltsverzeichnis

Bestand Bundeskanzleramt (B 136) 1949-1969 (2001)

1. Aufgaben und Organisation des Bundeskanzleramtes

1.1 Die Stellung des Bundeskanzlers innerhalb der Bundesregierung

Die Obersten Bundes- und Verfassungsorgane sind nach der Ordnung des Grundgesetzes der Bundestag, der Bundesrat, der Bundespräsident und die Bundesregierung. Die Bundesregierung (Bundeskabinett) besteht aus dem Bundeskanzler und den Bundesministern[1]. Sie ist ein Kollegialorgan, in dem aber dem Bundeskanzler eine herausgehobene Stellung zukommt; denn er leitet die Geschäfte der Bundesregierung, bestimmt die Richtlinien der Politik und trägt die politische Verantwortung für das Handeln der Bundesregierung[2]. Die Überordnung des Bundeskanzlers als primus inter pares, das so genannte Kanzlerprinzip, schließt neben der Richtlinienkompetenz das Recht des Bundeskanzlers zur Ministerauswahl und zur Bestimmung der Ressortstruktur ein[3]. Dieses monokratische Prinzip setzt sich nach unten im Ressortprinzip fort, nach dem jeder Bundesminister für seinen eigenen Geschäftsbereich die volle Verantwortung trägt und diesen selbständig leitet. Kanzler- und Ressortprinzip stehen dem Kabinettsprinzip gegenüber, das die Bundesregierung als kollegiales Entscheidungsorgan begreift. Zu den wichtigsten Aufgaben der Bundesregierung als Kollegium gehören die Entscheidung bei Meinungsverschiedenheiten zwischen den Bundesministern, die Zustimmung zu allen Regierungsvorlagen und die Einbringung von Gesetzesvorlagen beim Bundestag.

Das Zusammenwirken dieser drei Organisationsprinzipien wird in der Verfassungspraxis von den handelnden Personen und den politischen Konstellationen ausgefüllt. So erfolgt die Regierungsbildung in aller Regel im Rahmen eines oft langwierigen Verhandlungsprozesses zwischen den künftigen Regierungsparteien. Dieses Koalitionsprinzip schränkt den in der Verfassung theoretisch großen Handlungsspielraum des Bundeskanzlers in der Praxis erheblich ein, zumal das Ergebnis in Form schriftlicher, zumindest in Teilen veröffentlichter Koalitionsverträge die inhaltliche Ar-

---

[1] Vgl. Artikel 62 Grundgesetz. Für die Frühzeit der Bundesrepublik vgl. auch Wengst: Staatsaufbau.

[2] Vgl. Artikel 65 Grundgesetz, aber auch § 1 der Geschäftsordnung der Bundesregierung vom 11. Mai 1951. GMBl. 1951. S. 137. Zur konkreten Ausgestaltung der Richtlinienkompetenz vgl. auch BArch B 136/4648. Vgl. außerdem Hennis: Richtlinienkompetenz, Junker: Richtlinienkompetenz, Maurer: Richtlinienkompetenz, Schuett-Wetschky: Richtlinienkompetenz. Teil I, Schuett-Wetschky: Richtlinienkompetenz. Teil II. Vgl. auch Buchheim: Richtlinienkompetenz. Zur Erarbeitung der Geschäftsordnung vgl. auch BArch B 136/4646 und 4647.

[3] Vgl. § 9 der Geschäftsordnung der Bundesregierung. Vgl. auch Böckenförde: Organisationsgewalt und Helms: Amt. Die Ernennung bzw. Entlassung der Bundesminister vollzieht formal der Bundespräsident. Gleichwohl folgte er bislang durchgängig den Vorschlägen des Bundeskanzlers.

beitsgrundlage für die Regierungsarbeit darstellt. Meinungsverschiedenheiten in Sachfragen innerhalb der Bundesregierung werden immer auch von der Koalitionskonstellation überschattet. Ein Rückgriff des Bundeskanzlers auf seine Richtlinienkompetenz kann im Konfliktfalle die Stabilität des Regierungsbündnisses sogar gefährden. Es überrascht daher nicht, dass der Richtlinienkompetenz in der Verfassungswirklichkeit eher die Funktion einer ultima ratio zukommt, die dem Bundeskanzler in einer politisch schwierigen Situation zusätzliche Autorität verleiht[4]. Zudem ist der Bundeskanzler in Koalitionsregierungen in seiner Organisationsgewalt eingeschränkt, da Auswahl der Bundesminister und Zuschnitte der Ressorts auch den Regeln der Koalitionsarithmetik sowie parteipolitischen, konfessionellen und landsmannschaftlichen Aspekten folgen. Die Position des Bundeskanzlers insgesamt wird jedoch in der Regel durch die auftretende Personalunion von Bundeskanzler und Parteivorsitzendem der größeren Partei in einem Regierungsbündnis gestärkt.

Des weiteren versuchten die Bundeskanzler in komplexen politischen Situationen, wie es die Bedingungen einer Koalitionsregierung darstellen, die politische Planung und die Entscheidungsfindung immer weiter aus den dafür vorgesehenen Institutionen in kleinere Zirkel zu verlagern, für die der Name „Küchenkabinett" gebräuchlich geworden ist. Dies kann in einer Koalitionsregierung ein informelles Gremium aus den Parteivorsitzenden der Regierungsparteien sein, in dem die grundsätzlichen Entscheidungen bereits getroffen werden. Unter einem Küchenkabinett kann gleichfalls der informelle persönliche Beraterstab des Regierungschefs verstanden werden, der ihn bei der Bewältigung des politischen Alltags unterstützt[5]. Küchenkabinette entstehen nicht nur, um die politische Entscheidungsfindung dem Scheinwerferlicht der medialen Öffentlichkeit zu entziehen, sondern auch, um den Entscheidungsprozeß in einer immer komplexer werdenden Welt sicherzustellen. Als Gebot der Praxis werden Expertenrunden und Ausschüsse gebildet, bisweilen auf Kabinettsebene selbst, wie z.B. im Falle des Kabinettsausschusses für Wirtschaft[6]. Das Kabinett in seiner Gesamtheit vermag allein nicht mehr als Steuerungsinstrument das Regierungshandeln qualifiziert zu regeln. Dies liegt an der zunehmenden Komplexität der Regierungsgeschäfte, die sich auch in der Ausweitung und Differenzierung der

---

[4] Vgl. Helms: Regierungsorganisation. S. 61 f. Vgl. auch Ellwein, Hesse: Regierungssystem. Band 1. S. 309-315, Wewer: Richtlinienkompetenz und Rudzio: Informelle Entscheidungsmuster.
[5] Vgl. Müller, Walter: Graue Eminenzen. S. 9 f.
[6] Vgl. Kabinettsausschuß für Wirtschaft. Bde 1-3.

Bundesministerien manifestiert, zugleich aber das Entscheidungsgremium Bundeskabinett insgesamt zu schwerfällig macht.

1.2 Aufgaben des Bundeskanzleramtes

Als institutionelle Verankerung dient dem Bundeskanzler das Bundeskanzleramt, das, obgleich verfassungsrechtlich kein Bundesministerium, im politischen Alltag die Stellung einer obersten Bundesbehörde besitzt. Auch ohne Weisungsbefugnis gegenüber den Ressorts besitzt das Bundeskanzleramt faktisch eine übergeordnete Stellung über den Bundesministerien. Im Grundgesetz wird das Bundeskanzleramt allerdings nicht erwähnt, und die Geschäftsordnung der Bundesregierung führt nur aus, dass der Staatssekretär des Bundeskanzleramtes zugleich die Geschäfte eines Staatssekretärs der Bundesregierung wahrnimmt[7]. Dies bedeutet, dass der Bundeskanzler hinsichtlich des organisatorischen und personellen Gefüges des Bundeskanzleramtes völlig freie Hand besitzt. Gleichzeitig sind damit die beiden zentralen Aufgaben umschrieben: Als eine Art persönliches Büro unterstützt das Bundeskanzleramt die Arbeit des Regierungschefs und zugleich ist es die zentrale Geschäftsstelle, die das Funktionieren der Bundesregierung als ganzes organisiert.

Das Bundeskanzleramt unterrichtet den Bundeskanzler fortlaufend über alle politischen Angelegenheiten inner- und außerhalb der Bundesregierung, bereitet alle relevanten Informationen komprimiert auf und gestaltet Politik, indem in vom Bundeskanzler für wichtig erachteten Fällen politische Impulse gesetzt und eigene Konzepte entwickelt werden.

Informationsaufbereitung und konzeptionelles Arbeiten sind die wichtigsten Grundlagen für die Vorbereitung der Entscheidungen des Bundeskanzlers. Das Bundeskanzleramt kontrolliert anschließend die Umsetzung der Entscheidungen und informiert den Bundeskanzler über ihre Durchführung.

Gegenüber den Fachressorts besitzt das Bundeskanzleramt zwar keine Weisungsbefugnis, trägt jedoch als Koordinierungs- und Clearingstelle wesentlich dazu bei, dass Entscheidungen der Bundesregierung getroffen und einheitlich umgesetzt werden[8]. Da politische Entscheidungen in Verträgen, Gesetzen, Rechtsverordnungen und Verwaltungsvorschriften fixiert werden, die jeweils vom federführenden Fachressort vorbereitet werden, ist das Bundeskanzleramt sehr früh in das Verfahren

---

[7] Vgl. § 7 der Geschäftsordnung der Bundesregierung.

[8] Vgl. §§ 2-3 der Geschäftsordnung der Bundesregierung, Busse: Bundeskanzleramt. S. 56, Knoll: Bonner Bundeskanzleramt. S. 53-58.

eingebunden, um bei Meinungsverschiedenheiten einzugreifen (etwa bei Fragen der Ressortzuständigkeit) und den Verfahrensablauf zu gewährleisten. Dies drückt sich organisatorisch in den sogenannten Spiegelreferaten aus, deren Aufgabe es ist, den Bundeskanzler über alle wesentlichen Angelegenheiten der von ihnen betreuten Ressorts zu informieren und sich informieren zu lassen: Die Spiegelreferate erfüllen eine Verbindungsfunktion zwischen den einzelnen Ressorts auf der einen sowie Bundeskanzler und Bundeskanzleramt auf der anderen Seite.

Das Bundeskanzleramt verteilt an die gesetzgebenden Körperschaften Bundestag und Bundesrat die Gesetzentwürfe der Bundesregierung nach Beschlussfassung im Kabinett[9] und sorgt nach Verabschiedung durch das Parlament für die Gegenzeichnung der Urschrift durch den federführenden Bundesminister und den Bundeskanzler. Die Urschrift wird sodann an das Bundespräsidialamt zur Ausfertigung und Verkündigung durch den Bundespräsidenten weitergeleitet[10]. Das Bundeskanzleramt leitet Große und Kleine Anfragen sowie mündliche und schriftliche Fragen des Parlaments an die Bundesregierung dem jeweils federführenden Ressort zu, klärt u.U. bei mehreren beteiligten Ministerien die Federführung und koordiniert so auf Seiten der Exekutive die Beantwortung von Anfragen der Legislative.

Auch bei Streitsachen vor dem Bundesverfassungsgericht fungiert das Bundeskanzleramt als Zentrale der Bundesregierung. Das Bundesverfassungsgericht gibt in zahlreichen Verfahren der Bundesregierung die Gelegenheit zur Stellungnahme. Das Bundeskanzleramt bestimmt das federführende Ressort, das diese Stellungnahme abgibt und ggfs. die Bundesregierung vor dem Bundesverfassungsgericht vertritt und beteiligt neben den sachlich betroffenen Ministerien zudem die Bundesministerien des Innern und der Justiz.

Dem Bundeskanzleramt obliegen die Sekretariatsgeschäfte des Bundeskabinetts, insbesondere die Vorbereitung und Durchführung der Sitzungen des Kabinetts und seiner Ausschüsse[11]. Es erstellt und versendet die Tagesordnungen für die wöchentlichen Kabinettsitzungen sowie die Ergebnisprotokolle. Wird im Kollegialorgan der Bundesregierung ein Gesetzentwurf beschlossen, leitet das Bundeskanzleramt diesen an die gesetzgebenden Gremien weiter. Außerdem werden neben den Ent-

---

[9] Zum Verfahren der Regierungsvorlagen in Bundestag und Bundesrat vgl. auch BArch B 136/4815 und 4816. Zur Behandlung von Gesetzentwürfen im Bundeskanzleramt vgl. auch B 136/4819.

[10] Vgl. §§ 28-30 der Geschäftsordnung der Bundesregierung und Kapitel II des Besonderen Teils (GGO II) der Gemeinsamen Geschäftsordnung der Bundesministerien, insbesondere §§ 57-62. Zum Verfahren der Verkündigung von Gesetzen vgl. auch BArch B 136/4815.

[11] Vgl. insbesondere §§ 21 – 27 der Geschäftsordnung der Bundesregierung.

scheidungen in den Sitzungen des Bundeskabinetts Kabinettbeschlüsse im sogenannten Umlaufverfahren herbeigeführt. In diesen Fällen erfolgt die Versendung der Vorlagen und die Bitte um Zustimmungserteilung innerhalb einer festgesetzten Frist auf schriftlichem Wege an alle betroffenen Ressorts durch das Bundeskanzleramt[12]. Dieser Begriff geht auf ein Verfahren aus der Frühen Neuzeit zurück, nach dem in einem kreisförmigen Verfahren jeder beteiligte fürstliche Rat sein Votum außerhalb des Konsiliums zu Hause in ein Beschlussbuch eintrug und dabei, bevor das Beschlussbuch zum nächsten Rat gelangte, auch die Voten seiner Vorgänger sehen konnte. Heutzutage nimmt das Verfahren einen sternförmigen Verlauf, indem die Vorlage direkt von der Zentrale Bundeskanzleramt an die einzelnen Bundesministerien verschickt wird, die unmittelbar entscheiden, ohne die Beschlussfindung der anderen beteiligten Ressorts zu kennen.

In der politischen Praxis von Koalitionsregierungen fungiert das Bundeskanzleramt als Schnittstelle zu den Regierungsparteien und ihren Vertretern. Die Kontakte zwischen der Bundesregierung und den Landesregierungen werden auch über das Bundeskanzleramt koordiniert. Es ist zudem die erste Anlaufstelle für externe Regierungsberater und Experten. Außerdem wird das Bundeskanzleramt zum Ansatzpunkt von Verbänden und Interessengruppen; denn in dem Augenblick, in dem eine Angelegenheit im Verfahrensgang das Bundeskanzleramt erreicht hat, hat sie den rein administrativen Raum verlassen und wird zunehmend politisch aufgeladen. Diese Beziehungen dienen dem Bundeskanzleramt umgekehrt auch zur Informationsgewinnung außerhalb der Bundesregierung. Daher werden die Kontakte zu den Landesregierungen, gesellschaftlichen Gruppen und insbesondere den politischen Parteien und ihren Fraktionen gepflegt. Schließlich treten eine Vielzahl von Privatpersonen und Institutionen mit ihren Anliegen an den Bundeskanzler heran. Das Bundeskanzleramt übernimmt die Beantwortung der Petitionen bzw. leitet sie an die zuständige Stelle weiter.

Auch in diesen eher informellen Strukturen der Verfassungswirklichkeit organisiert das Bundeskanzleramt als Geschäftsstelle und Adresse der Bundesregierung deren Funktionieren.

---

[12] Zur Bearbeitung von Kabinettvorlagen und der Vorbereitung von Kabinettbeschlüssen im Umlaufverfahren vgl. auch BArch B 136/4781 und Geschäftsordnung der Bundesregierung § 20 (2).

1.3 Geschichte und Organisation des Bundeskanzleramtes

1.3.1 Die Behördenbezeichnung

Der Name Bundeskanzleramt weicht zunächst innerhalb der durchgehenden Bezeichnung der obersten Bundesbehörden als Bundesministerien genauso von der Regel ab wie Bundespräsidialamt und Auswärtiges Amt[13]. War dies im Falle des Auswärtigen Amtes der Tradition dieser Behörde geschuldet, so setzte sich die Bezeichnung Bundeskanzleramt zunehmend gegenüber dem anfänglich gebräuchlichen Begriff „Bundeskanzlei" durch. Die Bezeichnung Bundeskanzlei erschien endgültig erst nach 1958 nicht mehr im Bundeshaushaltsplan. Knüpfte dieser Begriff noch an die traditionelle Bezeichnung „Reichskanzlei" an, deren institutionelle Struktur während der Weimarer Republik auch das Vorbild für die Empfehlungen des Organisationsausschusses der Ministerpräsidenten abgab[14], so hatte es mit dem Bundeskanzleramt des Norddeutschen Bundes bereits eine Behörde gleichen Namens, jedoch völlig anderer Funktion gegeben. Die Wahl der Bezeichnung Bundeskanzleramt indes signalisierte, dass es sich weniger um eine Kanzlei des Kabinetts handelte als vielmehr um das Amt des Bundeskanzlers. Auch wenn der Staatssekretär im Bundeskanzleramt die Geschäfte eines Staatssekretärs der Bundesregierung wahrnimmt[15], so betont die Behördenbezeichnung einseitig die dem Regierungschef unmittelbar zuarbeitende Funktion der Behörde und vernachlässigt die Funktion des Bundeskanzleramtes als Geschäftsstelle der Bundesregierung[16].

1.3.2 Das Bundeskanzleramt in der Gründungsphase 1949/50

Die Behördenleitung des am 16. September 1949 eingerichteten Bundeskanzleramtes[17] wurde in der Anfangszeit zunächst als „Staatssekretär des Innern im Bun-

---

[13] Zum Auswärtigen Amt und Bundespräsidialamt vgl. auch Hoffmann: Bundesministerien. S. 139-163 und 517-525.

[14] Vgl. Knoll: Bonner Bundeskanzleramt. S. 71-73.

[15] Vgl. § 7 der Geschäftsordnung der Bundesregierung.

[16] Vgl. Schöne: Reichskanzlei zum Bundeskanzleramt. S. 186 und Hoffmann: Bundesministerien. S. 526. Vgl. auch den Überblick bei Behrendt: Bundeskanzleramt S. 9-26.

[17] Zur Geschichte und Organisation des Bundeskanzleramtes vgl. die Ausarbeitung Hans Buchheims: Die organisatorische Entwicklung des Bundeskanzleramtes während der Kanzlerschaft von Dr. Konrad Adenauer. In: BArch B 136/3994; Bachmann: Bundeskanzleramt.; Behrendt: Bundeskanzleramt. S. 27-47; Busse: Bundeskanzleramt S. 109-115, Hoffmann: Bundesministerien. S. 526-539; Knoll: Bonner Bundeskanzleramt. S. 81-104, 122-131, 150-162; König: Umgang mit Komplexität; Müller-Rommel, Pieper: Bundeskanzleramt als Regierungszentrale; Schöne: Reichskanzlei zum Bundeskanzleramt; Dyson: German Federal Chancellor's Office.. Vgl. auch den repräsentativen Band: Haus der Geschichte der Bundesrepublik Deutschland; Bundeskanzleramt: Bundeskanzler.
In BArch B 136/3994 auch Angaben zum Werk Behrendts, das in der Reihe Ämter und Organisationen der Bundesrepublik Deutschland erschien.

deskanzleramt“ bezeichnet, was die anfängliche Aufteilung des Bundeskanzleramtes in einen außen- und innenpolitischen Bereich ausdrückte. Mit der Wahrnehmung der Geschäfte eines Staatssekretärs wurde Franz-Josef Wuermeling beauftragt, der jedoch im Januar 1950 das Bundeskanzleramt verließ, um sich ganz seinem Abgeordnetenmandat zu widmen. Bis zur Berufung von Otto Lenz im Januar 1951 vertrat Hans Globke im Range eines Ministerialdirektors den Staatssekretär des Innern.
Das im Frühjahr 1950 eingerichtete Persönliche Büro des Bundeskanzlers gehörte ebenfalls zum Leitungsbereich und wurde in der Anfangszeit vom Persönlichen Referenten des Bundeskanzlers geleitet.
Die Arbeitsebene gliederte sich anfangs in zwei Abteilungen: die „Zentralabteilung“ (Abteilung I) mit vier Referaten (Referat 1: Ministerialbürodirektor, Referat 2: Haushaltssachen, Kassen- und Rechnungswesen, Referat 3: Personalien des Hauses und des Kabinetts, Referat 4: Verkehr mit den politischen Parteien), die Staatssekretär Wuermeling direkt unterstellt war, und die Abteilung II „Koordinierungs- und Kabinettsangelegenheiten“, geleitet von Globke, mit weiteren fünf Referaten. Referat 5 war zuständig für Angelegenheiten der Präsidialkanzlei, Bundestag, Bundesrat, Inneres, Justiz, Gesamtdeutschland, Bundesratsangelegenheiten, Referat 6 für Finanzen, Wirtschaft, Landwirtschaft, ERP (European Recovery Program), Bundesbank, Referat 7 für Arbeit, Wohnungsbau, Vertriebene, Wohnraumfragen der Angehörigen des Bundeskanzleramtes, Referat 8 für Verkehr, Post, Rechnungshof und Referat 9 für Wissenschaftliche Forschung[18]. Im Januar 1950 wurden diese beiden Abteilungen zu einer Abteilung mit neun Referaten zusammengefasst, als neue Abteilung II trat das Presse- und Informationsamt hinzu. Anfangs Bundeskanzler Konrad Adenauer direkt unterstellt, war das Presse- und Informationsamt nun dem Staatssekretär des Innern im Bundeskanzleramt zugeordnet und sollte erst 1958 wieder, mit einem eigenen Staatssekretär ausgestattet, dem Bundeskanzler unmittelbar unterstellt werden[19].
Die Souveränitätsbeschränkungen durch das alliierte Besatzungsstatut führten dazu, dass in der Anfangszeit weitere Aufgaben, für die noch keine Zuständigkeit existierte, quasi im Vorgriff beim Bundeskanzleramt angesiedelt waren. Zum einen waren dies auf außenpolitischem Gebiet die Abteilung „Verkehr mit der Alliierten Hohen

---

Vgl. des weiteren Organisations- und Geschäftsverteilungspläne in BArch B 136/41164 bis 41165 und 41126 sowie in der Sammlung Archivische Hilfsmittel (AHm III) des Bundesarchivs.

[18] Vgl. Hoffmann: Bundesministerien. S. 531-535.

[19] Zum Presse- und Informationsamt der Bundesregierung vgl. allgemein Hoffmann: Bundesministerien. S. 559-574 und Walker: Presse- und Informationsamt. Zur haushaltsmäßigen Anbindung an das Bundeskanzleramt vgl. auch BArch B 136/1689 oder die Sammlung in BArch B 136/41170.

Kommission", das „Organisationsbüro für die konsularisch-wirtschaftlichen Vertretungen im Ausland" und das „Deutsche Büro für Friedensfragen". Im Juni 1950 wurden diese Einrichtungen zur „Dienststelle für Auswärtige Angelegenheiten" zusammengefasst.

Zum anderen bestand auf sicherheitspolitischem Gebiet ab Mitte 1950 das "Büro Schwerin", das später auch "Zentrale für Heimatdienst"[20] genannt wurde und für Fragen der inneren Sicherheit zuständig war. Ab Oktober 1950 ging das Büro Schwerin auf in der Dienststelle des „Beauftragten des Bundeskanzlers für die mit der Vermehrung der alliierten Truppen zusammenhängenden Fragen", die auch nach ihrem ersten Leiter, Theodor Blank, Dienststelle oder Amt Blank genannt wurde.

1.3.3 Die organisatorische Entwicklung des Bundeskanzleramtes ab 1951

Ab 15. Januar 1951 stand Otto Lenz als Staatssekretär des Innern dem Bundeskanzleramt vor. Die im April 1951 erfolgte Umbenennung in „Staatssekretär im Bundeskanzleramt" signalisierte die organisatorische Konsolidierung der Behörde.

Im Januar 1952 wurde das „Persönliche Büro" in „Kanzlerbüro" umbenannt; es gab jetzt einen „Persönlichen Referenten" und einen „Leiter des Kanzlerbüros".

Vom 1. November 1953 bis zum Ende der Kanzlerschaft Adenauers[21] im Oktober 1963 leitete Hans Globke als Staatssekretär das Bundeskanzleramt.

Im Januar 1956 wurden zwei neue Referate in der Abteilung I mit Zuständigkeiten für das Auswärtige Amt und das Bundesministerium für Verteidigung gebildet.

Eine bedeutendere Umorganisation fand zum 1. August 1958 statt: Die zu diesem Zeitpunkt auf 14 angewachsenen Referate wurden bis zum 1. Januar 1960 in drei Unterabteilungen gegliedert. Diese Zusammenfassung der Referate bewährte sich jedoch nicht, so dass die Unterabteilungen wieder aufgelöst wurden und danach zusammen wieder zwei Abteilungen bestanden[22].

Die Organisationsstruktur des Bundeskanzleramtes in der Ära Adenauer blieb insgesamt recht einfach, wenn von den zahlreichen Sonderorganisationen der Anfangszeit abgesehen wird, deren Existenz in der Regel in den Souveränitätsbeschränkungen der jungen Bundesrepublik begründet war. Die gesamte Regierungszeit Adenauers über blieb das kleine und straff geführte Bundeskanzleramt ein

---

[20] Vgl. Angaben im Haushalt der Bundeszentrale in BArch B 136/1672.

[21] Zur Kanzlerschaft Adenauers vgl. Schwarz: Adenauer. Band 1 und 2; Köhler: Adenauer und auch die Dokumentation in BArch B 136/41107 bis 41108.

[22] Vgl. Behrendt: Bundeskanzleramt. S. 34.

Instrument persönlicher Macht, wobei sich der Kanzler auf den langjährigen Staatssekretär und Leiter des Bundeskanzleramtes, Hans Globke, in besonderem Maße stützen konnte. Prägte Adenauer mit seiner dominanten Rolle die konkrete Ausgestaltung des Verfassungsgefüges, was der Begriff der „Kanzlerdemokratie" umschreibt, so war die Amtsführung Globkes als Leiter des Bundeskanzleramtes nicht minder stilprägend für seine Nachfolger[23].

Unter Bundeskanzler Ludwig Erhard[24] wurde eine weitere Abteilung eingerichtet, in der u.a. die Planungs- und Informationsarbeiten[25] geleistet werden sollten. Diese Verlagerung von Leitungsaufgaben in den Arbeitsbereich sollte den Stabsbereich entlasten[26]. Mit dem Kanzlerwechsel 1963 übernahm der bisherige Staatssekretär im Bundesministerium für Wirtschaft Ludger Westrick die Leitung als Staatssekretär im Bundeskanzleramt, ab 23. Oktober 1964 im Range eines Bundesministers für besondere Aufgaben unter der Bezeichnung „Chef des Bundeskanzleramtes"[27] (Vgl. Organigramm im Anhang).

Bundeskanzler Erhard pflegte einen kollegialerem Regierungsstil als Moderator und Koordinator, der sich gerade im Kabinett als primus inter pares sah. Die neu eingerichtete Abteilung 3 sollte daher die längerfristige Planung und Kontaktpflege zu externen Forschungseinrichtungen und einzelnen Persönlichkeiten aus dem Bereich der Wissenschaft ebenso auf eine neue Grundlage stellen wie die Beziehungspflege zu den großen politischen Interessengruppen. Das eigentliche Zentrum des Bundeskanzleramtes blieb auch unter Erhard der Chef des Bundeskanzleramtes[28].

Mit dem Amtsantritt von Bundeskanzler Kiesinger[29] im Dezember 1966 übernahm der bislang als Ministerialdirektor im Bundesministerium der Verteidigung tätige Werner Knieper die Leitung des Bundeskanzleramtes, bis ihn im Januar 1968 Karl Carstens in dieser Funktion ablöste, der zuvor Staatssekretär im Bundesministerium der Verteidigung gewesen war. Mit der Einführung der Parlamentarischen Staats-

---

[23] Vgl. Dyson: German Federal Chancellor's Office. S. 365, Helms: Regierungsorganisation. S. 88, Knoll: Bonner Bundeskanzleramt. S. 74-80, Küpper: Kanzlerdemokratie, Schwarz: Adenauers Kanzlerdemokratie, Niclauß: Kanzlerdemokratie und Buchheim: Richtlinienkompetenz.

[24] Zur Kanzlerschaft Erhards vgl. Mierzejewski: Ludwig Erhard, Hentschel: Ludwig Erhard und auch die Dokumentation in BArch B 136/441105 und 41108.

[25] Hier liegen auch die Ursprünge der 1962 gegründeten und ab 1965 im Haushalt des Bundeskanzleramtes als Zuwendungsempfänger ausgewiesenen und dem Amt nachgeordneten Stiftung Wissenschaft und Politik (SWP). Vgl. dazu etwa BArch B 136/6080 bis 6081 und 26228 bis 26231.

[26] Vgl. auch Knoll: Bonner Bundeskanzleramt. S. 122-127.

[27] Zu den Chefs des Bundeskanzleramtes vgl. auch die Dokumentation in BArch B 136/41109. Zur Amtsbezeichnung „Chef des Bundeskanzleramtes" vgl. auch BArch B 136/38780.

[28] Vgl. Knoll: Bonner Bundeskanzleramt. S. 117-122, Helms: Regierungsorganisation. S. 89.

[29] Zur Kanzlerschaft Kiesingers vgl. Gassert: Kurt Georg Kiesinger und auch die Dokumentation in BArch B 136/41104.

sekretäre[30] wurde im April 1967 Karl Theodor Freiherr von und zu Guttenberg Parlamentarischer Staatssekretär im Bundeskanzleramt mit der Aufgabe, die Korrespondenz des Bundeskanzlers mit dem Bundestag zu bearbeiten und die Sitzungen des Kabinettsausschusses für innerdeutsche Beziehungen vorzubereiten[31].

Anfang August 1966 wuchs das Bundeskanzleramt auf drei Abteilungen mit 17 Referaten an (Vgl. Organigramm im Anhang); Anfang Juni 1967 waren es bereits vier Abteilungen, für deren Untergliederung die Organisationseinheit der „Gruppe" eingeführt wurde (Vgl. Organigramm im Anhang). Die vier Abteilungen bestanden aus einer Abteilung Zentrale Dienste, zwei Fachabteilungen sowie einer Abteilung Planungsstab und untergliederten sich in 16 Referate, wobei die Abteilungen I und II zusätzlich die Organisationseinheit „Gruppe" enthielten. Im August 1968 wurde die Anzahl der Abteilungen auf drei reduziert, indem der Planungsstab seinen Abteilungsstatus verlor, mit vier Gruppen und elf Referaten (Vgl. Organigramm im Anhang). Ende der sechziger und Anfang der siebziger Jahre wuchs die Anzahl der Abteilungen von drei auf fünf, seit 1977 blieb ihre Anzahl im Organisationsgefüge des Bundeskanzleramtes konstant bei sechs Abteilungen.

Wie sein Vorgänger war Kiesinger bemüht, Adenauers bzw. Globkes System persönlicher Kontakte zu Amtsinhabern in den Ressorts durch eine administrativere Koordinationsstruktur zu ersetzen, was insbesondere den Planungsstab betraf. Unter den Bedingungen einer Großen Koalition verlor das Kabinett an Bedeutung als Ort der politischen Entscheidungsfindung, die statt dessen in kleinere Zirkel und Gesprächsrunden ausgelagert wurde. Der Bedarf an Koordination und Kompromissfindung, der durch das Bundeskanzleramt zu organisieren war, stieg erheblich an[32].

1.3.4 Der Staatssekretär im Bundeskanzleramt

Auf der Leitungsebene waren zunächst zwei Staatssekretäre vorgesehen: ein Staatssekretär des Innern mit der Aufgabe, die Geschäfte für Kanzler und Kabinett zu leiten, und ein Staatssekretär für die Auswärtigen Angelegenheiten, was dem Umstand Rechnung tragen sollte, dass die junge Bundesrepublik noch alliierten Souveränitätsbeschränkungen unterlag und kein eigenes Außenministerium unterhielt. Auch wenn das auswärtige Staatssekretariat letztlich nicht eingerichtet wurde,

---

[30] Vgl. Laufer: Parlamentarischer Staatssekretär. Zu Katharina Focke vgl. auch die Materialsammlung in BArch B 136/41111.

[31] Vgl. Hoffmann: Bundesministerien. S. 549.

[32] Vgl. Knoll: Bonner Bundeskanzleramt. S. 143-150, Helms: Regierungsorganisation. S. 89 f. Vgl. auch Knorr: Entscheidungsprozeß.

so wurde an der Amtsbezeichnung „Staatssekretär des Innern im Bundeskanzleramt" festgehalten. Im April 1951 erfolgte die Umbenennung in „Staatssekretär im Bundeskanzleramt", seit dem Oktober 1964 wurde die Bezeichnung „Chef des Bundeskanzleramtes" gebräuchlich, deren Inhaber wahlweise den Rang eines Staatssekretärs oder Bundesministers bekleideten.

Dem Staatsekretär oblagen die Aufgaben einer Kanzler- und Regierungskanzlei, so dass er eine Schlüsselstellung innerhalb der Bundesregierung besaß.

Zunächst wurde der CDU-Bundestagsabgeordnete Franz-Josef Wuermeling mit der Wahrnehmung der Geschäfte eines Staatssekretärs des Innern im Bundeskanzleramt beauftragt und versuchte das Amt neben seinem Abgeordnetenmandat zu leiten. Obwohl die gesetzliche Regelung zur Vereinbarkeit von Amt und Mandat zu diesem Zeitpunkt noch nicht kodifiziert war, erwies sich die Doppelaufgabe in der Praxis als unmöglich, so dass sich Wuermeling für seine Parlamentsarbeit entschied[33]. Nach dem Weggang Wuermelings im Februar 1950 wurde Walter Hallstein im September des gleichen Jahres formal in die Stelle des Staatssekretärs des Innern im Bundeskanzleramt eingewiesen, ohne jedoch als Leiter der Behörde in Erscheinung zu treten. Vielmehr bestand seine Aufgabe darin, das Auswärtige Amt aufzubauen, in das er im Frühjahr 1951 wechselte. Die tatsächliche Behördenleitung des Bundeskanzleramtes lag in dieser Zeit bei Hans Globke, der bereits als sehr enger Vertrauter Adenauers im September 1949 aus dem nordrhein-westfälischen Landesdienst in das Bundeskanzleramt gewechselt war. In Personalunion Abteilungsleiter II und Referatsleiter 3 der Abteilung I (Personalien des Hauses und des Kabinetts) besaß er bereits von Anfang an eine Schlüsselstellung innerhalb der Behörde, die ihn für Adenauer unentbehrlich machte[34]. Dennoch wurde Anfang Januar 1951 zunächst Otto Lenz zum Staatssekretär berufen, dem bei seinem Amtsantritt die Intensivierung der Presse- und Öffentlichkeitsarbeit als wichtigste Aufgabe zugewiesen worden war. Lenz unternahm auf diesem für Globke eher ungewohnten Feld große Anstrengungen und machte sich Hoffnungen, ausgestattet mit einem Bundestagsmandat, im zweiten Kabinett Adenauer ein Ministerium für Öffentlichkeitsarbeit übernehmen zu können. Als in der Presse von einem geplanten „Propagandaministerium" berichtet wurde, kam es zum Eklat, in dessen Folge Lenz aus dem Amt des Staatssekretärs ausschied und sein neu gewonnenes Abgeordnetenmandat

[33] Vgl. Knoll: Bonner Bundeskanzleramt. S. 81 f.
[34] Zu Globke vgl. Bach: Konrad Adenauer und Hans Globke; Hehl: Hans Globke; Gotto: Der Staatssekretär Adenauers.

wahrnahm[35]. Sein Nachfolger wurde bis zum Ende der Kanzlerschaft Adenauers Hans Globke. Er war der Mann, der die Fäden im Hintergrund zog, der effizient und geräuschlos das reibungslose Funktionieren der Regierungszentrale gewährleistete und diese zu einer Machtbasis seines Kanzlers machte. Die beiden Nachfolger Adenauers im Amt des Bundeskanzlers installierten gleichfalls enge Vertraute als Leiter des Bundeskanzleramtes bzw. tauschten bei Problemen diese Schlüsselfigur aus. Erhard brachte seinen langjährigen Mitarbeiter und Staatssekretär aus dem Bundesministerium für Wirtschaft, Ludger Westrick, mit; Kiesinger zunächst den ihm unbekannten Ministerialdirektor und Hauptabteilungsleiter II im Bundesministerium für Verteidigung, Werner Knieper auf Empfehlung des Bundesrechnungshofspräsidenten Volkmar Hopf, eines persönlichen Freundes. Doch bereits nach wenigen Monaten kam es zu Spannungen in der Zusammenarbeit zwischen Kiesinger und Knieper, die das Funktionieren der Regierungszentrale stark beeinträchtigten. Der Bruch zwischen beiden Mitte 1967 machte das Kanzleramt faktisch führungslos, und erst der Amtsantritt von Karl Carstens Anfang Januar 1968 brachte wieder Ordnung und Leitung in das Bundeskanzleramt[36].

1.3.5 Büros und Beauftragte sowie nachgeordnete Behörden

Kanzlerbüro

Im Leitungsbereich des Bundeskanzleramtes bestand das im Frühjahr 1950 eingerichtete „Persönliche Büro des Bundeskanzlers“, das dem Persönlichen Referenten des Bundeskanzlers unterstand und die an den Regierungschef gerichteten Eingaben, persönliche Post sowie den nicht von den Fachreferaten übernommenen Schriftwechsel bearbeitete und den Terminkalender des Bundeskanzlers führte[37]. Der 1951 hinzugekommene zweite Persönliche Referent war für die Belange des Sitzungsdienstes, vor allem der Kabinettssitzungen, und die Sicherheitsmaßnahmen für den Bundeskanzler zuständig. Im Januar 1952 wurde das „Persönliche Büro“ in „Kanzlerbüro“ umbenannt, es gab jetzt einen Persönlichen Referenten und einen Leiter des Kanzlerbüros[38]. Unter Erhard wurde das Kanzlerbüro wesentlich erweitert und betrieb nun zusätzlich die langfristige politische Gesamtplanung sowie die Verbindung zur Wissenschaft. Mit der Organisationsänderung vom August 1966 wurden

---

[35] Vgl. Kabinettsprotokolle 1953. S. 10-12, Schwarz: Adenauer. II. S. 117 f.
[36] Vgl. auch Knoll: Bonner Bundeskanzleramt. S. 163-166.
[37] Für den Terminkalender während der Kanzlerschaft Adenauers vgl. BArch B 136/20680 bis 20690. Unterlagen des Persönlichen Referenten finden sich u.a. in BArch B 136/20691 bis 20694.
[38] Vgl. Knoll: Bonner Bundeskanzleramt. S. 81-83, 87-90.

die Aufgaben des Kanzlerbüros im wesentlichen von der neuen Abteilung III übernommen. Die Organisationseinheit des Kanzlerbüros fiel formal weg und wurde im Juni 1967 unter Kiesiger wiedereingerichtet[39].

Büro Blankenhorn

Da das alliierte Besatzungsstatut der jungen Bundesrepublik Deutschland eine eigenständige Außenpolitik untersagte, existierte im Bundeskanzleramt in der Anfangszeit eine dem Bundeskanzler direkt unterstellte Abteilung "Verkehr mit der Alliierten Hohen Kommission" , die nach ihrem ersten Leiter Herbert Blankenhorn[40], zugleich persönlicher Referent des Bundeskanzlers, auch "Büro Blankenhorn" genannt wurde. Durch einen Erlass des Bundeskanzlers vom 6. Mai 1950 wurden die Verbindungsstelle zur Alliierten Hohen Kommission, das Organisationsbüro für die konsularisch-wirtschaftlichen Vertretungen im Ausland, die Abteilungen Ausbildung der Anwärter des diplomatischen Dienstes und Protokoll sowie das Deutsche Büro für Friedensfragen[41] unter der Verantwortung Blankenhorns zusammengefasst und ab Juni 1950 als „Dienststelle für Auswärtige Angelegenheiten" (des Bundeskanzleramtes) bezeichnet. Diese gilt als Keimzelle des Auswärtigen Amtes[42].

Außenpolitisches Büro, Planungsbüro

1959 wurden alle den Geschäftsbereich des Auswärtigen Amtes betreffenden Angelegenheiten aus dem Arbeits- in den Leitungsbereich unter der Bezeichnung „Außenpolitisches Büro“ verlagert und der Weisungsbefugnis des Staatssekretärs des Bundeskanzlers unmittelbar unterstellt. Diese Maßnahme unterstrich die Bedeutung, die Adenauer der Außenpolitik beimaß ebenso wie die Tatsache, dass der erste Leiter des „Außenpolitischen Büros“, Franz-Josef Bach, zugleich Persönlicher Referent des Bundeskanzlers war. Gleichfalls wurde auf der Leitungsebene ein Planungsbüro eingerichtet. Während das „Außenpolitische Büro“ 1966 aufgelöst wurde, wurde das Planungsbüro zum Planungsstab ausgebaut[43].

---

[39] Vgl. Knoll: Bonner Bundeskanzleramt. S. 128, 151.

[40] Vgl. auch Ramscheid: Herbert Blankenhorn.

[41] Siehe auch Bestand Z 35 im Bundesarchiv. Das Deutsche Büro für Friedensfragen war den Ministerpräsidenten des amerikanischen Besatzungsgebietes unterstellt und hatte die Aufgabe, Materialien zum außenpolitischen Status Deutschlands zusammenzustellen.

[42] Das Auswärtige Amt wurde am 15. März 1951 eingerichtet und bis Juni 1955 von Bundeskanzler Adenauer in Personalunion geleitet. Vgl. auch BArch B 136/1847 und 4017.

[43] Vgl. Hoffmann: Bundesministerien. S. 536-538, Knoll: Bonner Bundeskanzleramt. S. 99 f.

Büro Schwerin

Das Bundeskanzleramt kanalisierte die Beziehungen zu den alliierten Hohen Kommissaren nicht nur im Bereich der Außenpolitik[44], sondern auch auf dem Gebiet der Sicherheits- und Verteidigungspolitik, die gleichfalls alliierten Souveränitätsbeschränkungen unterlag. Von Juni bis Oktober 1950 gab es im Bereich des Bundeskanzleramtes das nach seinem Leiter, dem ehemaligen Generalstabsoffizier Gerhard Detloff Graf von Schwerin bezeichnete "Büro Schwerin", das später auch "Zentrale für Heimatdienst"[45] genannt wurde und für Fragen der inneren Sicherheit zuständig war. Das Büro Schwerin ging im Oktober 1950 im Amt Blank auf.

Amt Blank

Ab Oktober 1950 wurde der frühere Gewerkschaftsfunktionär und Vertreter im Wirtschaftsrat des Vereinigten Wirtschaftsgebietes Theodor Blank "Der Beauftragte des Bundeskanzlers für die mit der Vermehrung der Alliierten Truppen zusammenhängenden Fragen". Ihm wurde das Büro Schwerin unterstellt. Die danach so genannte Dienststelle oder Amt Blank wurde bis Juni 1955 als Einrichtung des Bundeskanzleramtes geführt[46]. Die von ihr vorbereitete Wiederbewaffnung und Gründung der Bundeswehr bedeutet zugleich die Umwandlung des Amtes Blank in das neue Bundesministerium für Verteidigung.

Bevollmächtigter der Bundesrepublik Deutschland in Berlin

Als Folge der Teilung Deutschlands war die ehemalige Reichshauptstadt Berlin nach dem Viermächtestatus in vier von den Alliierten kontrollierte Sektoren eingeteilt. Der Bevollmächtigte vertrat die Bundesregierung gegenüber den drei westlichen Stadtkommandanten von Berlin sowie dem Berliner Senat. Seit Anfang der 1950er Jahre nahm Heinrich Vockel diese Funktion wahr und wurde 1963 durch den bisherigen Staatssekretär im Presse- und Informationsamt Felix von Eckardt abgelöst. Von

[44] Zum Verkehr zwischen Alliierter Hoher Kommission und Bundeskanzleramt vgl. etwa BArch B 136/4925.

[45] Vgl. Angaben im Haushalt der Zentrale in BArch B 136/1672.

[46] Vgl. Angaben im Haushalt der Dienststelle Blank und des Beauftragten des Bundeskanzlers für die mit der Vermehrung der Alliierten Truppen zusammenhängenden Fragen in BArch B 136/1675 sowie Aufbau und Organisation der Dienststelle Blank in BArch B 136/4692. Vgl. zudem Hoffmann: Bundesministerien. S. 312-335 und Krüger: Amt Blank.

Eckhardt gab das Amt 1965 an den bisherigen Staatssekretär im Bundesministerium für gesamtdeutsche Fragen Carl Krautwig ab[47].

Bundesnachrichtendienst

Die nach ihrem Leiter, dem früheren Chef der Abteilung Fremde Heere Ost im Generalstab des Heeres, Reinhard Gehlen, benannte Organisation agierte bislang unter Finanzierung und Führung des amerikanischen Geheimdienstes CIA als inoffizielle nachrichtendienstliche Organisation, die vornehmlich geheime Informationen aus den Ländern der Ostblockstaaten sammelte. Infolge der erweiterten Souveränitätsrechte durch die Pariser Verträge von 1955 und der erfolgten Wiederbewaffnung sah die Bundesregierung den Bedarf für einen Auslandsnachrichtendienst, der auch die militärische Auslandsaufklärung für die junge Bundeswehr übernehmen konnte. Im April 1956 wurde die Organisation Gehlen als Bundesnachrichtendienst dem Bundeskanzleramt unterstellt[48].

---

[47] Vgl. Angaben im Haushalt des Bevollmächtigten in BArch B136/4276. Zu den Berichten des Bevollmächtigten siehe auch BArch B 136/6757 bis 6758. Zu den Aufgaben und Befugnissen des Bevollmächtigten vgl. BArch B 136/4865 und 21388.

[48] Zur Aufsichtsfunktion des Bundeskanzleramtes vgl. etwa BArch B 136/4869 und 41109. Vgl. auch den Kabinetts-beschluß vom 11. Juli 1955 zur Einrichtung des Bundesnachrichtendienstes in: Kabinettsprotokolle 1955. S. 420 sowie zur Geschichte der Organisation Gehlen Reese: Organisation Gehlen. Abdruck des Kabinettsbeschlusses sowie der begründenden Unterlagen in: 50 Jahre Bundesnachrichtendienst. S. 14-17.

2. Bestandsanalyse und archivische Bearbeitung

2.1 Überlieferungsschwerpunkte und Quellenwert

Aufgrund der überragenden Bedeutung des Bundeskanzleramtes als Schaltzentrale der Bundesregierung kommt dem Bestand Bundeskanzleramt eine besondere Stellung in der Gesamtüberlieferung des Bundesarchivs zur Geschichte der Bundesrepublik Deutschland zu. Inhaltlich ist das Archivgut von großer Aussagekraft und inhaltlicher Dichte geprägt und gibt Auskunft über die gesamte Bandbreite des Regierungshandelns. Die großen Linien in der Politik der Bundesregierung können genauso nachverfolgt werden wie die Sachpolitik, die in sich in der Regel in Gesetzen, Rechtsverordnungen und Verwaltungsvorschriften ausdrückte. Der typische Vorgang enthält alle Unterlagen: Die Kabinettvorlage, ihre koordinierende Betreuung mit den Fachressorts, Eingaben von Interessengruppen, Abgeordneten und Bürgern sowie den Durchlauf durch die gesetzgebenden Gremien bis zur Erstellung der Ausfertigung eines Gesetzes. Damit bildet der Bestand Bundeskanzleramt den geeigneten Einstieg in die weitere, detaillierte Überlieferung der Fachressorts.

Überlieferungsschwerpunkte inhaltlicher Art für die vom vorliegenden Findbuch abgedeckten Jahre sind die Verankerung der jungen Bundesrepublik in den westlichen Partnerstaaten und Bündnissystemen, insbesondere NATO und die Europäischen Gemeinschaften bei gleichzeitig gespannten Beziehungen zum anderen deutschen Staat. Wiederbewaffnung, Lastenausgleich, Vertriebene, Kriegsfolgenbeseitigung, Vergangenheitsbewältigung, Eingliederung des Saarlandes, Tarifsystem, Rentenreform, Wiederaufbau, Motorisierung, Mittelstandsgesellschaft, Studentenunruhen, Notstandsgesetzgebung sind Überlieferungskomplexe, die sich in der Regel in mehreren Aktenplangruppen niedergeschlagen haben. Diese Themen sind nur eine Auswahl aus der reichhaltigen Fülle der Überlieferung. Jede ernsthafte Beschäftigung mit der Geschichte der Bundesrepublik sollte den Bestand Bundeskanzleramt zu ihrem Ausgangspunkt nehmen[49].

Eine herausgehobene Stellung innerhalb der Überlieferung des Bestandes Bundeskanzleramt besitzen die Serien der Kabinettsprotokolle bzw. der Niederschriften der Kabinettsausschüsse, die in besonders konzentrierter Form die im Bundeskabinett behandelten und entschiedenen Themen überliefern. Diese Protokollüberlieferung

---

[49] Zur Geschichte der frühen Bundesrepublik vgl. Görtemaker: Geschichte der Bundesrepublik Deutschland; Hildebrand: Von Erhard zur Großen Koalition; Morsey: Bundesrepublik Deutschland; Schwarz: Ära Adenauer. Gründerjahre der Republik; Schwarz: Ära Adenauer. Epochenwechsel; Wolfrum: Bundesrepublik Deutschland.

mit besonders hohem Quellenwert wird durch das Bundesarchiv in einer eigenen Editionsreihe[50] zugänglich gemacht. Dabei wird in den Editionsgrundsätzen bestimmt, dass jede Kabinettvorlage eines federführenden Fachressorts nicht nur im einschlägigen Bestand, sondern auch in seiner Spiegelung im Bestand Bundeskanzleramt nachgewiesen wird. Somit wird der Bestand B 136 selbst zu einer unverzichtbaren Grundlage für die Kommentierung der konzentrierten Gesamtschau der Beschlüsse des Verfassungsorgans Bundesregierung. Die Kabinettsprotokolle der Bundesregierung sind auch die erste umfassende Edition der Sitzungsniederschriften des höchsten exekutiven Gremiums eines derzeitigen modernen Staates[51]. Seit einigen Jahren werden sie bimedial publiziert: Neben der Buchausgabe bietet eine Internetpräsentation bandübergreifende Such- und Navigationsmöglichkeiten[52].

2.2 Bestandsgeschichte

Seit Juli 1965 gibt das Bundeskanzleramt regelmäßig Schriftgut an das Bundesarchiv ab, das zunächst in den Zwischenarchiven des Bundesarchivs aufbewahrt wird.
Insgesamt umfasst der Bestand B 136 zum Stichtag 31.12.2006 ca. 49.000 Archivalieneinheiten, darunter auch Unterlagen, die der Allgemeinen Verwaltungsvorschrift des Bundesministeriums des Innern zum materiellen und organisatorischen Schutz von Verschlusssachen (VS-Anweisung - VSA) vom 31. März 2006 unterliegen und im Geheimarchiv des Bundesarchivs verwahrt werden.
Personalakten aus der Personalaktenregistratur wurden bislang noch nicht abgegeben.
Des Weiteren liegen umfangreiche Tonaufnahmen vor, insbesondere aus der Zeit der Kanzlerschaft Ludwig Erhards, die Interviews, Tischgespräche, Wahlkampf, Staatsbesuche und –empfänge, Hintergrund- und Koalitionsgespräche umfassen.

2.3 Bewertung und Erschließung

Das vorliegende Findbuch enthält ca. 10.000 Archivalieneinheiten mit ca. 23.000 Verzeichnungseinheiten aus der Zeit 1949 bis 1969. Aufgrund seiner überragenden Bedeutung als Rückgratbestand ist die Quote der archivwürdigen Unterlagen mit ca.

---

[50] Die Kabinettsprotokolle der Bundesregierung. Hg. für das Bundesarchiv von Hans Booms (bis 1989), Friedrich P. Kahlenberg (bis 1999) und Hartmut Weber (ab 2000). Bde 1-16: 1949-1964.
Kabinettsausschuß für Wirtschaft. Bde 1-3.
Ministerausschuß für die Sozialreform.
[51] Vgl. Gelberg: Protokolle des Bayerischen Ministerrates. S. 75 f.
[52] Vgl. Filthaut: Zeithistorische Online-Editionen.

90% ungewöhnlich hoch. Dies ist auch der Tatsache geschuldet, dass das Bewertungskriterium der Federführung innerhalb des Bundeskanzleramtes oft nicht zum Tragen kommt, sondern der Federführungsansatz auf die Stellung des Bundeskanzleramtes innerhalb der Bundesregierung insgesamt angewendet wurde, weil die Bearbeitung einer Sache durch das Bundeskanzleramt noch einmal eine eigene Qualität innerhalb des Bearbeitungsablaufs in den Bundesressorts annahm. Nur das offensichtlich für die historische Forschung Unbedeutende (Material- und Kopiensammlungen), insbesondere im Bereich der Aktenplangruppe 0 (Allgemeiner Dienstbetrieb), wurde aussortiert.

Das Findbuch weist die Überlieferung zwischen 1949 und 1969 nach, wobei alle Unterlagen mit einem Laufzeitbeginn 1969 noch berücksichtigt wurden, was auch im Einzelfall das differenzierte Laufzeitende 2001 erklärt. Serien wurden, soweit bereits abgeschlossen, vollständig verzeichnet. Im Gegensatz dazu sind bis heute durchlaufende Serien (z.B. Verfahren vor dem Bundesverfassungsgericht, parlamentarische Anfragen) mit dem zeitlichen Schnitt des Findbuches abgebrochen worden. Sie werden in Folgefindbüchern angeschlossen. Es ist nur noch von vereinzelten Unterlagen in künftigen Abgaben auszugehen, deren Laufzeit in den zeitlichen Schnitt des vorliegenden Findbuchs fallen könnte. Eine Ausnahme bildet an dieser Stelle die Audio-Überlieferung B 136/Ton, die nicht berücksichtigt wurde.

Grundlage der Erschließung bildet die Verzeichnungseinheit des Vorgangs auf der Betreffsebene des Aktenplanes. Die Umstellung des Registraturwesens des Bundeskanzleramtes 1969 führte zur Abschaffung des Tagebuches und zur Einführung des so genannten Karteizeichens als unterstützendes Ordnungs- und Suchhilfsmittel. Diese Variante einer Vorgangskennzeichnung wird in der Regel aus den ersten beiden Buchstaben des ersten regierenden Substantivs und einer aufsteigenden Zahlenfolge gebildet. So hat z.B. die chronologische Serie „Gedenkfeiern und Aufrufe zum 20. Juli 1944“ neben dem Aktenzeichen 20010 das Karteizeichen Ge 060. Unter dem gleichen Aktenzeichen findet sich die chronologische Serie „Tag der Deutschen, Tag der Heimat“, die mithilfe des Karteizeichens Ta 006 von der chronologischen Serie zum 20. Juli unterschieden werden kann. Somit erfüllt dieses auch rückwirkend eingesetzte Karteizeichen gerade in Betreffseinheiten mit umfangreichem Schriftgut die Rolle eines Identifikators, um zusammengehörige chronologische Serien zu kennzeichnen. Bei den Serien der politischen Angelegenheiten der einzelnen Länder ist jedes Land mit einem Länderkennzeichen versehen, das gleichfalls als Ordnungs-

kriterium herangezogen wurde. Die Liste der Länderkennzeichen bildet einen Anhang zum Aktenplan des Bundeskanzleramtes.
Bei der Titelbildung konnte in der Regel auf Enthält-Vermerke verzichtet werden. Nur bei den allzu kleinteiligen Vorgängen der Anfangszeit, die zu größeren Verzeichnungseinheiten zusammengefasst wurden, ergänzen Enthält-Vermerke die Erschließung. Abkürzungen sind, soweit möglich, aufgelöst worden. Abkürzungen in Titeln sind in der Regel in der betreffenden Klassifikationsgruppe aufgelöst. Soweit mit vertretbarem Aufwand möglich, wurden Personennamen mit Vornamen ergänzt, Gesetze, Verordnungen, Verwaltungsvorschriften, Bundestagsentschließungen u.ä. mit ihrem Datum im Titel versehen. Laufzeiteinheit ist das Jahr, jedoch sind bei Serien, soweit erforderlich, Monatsangaben zur Differenzierung innerhalb eines Jahres verwendet worden.

2.4 Klassifikation und Findmittelerstellung

Grundlage der Klassifikation ist der stabile Aktenplan des Bundeskanzleramtes, der die vielfältigen Aufgaben der Behörde repräsentiert. In der Regel bildet die unterste Betreffseinheit zugleich die unterste Klassifikationsgruppe. Bei geringem Anfall von Archivgut wurden mehrere Betreffseinheiten in einer Klassifikationsgruppe zusammengefasst und dann nach Aktenzeichen, Laufzeit-Beginn und Laufzeit-Ende sortiert.
Der Aktenplan des Bundeskanzleramtes gliedert sich wie folgt:
Aktenplangruppe 0 (Verwaltung des Bundeskanzleramtes): Die Aktenplangruppe 0 umfasst den Dienstbetrieb des Bundeskanzleramtes und enthält die Organisation des Amtes, Hausverwaltung und Amtswohnungen des Bundeskanzlers sowie Aspekte seiner Sicherheit. Insbesondere finden sich hier die Glückwünsche und Kondolenzen des Bundeskanzlers und an den Bundeskanzler. Des weiteren sind Personal- und Haushaltsangelegenheiten und sowie der allgemeine Dienstbetrieb überliefert. Zudem finden sich hier die Petitionen und sonstigen Eingaben der Sonderregistratur.
Aktenplangruppe 1 (Verfassung, Bundesorgane, Bundesbehörden): Die Überlieferung der Aktenplangruppe 1 enthält die Beziehungen des Bundeskanzlers zu den anderen Verfassungsorganen (Bundesregierung, Bundespräsident, Bundesverfassungsgericht, Bundestag und Bundesrat) sowie zu den Bundesministerien und weiteren Bundesbehörden. Insbesondere bildet sich die Leitfunktion des Bundeskanzleramtes im Verhältnis zu den anderen Verfassungsorganen bei der Bearbeitung

von Verfahren vor dem Bundesverfassungsgericht und parlamentarischen Anfragen ab. Das Verhältnis zu den Fachressorts ist ebenso nachzuvollziehen wie die Beziehungen zwischen Bund und Ländern sowie in der Anfangszeit zu den Alliierten. Überliefert sind in dieser Aktenplangruppe zudem die Angelegenheiten des Bundesamtes für Verfassungsschutz und des Bundesnachrichtendienstes. Die Politik und Gesetzgebung der Bundesregierung dokumentiert sich insbesondere als höchste Verdichtung der Entscheidungen der Bundesregierung in der Serie der Kabinettsprotokolle und diversen Kabinettsausschüssen.

Aktenplangruppe 2 (Innere Verwaltung, Familien- und Jugendfragen, wissenschaftliche Forschung, Atomenergie): Die Aktenplangruppe 2 spiegelt die Ressorts Inneres, Familie und Jugend, Bildung und Wissenschaft sowie Atomenergie wider und enthält Aspekte der Inneren Verwaltung von Personenstandsfragen, Meldewesen, Kriegsgräberfürsorge, Zivilem Bevölkerungsschutz, Beamtenangelegenheiten, Öffentlicher Sicherheit, Gesundheitswesen, Umweltfragen, Fürsorge-, Familien- und Jugendwesen, Sport- und Schulangelegenheiten, Kunst- und Volksbildung, Kirchen, Presse, Film, Rundfunk und Fernsehen, Wissenschaft und Forschung bis zur friedlichen Nutzung der Kernenergie.

Aktenplangruppe 3 (Auswärtige Angelegenheiten, gesamtdeutsche Fragen, Verteidigungsangelegenheiten): Die Aktenplangruppe 3 enthält die auswärtigen Beziehungen der Bundesrepublik Deutschland zu Staaten und internationalen Organisationen und dokumentiert damit die starke außenpolitische Dimension in der Arbeit des Bundeskanzlers. Neben den politischen Beziehungen sind die Repräsentationsangelegenheiten überliefert. Ferner enthält diese Aktenplangruppe den wichtigen Bereich der innerdeutschen Beziehungen, daneben die landsmannschaftlichen Vereinigungen und die Angelegenheiten des Saarlandes. Schließlich dokumentiert diese Aktenplangruppe alle Aspekte der Verteidigungspolitik von Aufbau und Organisation der Bundeswehr über Rüstungsfragen bis hin zu Angelegenheiten der NATO.

Aktenplangruppe 4 (Justiz): Die Aktenplangruppe 4 dokumentiert den Bereich Justiz von Bürgerlichem Recht, Straf- und Zivilrecht über Handelsrecht hin zu Verfahrensfragen und internationalen Gesichtspunkten des Rechtswesens.

Aktenplangruppe 5 (Finanzen): Die Aktenplangruppe 5 enthält Akten zur Finanzpolitik des Bundes, Haushaltswesen, Steuern, Zölle und Abgaben, aber auch zum Komplex der Wiedergutmachung und Entschädigung für nationalsozialistische Verbrechen und Kriegsschäden sowie Lastenausgleich und Besatzungsangelegenheiten. Banken- und Versicherungswesen spielen ebenso eine Rolle wie Geld-, Kredit- und Währungspolitik und die internationalen Organisationen auf dem Gebiet des Kapitalmarktes.

Aktenplangruppe 6 (Wirtschaft): Die Aktenplangruppe 6 enthält die Wirtschaftspolitik in allen ihren Verzweigungen. Fragen der Wirtschaftsverfassung, von Handwerk und Gewerbe zu einzelnen Industrie- und Rohstoffzweigen. Entwicklungspolitik und Außenwirtschaft schlagen sich ebenso nieder wie Interzonenhandel, Marshallplan und supranationale Organisationen, insbesondere die Europäische Wirtschaftsgemeinschaft.

Aktenplangruppe 7 (Ernährung, Landwirtschaft und Forsten): Diese Aktenplangruppe enthält Landwirtschaft, Ernährung und Forsten. Agrarpolitik, landwirtschaftliche Erzeugung, Interessenvertretungen, Marktordnungen und Ernährungswirtschaft nehmen eine führende Rolle ein, aber auch Angelegenheiten von Veterinärwesen, Naturschutz, Jagd- und Fischerei sind vertreten.

Aktenplangruppe 8 (Arbeits- und Sozialwesen, Vertriebenenangelegenheiten, Wohnungswesen): Die Aktenplangruppe 8 umfasst Sozialpolitik und Arbeitsrecht mit Tarifpolitik und Arbeitsmarkt. Der Komplex der Sozialversicherung (Kranken-, Unfall- und Rentenversicherung) ist hier enthalten sowie die Angelegenheiten von Kriegsopfern und Vertriebenen neben Wohnungs- und Baupolitik.

Aktenplangruppe 9 (Verkehr, Post- und Fernmeldewesen): Die Aktenplangruppe 9 umfasst alle Aspekte des Verkehrswesens auf Straße, Schiene, Wasser und in der Luft, daneben auch den Wetterdienst und den Post- und Fernmeldebetrieb.

* * *

Das vorliegende Findbuch baut zu ca. zwei Dritteln auf dem internen Findbuch von 1993 auf, das mit einer Laufzeit von 1949 bis 1968 von Herrn Dr. Wolfram Werner bearbeitet wurde. Dieses mit MS-Word erstellte Findbuch wurde in die Archivdatenbank BASYS des Bundesarchivs überführt und dabei vorgangsbezogen nacherschlossen. Alle Abgaben bis 1993 und seither bis Ende 2006 sind ebenso berücksichtigt wie alle offengelegten ehemaligen Verschlusssachen.

Ohne den engagierten Einsatz von weiteren Kolleginnen und Kollegen sowie zahlreichen Praktikanten wäre ein solches Großprojekt neben den täglichen Routineaufgaben nicht zu bewältigen gewesen. Der Unterzeichnende dankt Frau Petra Burk-

hardt, Frau Sandra Burkhardt, Frau Gabriele Jakobi und Frau Elke Tiedgen, die schnell und solide das MS-Word Findbuch in die Archivdatenbank überführten.
Den Praktikanten Herrn Martin Beuler, Frau Katharina Brandes, Frau Sarah Gross-Luttermann, Frau Julia ten Haaf, Frau Kim-Lisa Krechel, Frau Nina Lommatzsch, Frau Kirsten Reuther, Frau Susanne Schmieg, Herrn Florian Wagner und Frau Raphaela Wieberg danke ich für die umfangreichen redaktionellen Arbeiten und Recherchen im Rahmen der Findbucherstellung.
Frau Janine Rößler und Herrn Joachim Rausch danke ich für die Unterstützung bei der abschließenden Sortierung der Datensätze.
Ein ganz besonderer Dank gebührt Herrn Lars Amelung für seine tatkräftige Unterstützung bei der Erschließung und Findbucherstellung. Aufgrund des großen Zeitdrucks stieg er zusätzlich in das Erschließungsprojekt ein und wuchs so sehr in die Aufgabe, dass sein beträchtlicher Anteil am Ergebnis eine eigene hervorragende Würdigung verdient.

2.5 Rechtsgrundlagen der Benutzung

Grundsätzlich ist das im vorliegenden Findbuch nachgewiesene Archivgut nach § 5 Absatz 1 Bundesarchivgesetz (BArchG) vom 6. Januar 1988 (BGBl. I S. 62), zuletzt geändert am 5. September 2005 (BGBl. I S. 2722) offen zugänglich. Ausnahmen bestehen für personenbezogene Unterlagen nach § 5 Absatz 2 und 3 BArchG.
Im Falle von chronologischen Serien sind Archivgut sowie Unterlagen bis zum Jahre 2001 erschlossen worden. Handelt es sich um Archivgut, das jünger ist als die 30-jährige Schutzfrist und dessen behördliche Aufbewahrungsfrist abgelaufen ist, so besteht nach § 5 Absatz 5 BArchG die Möglichkeit, eine Schutzfristverkürzung zu beantragen. Diese erfolgt durch das Bundesarchiv, das die notwendige Zustimmung der abgebenden Behörde einholt. Handelt es sich um Unterlagen, deren behördliche Aufbewahrungsfrist noch nicht abgelaufen ist, so besteht die Möglichkeit, eine vorfristige Benutzung nach dem Informationsfreiheitsgesetz (IFG) vom 5. September 2005 zu beantragen. Dieser Antrag ist unmittelbar bei der abgebenden Behörde zu stellen.

3. Weitere Überlieferungen zur Geschichte des Bundeskanzleramtes

3.1 Im Bundesarchiv

Bundespräsidialamt (B 122)

Bundespresse- und Informationsamt (B 145)

Bundesnachrichtendienst (B 206)

Ständige Vertretung der Bundesrepublik Deutschland (B 288)

Teilnachlass Karl Carstens (N 1337)

Nachlass Karl Theodor Freiherr von und zu Guttenberg (N 1397 F)

Teilnachlass Walter Hallstein (N 1266)

3.2. In anderen Archiven

Archiv für Christlich-Demokratische Politik der Konrad-Adenauer-Stiftung Sankt Augustin

Nachlass Felix von Eckardt

Teilnachlass Ludwig Erhard

Nachlass Hans Globke

Teilnachlass Walter Hallstein

Teilnachlass Kurt-Georg Kiesinger

Nachlass Otto Lenz

Nachlass Reinhold Mercker

Nachlass Ludger Westrick

Teilnachlass Franz-Josef Wuermeling

Archiv des Instituts für Zeitgeschichte München

Teilnachlass Ludwig Erhard

Archiv der Ludwig-Erhard-Stiftung Bonn

Teilnachlass Ludwig Erhard

Archiv der sozialen Demokratie der Friedrich-Ebert-Stiftung, Bonn

Nachlass Katharina Focke

Bistumsarchiv Münster

Teilnachlass Franz-Josef Wuermeling

Landesarchiv Baden-Württemberg Abteilung Hauptstaatsarchiv Stuttgart
Teilnachlass Kurt-Georg Kiesinger

Politisches Archiv des Auswärtigen Amts Berlin
Teilnachlass Karl Carstens
Teilnachlass Walter Hallstein

Stiftung Bundeskanzler-Konrad-Adenauer-Haus, Bad Honnef-Rhöndorf
Nachlass Konrad Adenauer

4. Verzeichnis der zitierten Literatur

Bach, Franz-Josef: Konrad Adenauer und Hans Globke. In: Blumenwitz, Dieter u.a. (Hgg.): Konrad Adenauer und seine Zeit. Politik und Persönlichkeit des ersten Bundeskanzlers. Band 1: Beiträge von Weg- und Zeitgenossen. Stuttgart 1976. S. 177-185.

Bachmann, Günter: Das Bundeskanzleramt. In: Hochschule für Verwaltungswissenschaften Speyer (Hg.): Die Staatskanzlei: Aufgaben, Organisation und Arbeitsweise auf vergleichender Grundlage. Berlin 1967. S. 161-180.

Behrendt, Günther: Das Bundeskanzleramt. Frankfurt/M. Bonn 1967.

Böckenförde, Ernst-Wolfgang: Die Organisationsgewalt im Bereich der Regierung. Eine Untersuchung zum Staatsrecht in der Bundesrepublik Deutschland. 2. Auflage. Berlin 1998.

Buchheim, Hans: Die Richtlinienkompetenz unter der Kanzlerschaft Konrad Adenauers. In: Blumenwitz, Dieter u.a. (Hgg.): Konrad Adenauer und seine Zeit. Politik und Persönlichkeit des ersten Bundeskanzlers. Band 1: Beiträge von Weg- und Zeitgenossen. Stuttgart 1976. S. 339-351.

Bundesnachrichtendienst (Hg.): 50 Jahre Bundesnachrichtendienst. Pullach. 2006.

Busse, Volker: Bundeskanzleramt und Bundesregierung. Aufgaben, Organisation, Arbeitsweise. 4. Auflage. Heidelberg 2005.

Dyson, Kenneth: The German Federal Chancellor's Office. In: Political Quartely. 45. 1974. S. 364-371.

Ellwein, Thomas; Hesse, Joachim Jens: Das Regierungssystem der Bundesrepublik Deutschland. Band 1: Text. 8. Auflage. Opladen 1997.

Filthaut, Jörg: Zeithistorische Online-Editionen: „Die Kabinettsprotokolle der Bundesregierung" und Retrodigitalisierung der Edition „Akten der Reichskanzlei – Weimarer Republik". In: Historisches Forum. Bd. 10, Teilband I: Geschichte im Netz: Praxis, Chancen, Visionen. Beiträge der Tagung .hist 2006. Hg. für Clio-online von Daniel Burckhardt, Rüdiger Hohls und Claudia Prinz. Berlin. 2007. S. 589-604. Text unter http://edoc.hu-berlin.de/histfor/10_I/
(01.07.2007).

Gassert, Philipp: Kurt Georg Kiesinger (1904-1988). Kanzler zwischen den Zeiten. München 2006.

Gelberg, Karl-Ulrich: Die Protokolle des Bayerischen Ministerrates 1945-1954. Ein Editionsprojekt der Historischen Kommission bei der Bayerischen Akademie der Wissenschaften und der Generaldirektion der Staatlichen Archive Bayerns. In: Arbeitsgemeinschaft außeruniversitärer historischer Forschungseinrichtungen in der Bundesrepublik Deutschland (Hg.): Jahrbuch der historischen Forschung in der Bundesrepublik Deutschland. Berichtsjahr 2003, München 2004. S. 74-86.

Görtemaker, Manfred: Geschichte der Bundesrepublik Deutschland. Von der Gründung bis zur Gegenwart. München 1999.

Gotto, Klaus (Hg.): Der Staatssekretär Adenauers. Persönlichkeit und politisches Wirken Hans Globkes. Stuttgart 1982.

Haus der Geschichte der Bundesrepublik Deutschland; Bundeskanzleramt (Hgg.): Die Bundeskanzler und ihre Ämter. Heidelberg. 2006.

Hehl, Ulrich von: Hans Globke (1898-1973). In: Aretz, Jürgen; Morsey, Rudolf; Rauscher, Anton (Hgg.): Zeitgeschichte in Lebensbildern. Band 3: Aus dem deutschen Katholizismus des 19. und 20. Jahrhunderts. Mainz 1979. S. 247-259.

Helms, Ludger: Das Amt des deutschen Bundeskanzlers in historisch und international vergleichender Perspektive. In: Zeitschrift für Parlamentsfragen. 27. 1996. S. 697-711.

Helms, Ludger: Regierungsorganisation und politische Führung in Deutschland. Wiesbaden 2005.

Hennis, Wilhelm: Richtlinienkompetenz und Regierungstechnik. Tübingen 1964.

Hentschel, Volker: Ludwig Erhard. Ein Politikerleben. Lech 1996.

Hildebrand, Klaus: Von Erhard zur Großen Koalition 1963-1966 (Geschichte der Bundesrepublik Deutschland Band 4). Stuttgart 1984.

Hoffmann, Heinz: Die Bundesministerien 1949-1999. Bezeichnung, amtliche Abkürzungen, Zuständigkeiten, Aufbauorganisation, Leitungspersonal. Koblenz 2003.

Junker, Ernst Ulrich: Die Richtlinienkompetenz des Bundeskanzlers. Tübingen 1965.

Die Kabinettsprotokolle der Bundesregierung. Hg. für das Bundesarchiv von Hans Booms (bis 1989), Friedrich P. Kahlenberg (bis 1999) und Hartmut Weber (ab 2000).
Band 1: 1949. Bearb. von Ulrich Enders und Konrad Reiser. Boppard 1982.
Band 2: 1950. Bearb. von Ulrich Enders und Konrad Reiser. Boppard 1984.
Band 3: 1950. Wortprotokolle. Bearb. von Ulrich Enders und Konrad Reiser. Boppard 1984.
Band 4: 1951. Bearb. von Ursula Hüllbüsch. Boppard 1988.
Band 5: 1952. Bearb. von Kai von Jena. Boppard 1989.

Band 6: 1953. Bearb. von Ulrich Enders und Konrad Reiser. Boppard 1989.
Band 7: 1954. Bearb. von Ursula Hüllbüsch und Thomas Trumpp. Boppard 1993.
Band 8: 1955. Bearb. von Michael Hollmann und Kai von Jena. München 1997.
Band 9: 1956. Bearb. von Ursula Hüllbüsch. München 1998.
Band 10: 1957. Bearb. von Ulrich Enders und Josef Henke. München 2000.
Band 11: 1958. Bearb. von Ulrich Enders und Christoph Schawe. München 2002.
Band 12: 1959. Bearb. von Josef Henke und Uta Rössel. München 2002.
Band 13: 1960. Bearb. von Ralf Behrendt und Christoph Seemann. München 2003.
Band 14: 1961. Bearb. von Ulrich Enders und Jörg Filthaut. München 2004.
Band 15: 1962. Bearb. von Uta Rössel und Christoph Seemann. München 2005.
Band 16: 1963. Bearb. von Ulrich Enders und Christoph Seemann. München 2006.
Band 17: 1964. Bearb. von Josef Henke und Uta Rössel. München. 2007.
Kabinettsausschuß für Wirtschaft. Band 1: 1951-1953. Bearb. von Ulrich Enders. München 1999.
Kabinettsausschuß für Wirtschaft. Band 2: 1954-1955. Bearb. von Michael Hollmann. München 2000.
Kabinettsausschuß für Wirtschaft. Band 3: 1956-1957. Bearb. von Ralf Behrendt und Uta Rössel. München 2001.
Ministerausschuß für die Sozialreform 1955-1960. Bearb. von Bettina Martin-Weber. München 1999.

Knoll, Thomas: Das Bonner Bundeskanzleramt. Organisation und Funktionen von 1949-1999. Wiesbaden 2004.

Knorr, Heribert: Der parlamentarische Entscheidungsprozeß während der Großen Koalition 1966 bis 1969. Struktur und Einfluß der Koalitionsfraktionen und ihr Verhältnis zur Regierung der Großen Koalition. Meisenheim am Glan 1975.

Köhler, Henning: Adenauer: Eine politische Biographie. Frankfurt/M. 1994.

König, Klaus: Vom Umgang mit Komplexität in Organisationen: Das Bundeskanzleramt. In: Der Staat. 1. 1989. S. 49-70.

Krüger, Dieter: Das Amt Blank. Freiburg 1993.

Küpper, Jost: Die Kanzlerdemokratie: Voraussetzungen, Strukturen und Änderungen des Regierungsstils in der Ära Adenauer. Frankfurt/M. 1985.

Laufer, Heinz: Der parlamentarische Staatssekretär. Eine Studie über ein neues Amt in der Bundesregierung. München 1969.

Maurer, Hartmut: Die Richtlinienkompetenz des Bundeskanzlers. In: Becker, Bernd u.a. (Hgg.): Festschrift für Werner Thieme zum 70. Geburtstag. Köln 1993. S. 123-140.

Mierzejewski, Alfred C.: Ludwig Erhard: a biography. Chapel Hill 2004 (deutsch: Ludwig Erhard. Der Wegbereiter der sozialen Marktwirtschaft. Biographie. München 2005).

Morsey, Rudolf: Die Bundesrepublik Deutschland. 7. Auflage. München 2007.

Müller, Kay; Walter, Franz: Graue Eminenzen der Macht. Küchenkabinette in der deutschen Kanzlerdemokratie. Von Adenauer bis Schröder. Wiesbaden 2004.

Müller-Rommel, Ferdinand; Pieper, Gabriele: Das Bundeskanzleramt als Regierungszentrale. In: Aus Politik und Zeitgeschichte. B 21-22. 1991. S. 3-13.

Niclauß, Karlheinz: Kanzlerdemokratie. Regierungsführung von Konrad Adenauer bis Gerhard Schröder. 2. Auflage. Paderborn 2004.

Ramscheid, Birgit: Herbert Blankenhorn (1904-1991). Adenauers außenpolitischer Berater. Düsseldorf. 2006.

Reese, Mary Ellen: Organisation Gehlen. Der Kalte Krieg und der Aufbau des deutschen Geheimdienstes. Berlin 1992.

Rudzio, Wolfgang: Informelle Entscheidungsmuster in Bonner Koalitionsregierungen. In: Hartwich, Hans-Hermann; Wewer, Göttrik (Hgg.): Regieren in der Bundesrepublik

2: Formale und informale Komponenten des Regierens in den Bereichen Führung, Entscheidung, Personal und Organisation. Opladen 1991. S. 125-141.

Schöne, Siegfried: Von der Reichskanzlei zum Bundeskanzleramt. Eine Untersuchung zum Problem der Führung und Koordination in der jüngeren deutschen Geschichte. Berlin 1968.

Schuett-Wetschky, Eberhard: Richtlinienkompetenz des Bundeskanzlers, demokratische Führung und Parteiendemokratie. Teil I: Richtlinienkompetenz als Fremdkörper in der Parteiendemokratie. In: Zeitschrift für Politikwissenschaft 13. 2003. S. 1897-1932.

Schuett-Wetschky, Eberhard: Richtlinienkompetenz des Bundeskanzlers, demokratische Führung und Parteiendemokratie. Teil II: Fehlinformationen des Publikums. In: Zeitschrift für Politikwissenschaft 14. 2004. S. 5-30.

Schwarz, Hans-Peter: Die Ära Adenauer. Gründerjahre der Republik 1949-1957 (Geschichte der Bundesrepublik Deutschland Band 2). Stuttgart 1981.

Schwarz, Hans-Peter: Die Ära Adenauer. Epochenwechsel 1957-1963 (Geschichte der Bundesrepublik Deutschland Band 3). Stuttgart 1983.

Schwarz, Hans-Peter: Adenauer. Band 1: Der Aufstieg 1876-1952; Band 2: Der Staatsmann 1952-1967. Stuttgart. 1986, 1991.

Schwarz, Hans-Peter: Adenauers Kanzlerdemokratie und Regierungstechnik. In: Aus Politik und Zeitgeschichte. B 1-2. 1989. S. 15-27.

Walker, Horst O.: Das Presse- und Informationsamt der Bundesregierung. Frankfurt/M. 1982

Wengst, Udo: Staatsaufbau und Regierungspraxis 1948 bis 1953. Zur Geschichte der Verfassungsorgane der Bundesrepublik Deutschland. Düsseldorf 1984.

Wewer, Göttrik: Richtlinienkompetenz und Koalitionsregierung: Wo wird die Politik definiert? In: Hartwich, Hans-Hermann; Wewer, Göttrik (Hgg.): Regieren in der Bundesrepublik Deutschland 1: Konzeptionelle Grundlagen und Perspektiven der Forschung. Opladen 1990. S. 145-150.

Wolfrum, Edgar: Die Bundesrepublik Deutschland 1949-1990. In: Gebhardt, Handbuch der deutschen Geschichte. 10. Auflage. Band 23. Stuttgart 2005.

Koblenz, Juni 2007 Jörg Filthaut

5. Anhang

5.1 Organigramme

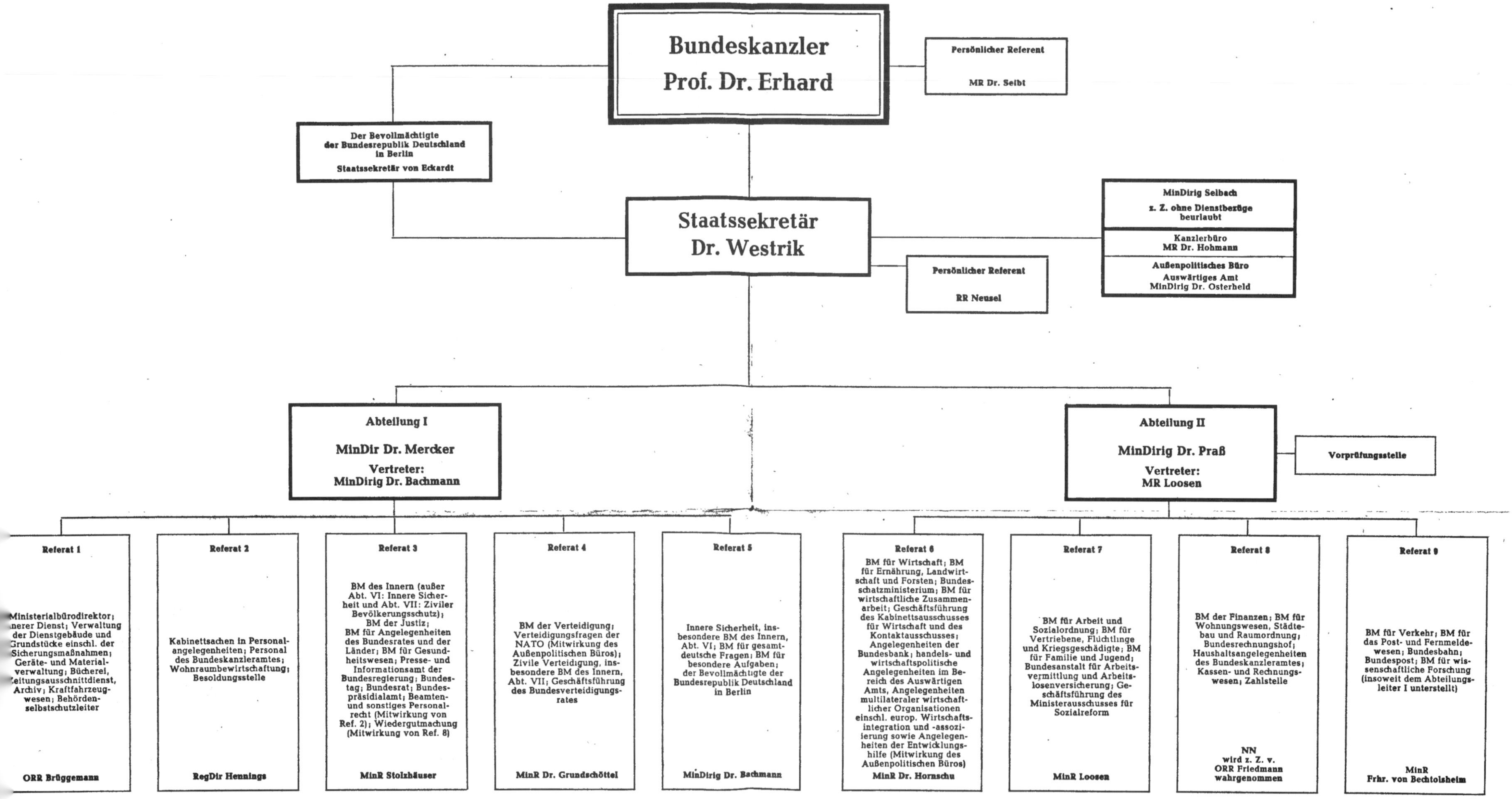

Bundeskanzler
Prof. Dr. Erhard

Persönlicher Referent
MinDirig Dr. Seibt

Der Bevollmächtigte der Bundesrepublik Deutschland in Berlin
Staatssekretär Dr. Krautwig

Chef des Bundeskanzleramtes
Bundesminister für besondere Aufgaben
Dr. Westrick

Persönlicher Referent
RegDir Neusel

Abteilung I
MinDir Dr. Osterheld

I/1
Kabinettsachen in Personalangelegenheiten; ~~Personal des Bundeskanzleramtes; Wohnraumbewirtschaftung;~~ Besoldungs~~stelle; Organisations~~angelegenheiten des Bundeskanzleramtes; ~~Innerer Dienst; Verwaltung der Dienstgebäude und Dienstgrundstücke einschl. der Sicherungsmaßnahmen; Bücherei~~
MinR Hennings

I/2
Außenpolitische Angelegenheiten;
Kabinettsachen des Auswärtigen Amtes
N. N.
wird z. Z. vom Abteilungsleiter wahrgenommen

I/3
BM des Innern (außer Abt. VI und VII); BM der Justiz; BM für wissenschaftliche Forschung; Beamten- und sonstiges Personalrecht (~~Mitwirkung von Ref. II/1~~); Wiedergutmachung (~~Mitwirkung von Ref. II/4~~); Organisationsangelegenheiten der Bundesregierung; ~~Justitiariat;~~ BM für Angelegenheiten des Bundesrates und der Länder; Bundestag; Bundesrat; Bundespräsidialamt, Kabinettsausschuß für wissenschaftliche Forschung, Bildung und Ausbildungsförderung
MinR Dr. Grundschöttel

I/4
Grundsatzfragen der Deutschlandpolitik;
BM für gesamtdeutsche Fragen; ~~Der Bevollmächtigte der Bundesrepublik Deutschland in Berlin~~
MinR Dr. Schnekenburger

Abteilung II
MinDir Dr. Praß

Vorprüfungsstelle

II/1
Angelegenheiten der zwischenstaatlichen wirtschaftlichen Zusammenarbeit, Fragen der europäischen Wirtschafts-, Währungs-, Konjunktur-, Finanz-, Agrar-, Verkehrs- und Sozialpolitik im Bereich des BMWi, des AA (Mitwirkung Referat I/2), des BML, des BMF, BMA und des BMV; BM für Wirtschaft Abt. III; BM für wirtschaftliche Zusammenarbeit; Angelegenheiten der Entwicklungshilfe im Bereich des BMWi, des AA, des BML, des BMA und BMF
N. N.
wird z. Z. vom Abteilungsleiter wahrgenommen

II/2
BM für Wirtschaft (mit Ausnahme der Abteilungen III, V und E); BM für Ernährung, Landwirtschaft und Forsten (außer Unterabteilung VII A und B); Angelegenheiten der Bundesbank; Kabinettsausschuß für Wirtschaft
wird von ORR Dr. Geberth wahrgenommen

II/3
BM für Arbeit und Sozialordnung; BM für Vertriebene, Flüchtlinge und Kriegsgeschädigte; BM für Familie und Jugend; Bundesanstalt für Arbeitsvermittlung und Arbeitslosenversicherung; BM für Gesundheitswesen
RegDir Friedmann

II/4
BM der Finanzen, BM für Wohnungswesen und Städtebau; Bundesrechnungshof; Koordinierung des Gesamthaushalts 04, Haushaltsangelegenheiten des Bundeskanzleramtes; Kassen- und Rechnungswesen, Zahlstelle
MinR Dr. Hornschu

II/5
BM für Verkehr; BM für das Post- und Fernmeldewesen; Bundesbahn; Bundespost; Bundesschatzministerium
MinR Frhr. v. Bechtolsheim

Abteilung III
MinDir Dr. Hohmann
Stellvertreter des Chefs des Bundeskanzleramtes

III/1
Lageinformation; Öffentliche Sicherheit, insbesondere BM des Innern Abt. VI, strafrechtlicher Staatsschutz, Kabinettsausschuß für Sicherheit, Sicherheitsreferent des Hauses
MinR von Koester

III/2
Politische Planung
ORR Bebermeyer

III/3
Verbindung zum Presse- und Informationsamt der Bundesregierung
N. N.

III/4
Verbindung zu den politischen Parteien, Kirchen und Verbänden
VA Hange

III/5
Bearbeitung der allgemeinen Eingaben an den Bundeskanzler und der Petitionen
MinR Dr. Dossmann

Unterabteilung III A
MinDirig Dr. Bachmann

III A/6
Strategie und militärische Sicherheit (einschl. Nordatlantikpaktorganisation, Westeuropäische Union und Abrüstung); BM der Verteidigung, mit Ausnahme der Abteilungen W, T, H und der Logistik; Stationierungsstreitkräfte; Öffentlichkeitsarbeit in Verteidigungsfragen
Oberst Stamp

III A/7
Zivile Verteidigung (mit Ausnahme der finanziellen und wirtschaftlichen Fragen) der Nordatlantikpaktorganisation und der Westeuropäischen Union sowie aus den Geschäftsbereichen der BM des Innern (insbesondere Abt. VII), der Justiz, für Wohnungswesen und Städtebau, des Auswärtigen Amtes und des Presse- und Informationsamtes; militärische und zivile Alarmplanung; Bundesverteidigungsrat (einschl. Abteilungsleiterausschuß und Sekretariat)
MinR Stolzhäuser

III A/8
Wirtschaftliche und finanzielle Fragen der zivilen Verteidigung (besonders Einzelplan 36 des Bundeshaushalts) und der militärischen Verteidigung, Abteilungen W, T, H und Logistik; zivile Verteidigung aus den Geschäftsbereichen der BM der Finanzen, für Wirtschaft, für Ernährung, Landwirtschaft und Forsten, für Arbeit und Sozialordnung, für Verkehr, für das Post- und Fernmeldewesen, für wissenschaftliche Forschung, für Gesundheitswesen; Ausrüstungshilfe
MinR Dr. Seemann

Bundeskanzler Dr. h. c. Kiesinger

Parlamentarischer Staatssekretär
Frhr. von und zu Guttenberg

Persönliches Büro
VA Herdegen

Persönlicher Referent
RegDir Neusel

Leiter des Kanzlerbüros
Oberst Stamp

Verbindung zum Presse- und Informationsamt der Bundesregierung
VA Dr. Enseling

Sonderbeauftragter des Bundeskanzlers für Berlin
Bundesminister a. D. Lemmer

Der Bevollmächtigte der Bundesrepublik Deutschland in Berlin
Staatssekretär Dr. Krautwig

Chef des Bundeskanzleramtes
Staatssekretär Dr. Knieper

Persönlicher Referent
RR Grimm

Abteilung Z
MinDirig Selbach

Referat Z 1
Personalangelegenheiten der Bundesregierung (Kabinettsachen) und des Bundeskanzleramtes, Innerer Dienst, Dienstgrundstücke und Gebäude, Zahlstelle
MR Hennings

Referat Z 2
Haushalt und Organisation des Bundeskanzleramtes, Kassen- und Rechnungswesen, Rechtsfragen des Bundeskanzleramtes, Sicherheit
N. N.

Referat Z 3
Kanzlerbüro, persönl. Post des Bundeskanzlers, Reisen des Bundeskanzlers (Organisation u. Begleitung), Protokollangelegenheiten
(Leiter hat unmittelbares Vortragsrecht beim Bundeskanzler)
Oberst Stamp

Referat Z 4
Eingaben und Petitionen
MR Dr. Dossmann

Referat Z 5
Verbindung zu Parlament, Parteien, Kirchen und Verbänden
VA Hange

Abteilung I
MinDir Dr. Osterheld

Gruppe I/1
Leiter: VLR I Dr. Boss
Außenpolitische Angelegenheiten; Kabinettsachen des Auswärtigen Amtes
VLR Dr. Lang — VLR Rouget

Referat I/2
Lageinformation, Öffentliche Sicherheit, BMI, Abt. VI, Strafrechtlicher Staatsschutz, Staatssekretärausschuß für Sicherheit (in Dienstaufsichtsangelegenheiten dem Chef des Bundeskanzleramtes unmittelbar unterstellt)
MR von Koester

Referat I/3
BM des Innern (außer Abt. VI und VII); BM der Justiz; BM für wissenschaftliche Forschung; Beamten- und sonstiges Personalrecht; Wiedergutmachung (Mitwirkung von Ref. II/5); Organisationsangelegenheiten der Bundesregierung; Justitiariat; BM für Angelegenheiten des Bundesrates und der Länder; Bundestag; Bundesrat; Bundespräsidialamt, Kabinettsausschuß für wissenschaftliche Forschung, Bildung und Ausbildungsförderung
MR Dr. Grundschöttel

Referat I/4
Grundsatzfragen der Deutschlandpolitik; BM für gesamtdeutsche Fragen; Der Bevollmächtigte der Bundesrepublik Deutschland in Berlin; Sonderbeauftragter des Bundeskanzlers für Berlin; Kabinettsausschuß für innerdeutsche Angelegenheiten
MR Dr. Schnekenburger

Abteilung II
MinDir Dr. Praß

Vorprüfungsstelle

Gruppe II/1
Leiter: MR Dr. Meyer
Angelegenheiten der zwischenstaatlichen wirtschaftlichen Zusammenarbeit; Fragen der europ. Wirtschafts-, Währungs-, Konjunktur-, Finanz-, Agrar-, Verkehrs- und Sozialpolitik im Bereich des BMWi, des AA (Mitwirkung Gruppe I/1, soweit es sich um außenpolitische Fragen handelt), des BML, des BMF, BMA und des BMV; BM für Wirtschaft Abt. III, Ref. IV C 7; BM für wirtschaftliche Zusammenarbeit; Angelegenheiten der Entwicklungshilfe im Bereich des BMWi, des AA, des BML, des BMA und BMF; BM für Ernährung, Landwirtschaft und Forsten

Gruppe II/2
Leiter: N. N.
(wird zur Zeit vom Abteilungsleiter wahrgenommen)
Wirtschafts- und finanzpolitische Gesamtkoordination; Kabinettsausschuß für mittelfristige Finanzplanung

Referat II/3
BM für Wirtschaft (mit Ausnahme Abt. III, V und E und Ref. IV C 7), Deutsche Bundesbank; Kabinettsausschuß für Wirtschaft
ORR Dr. Geberth

Referat II/4
BM für Arbeit und Sozialordnung; BM für Vertriebene, Flüchtlinge und Kriegsgeschädigte; BM für Familie und Jugend; BM für Gesundheitswesen; Bundesanstalt für Arbeitsvermittlung und Arbeitslosenversicherung
MR Friedmann

Referat II/5
BM der Finanzen; BM für Wohnungswesen und Städtebau; Bundesrechnungshof; Koordinierung des Einzelplans 04
MR Dr. Hornschu

Referat II/6
BM für Verkehr; BM für das Post- und Fernmeldewesen; Bundesschatzminister; Bundesbahn; Bundespost
MR Frhr. von Bechtolsheim

Abteilung III
MinDir Krueger

Unterabteilung III A
MinDirig Dr. Bachmann

Referat III A/1
Strategie und militärische Sicherheit (einschl. Nordatlantikpaktorganisation, Westeuropäische Union und Abrüstung); BM der Verteidigung, mit Ausnahme der Abteilungen W, T, H und der Logistik; Stationierungsstreitkräfte; Öffentlichkeitsarbeit in Verteidigungsfragen
N. N.

Referat III A/2
Zivile Verteidigung (mit Ausnahme der finanziellen und wirtschaftl. Fragen) der Nordatlantikpaktorganisation und der Westeuropäischen Union sowie aus den Geschäftsbereichen der BM des Innern (insbes. Abt. VII), der Justiz, für Wohnungswesen und Städtebau, des Auswärtigen Amtes und des Presse- und Informationsamtes; militärische und zivile Alarmplanung; Bundesverteidigungsrat (einschl. Abteilungsleiterausschuß und Sekretariat)
MR Stolzhäuser

Referat III A/3
Wirtschaftliche und finanzielle Fragen der zivilen Verteidigung (bes. Einzelplan 36 des Bundeshaushalts) und der militärischen Verteidigung; Abteilungen W, T, H und Logistik; zivile Verteidigung aus den Geschäftsbereichen der BM der Finanzen, für Wirtschaft, für Ernährung, Landwirtschaft und Forsten, für Arbeit und Sozialordnung, für Verkehr, für das Post- und Fernmeldewesen, für wissenschaftl. Forschung, für Gesundheitswesen; Ausrüstungshilfe
MR Dr. Seemann

Referat ....
Angelegenheiten, die nach näherer Anweisung des Bundeskanzlers zusätzlich aus dem Ministerium für Angelegenheiten des BVR zu übernehmen sind

Planungsstab
Leiter: MinDir Krueger

Sekretariat

Zugleich Geschäftsführung des wissenschaftlichen Beratergremiums

Erarbeitung von Grundlagen für die politische Planung in den Bereichen

- Außen-, Verteidigungs- und Deutschlandpolitik (Sachgebietsgruppe A)
- Wirtschafts- und Finanzpolitik (Sachgebietsgruppe B)
- Gesellschaftspolitik (Sachgebietsgruppe C)
- Innenpolitische Strukturfragen (Sachgebietsgruppe D)
- Wissenschafts- und Forschungspolitik (Sachgebietsgruppe E)

Planungsmethodik und Planungstechnik

Informationserfassung und Dokumentation

Bundeskanzler
Dr. h. c. Kiesinger

Persönlicher Referent
MR Neusel

Leiter des Kanzlerbüros
VLR Dr. Ruth

Sonderbeauftragter des Bundeskanzlers für Berlin
Bundesminister a. D. Lemmer

Parlamentarischer Staatssekretär
Frhr. von und zu Guttenberg

Persönlicher Referent
VA Herdegen

Chef des Bundeskanzleramtes
Staatssekretär Carstens

Persönlicher Referent
RR Dr. Selmayr

Der Bevollmächtigte der Bundesrepublik Deutschland in Berlin
Staatssekretär Dr. Krautwig

Abteilung I
MinDir Selbach

Gruppe I/1
Leiter: MinR Frhr. von Bechtolsheim

Personalangelegenheiten der Bundesregierung (Kabinettsachen) und des Bundeskanzleramtes; Zahlstelle
MinR Hennings

Haushalt — Koordinierung des Einzelplans 04 —; Kassen- und Rechnungswesen; Organisation des Bundeskanzleramtes (Wird vom Gruppenleiter wahrgenommen)

Innerer Dienst — MBD —

Referat I/2
Öffentliche Sicherheit; BMI, Abt. ÖS; Strafrechtlicher Staatsschutz; Sicherheit; Staatssekretärausschuß für Sicherheit; Lageinformation
MinR von Koester

Referat I/3
BM des Innern (außer Abt. ÖS u. ZV); BM der Justiz; BM für Angelegenheiten des Bundesrates und der Länder; Bundestag; Bundesrat; Bundespräsidialamt; Justitiariat;

BM für wissenschaftliche Forschung; Kabinettausschuß für wissenschaftliche Forschung, Bildung und Ausbildungsförderung
MinR Dr. Grundschöttel

Referat I/4
Kanzlerbüro; persönliche Post und Reisen des Bundeskanzlers; Protokollfragen
VLR Dr. Ruth
(hat unmittelbares Vortragsrecht beim Bundeskanzler)
Eingaben und Petitionen
MinR Dr. Dossmann

Referat I/5
Verbindung zu Parlament, Parteien, Kirchen und Verbänden;
Verbindung zum Presse- und Informationsamt der Bundesregierung
VA Hange

Abteilung II
MinDir Dr. Osterheld

Gruppe II/1
Leiter: MinDirigent Dr. Boss

Außenpolitische Angelegenheiten

Referat II/2
Deutschland- und Berlin-Politik; Kabinettausschuß für innerdeutsche Beziehungen
MinR Dr. Schnekenburger

Referat II/3
Verteidigungsfragen
Oberst i. G. Dr. Ortmanns

Referat II/4
Zivile Verteidigung; Alarmplanung; Geschäftsführung des Bundesverteidigungsrates
MinR Stolzhäuser

Abteilung III
MinDir Dr. Praß

Vorprüfungsstelle

Gruppe III/1
Leiter: MinR Dr. Meyer

Zwischenstaatliche wirtschaftliche Zusammenarbeit; Fragen der europäischen Wirtschafts-, Währungs-, Konjunktur-, Finanz-, Agrar-, Verkehrs- und Sozialpolitik; Energiepolitik; Entwicklungshilfe; BM für Ernährung, Landwirtschaft und Forsten; Kabinettausschuß für das Agrarprogramm

Gruppe III/2
Leiter: N. N. (wird z. Z. vom Abt.-Leiter wahrgenommen)

Wirtschafts- und finanzpolitische Gesamtkoordination; Kabinettausschuß für mehrjährige Finanzplanung; Finanzplanungsrat

Referat III/3
BM für Wirtschaft (soweit nicht bei III/1); Deutsche Bundesbank; Kabinettausschuß für Wirtschaft
RegDir Dr. Geberth

Referat III/4
BM für Arbeit und Sozialordnung; BM für Vertriebene, Flüchtlinge und Kriegsgeschädigte; BM für Familie und Jugend; BM für Gesundheitswesen; Bundesanstalt für Arbeitsvermittlung und Arbeitslosenversicherung; Kabinettausschuß für Familienlastenausgleich
MinR Friedmann

Referat III/5
BM der Finanzen; BM für Wohnungswesen und Städtebau; Bundesrechnungshof
MinR Dr. Hornschu

Referat III/6
BM für Verkehr; BM für das Post- und Fernmeldewesen; Bundesschatzminister; Bundesbahn; Bundespost
N. N.

Planungsstab
MinDir Krueger

MinDirigent z. b. V.
Dr. Bachmann

5.2 Personenverzeichnis Bundeskanzleramt 1949–1969

5.2.1 Bundeskanzler

Konrad Adenauer (1876-1967)
Bundesarchiv, B 145 Bild-P000456

Konrad Adenauer[1] (1876–1967)*

1901 Eintritt in die Zentrumspartei, 1917–1933 Oberbürgermeister von Köln, 1921–1933 Mitglied und Präsident des Preußischen Staatsrates, bis 1933 Mitglied des Reichsvorstandes der Zentrumspartei, 1933 Entlassung aus allen Ämtern, 1945 erneut Oberbürgermeister von Köln, 1946–1948 Mitglied des Zonenbeirates für die britische Besatzungszone, 1946–1950 MdL Nordrhein–Westfalen (CDU), dort 1946–1949 Fraktionsvorsitzender, 1946–1950 Vorsitzender des Zonenverbandes der CDU in der britischen Zone, 1948–1949 Präsident des Parlamentarischen Rates, 1949–1967 MdB, 1949–1963 Bundeskanzler, 1951–1955 zugleich Bundesminister des Auswärtigen, 1950–1966 Bundesvorsitzender der CDU.

1 Die Kurzbiographien wurden den Biogrammen in der Edition „Die Kabinettsprotokolle der Bundesregierung" entnommen sowie aus den Geschäftsverteilungs– und Organisationsplänen des Bundeskanzleramtes, dem Taschenbuch für Verwaltungsbeamte und den Ernennungs- und Entlassungsunterlagen der Bundesbeamten, Bundesrichter und Offiziere im Bestand B 122 (Bundespräsidialamt) erstellt. In einigen Fällen konnte dankenswerterweise das Personalreferat des Bundeskanzleramtes weiterhelfen. Nachgewiesen sind fast alle Personen, die auf den Organisationsplänen des Bundeskanzleramtes 1949 bis 1969 genannt sind.

Ludwig Erhard (1987-1977)
Bundesarchiv, B 145 Bild-F015320-0011

Dr. Ludwig Erhard (1897–1977)*

1928–1942 wissenschaftlicher Assistent und Mitglied der geschäftsführenden Leitung des Instituts für Wirtschaftsbeobachtung der deutschen Fertigware, Nürnberg, 1942–1945 Leiter des Instituts für Industrieforschung, 1945–1946 Bayerischer Staatsminister für Wirtschaft, 1947 Honorarprofessor der Universität München, 1947–1948 Vorsitzender der Sonderstelle Geld und Kredit bei der Verwaltung für Finanzen des Vereinigten Wirtschaftsgebietes, 1948–1949 Direktor der Verwaltung für Wirtschaft des Vereinigten Wirtschaftsgebietes, 1949–1977 MdB (CDU), 1949–1963 Bundesminister für Wirtschaft, 1957–1963 zugleich Stellvertreter des Bundeskanzlers, 1963–1966 Bundeskanzler, 1966–1967 Bundesvorsitzender der CDU.

Kurt-Georg Kiesinger (1904-1988)
Bundesarchiv, B 145 Bild-F024016-0011

Kurt Georg Kiesinger (1904–1988)*

Ab 1935 Rechtsanwalt beim Kammergericht Berlin, 1940–1945 Rundfunkpolitische Abteilung des AA, dort 1943 stellvertretender Abteilungsleiter, 1945–1946 amerikanisches Internierungslager Ludwigsburg, ab 1948 Rechtsanwalt in Tübingen, 1948–1951 Geschäftsführer des CDU–Landesverbands Württemberg–Hohenzollern, 1949–1959 und 1969–1980 MdB, dort 1954–1959 Vorsitzender des Ausschusses für auswärtige Angelegenheiten, 1956–1958 MdEP (CDU), 1958–1966 Ministerpräsident des Landes Baden–Württemberg, 1960–1966 MdL Baden–Württemberg, 1963–1966 Bevollmächtigter der Bundesrepublik Deutschland für kulturelle Angelegenheiten im Rahmen des Vertrages über die deutsch–französische Zusammenarbeit, 1966–1969 Bundeskanzler, 1967–1971 Bundesvorsitzender der CDU.

5.2.2 Staatssekretäre im Bundeskanzleramt bzw. Chefs des Bundeskanzleramtes

Franz-Josef Wuermeling (1900-1986)
Bundesarchiv, Bild 146 III-386

Dr. Franz–Josef Wuermeling (1900–1986)*

1926–1931 Preußisches Ministerium des Innern, 1931–1938 Landesrat im Provinzialverband Kassel, Finanzdezernent, später Brandversicherungsdezernent, 1939 aus politischen Gründen entlassen, 1940–1947 Tätigkeit in der Basalt–Industrie, 1945 Bürgermeister von Linz/Rhein, 1946–1951 MdL Rheinland–Pfalz (CDU), 1947–1949 Staatssekretär im Ministerium des Innern des Landes Rheinland–Pfalz, 1949–1969 MdB, 1949–1950 mit der Wahrnehmung der Geschäfte des Staatssekretärs im Bundeskanzleramt beauftragt, 1953–1962 Bundesminister für Familienfragen bzw. (ab 1957) für Familien– und Jugendfragen.

Otto Lenz (1903-1957)
Bundesarchiv, Bild B 145 Bild-P002186

Dr. Otto Lenz (1903—1957)*

1928—1938 Preußisches Justizministerium bzw. (ab 1934) Reichsjustizministerium, 1938 Niederlassung als Rechtsanwalt, Okt. 1944 Verhaftung im Zusammenhang mit dem 20. Juli 1944, Jan. 1945 Verurteilung zu vier Jahren Zuchthaus vor dem Volksgerichtshof; 1945 Mitbegründer der CDU in Berlin, 1951—1953 Staatssekretär des Bundeskanzleramtes, 1953—1957 MdB.

Hans Globke (1898-1973)
Bundesarchiv, B 145 Bild-F015051-0003

Dr. Hans Globke (1898–1973)*

1925–1929 Stellvertreter des Polizeipräsidenten von Aachen, 1929–1934 Preußisches Ministerium des Innern, dort Leiter des Verfassungs– und des Saarreferats, 1934–1945 Reichsministerium des Innern, dort Referent für Personenstandswesen, ab 1938 für Staatsangehörigkeitsfragen und Optionsverträge, 1946–1949 Stadtkämmerer in Aachen, 1949 Vizepräsident des Landesrechnungshofes in Nordrhein–Westfalen, 1949–1963 Bundeskanzleramt, dort 1949–1950 Leiter der Abteilung II (Koordinierung und Kabinettsangelegenheiten), 1950–1953 Leiter der Abteilung I (Allgemeine Angelegenheiten, Gesetzgebung und Koordinierung), zugleich Vertreter des Staatssekretärs, 1953–1963 Staatssekretär.

Westrick, Ludger (1894-1990)
Bundesarchiv, B 145 Bild-P004606

Dr. Ludger Westrick (1894–1990)*

1921–1933 Tätigkeit in der Holzindustrie, nach Gründung der Vereinigten Stahlwerke AG Prokurist bei der Stahlunion–Export GmbH, seit 1933 bei der Vereinigten Aluminium–Werke AG, seit 1939 deren Vorstandsvorsitzender, seit Juni 1945 gleichzeitig Vorstandsmitglied bei der VIAG (Vereinigte Industrie–Unternehmen AG), seit 1947 deren Zentraltreuhänder, 1948–1951 Finanzdirektor der Deutschen Kohlenbergbauleitung, 1951–1963 Staatssekretär im BMWi, 1963–1964 Staatssekretär des Bundeskanzleramtes, 1964–1966 Bundesminister für besondere Aufgaben und Chef des Bundeskanzleramtes.

Werner Knieper (rechts) (1909-1977)
Bundesarchiv, B 145 Bild-F023682-0010A

Dr. Werner Knieper (1909–1977)*

1939–1946 Kriegsdienst und Gefangenschaft, 1946–1947 Syndikus in der Bergbauindustrie, 1947–1952 Rechtsanwalt in Dortmund, 1947–1952 Geschäftsführer des Arbeitgeberverbandes der Eisen– und Metallindustrie Dortmund, 1951–1966 Amt Blank bzw. BMVtg, dort Leiter der Unterabteilung Recht, 1959 der Abteilung Verteidigungswirtschaft (W), 1965 der Hauptabteilung II (Rüstungsangelegenheiten), 1966–1967 Staatssekretär des Bundeskanzleramtes, 1968–1974 Geschäftsführer der Vereinigten Flugtechnischen Werke GmbH (VFW) bzw. Vorstandsvorsitzender der VFW Fokker GmbH, 1970–1974 zudem Vorsitzender des Aufsichtsrats und 1974–1977 Mitglied des Aufsichtsrats, 1973–1976 Präsident des Bundesverbandes der Deutschen Luft- und Raumfahrtindustrie, 1974–1976 Mitglied des Präsidiums des BDI.

Karl Carstens (1914-1992)
Bundesarchiv, B 145 Bild-F039719-0021

Prof. Dr. Karl Carstens (1914–1992)*

1945–1949 Rechtsanwalt und 1945–1947 Referent beim Senator für Justiz und Verfassung in Bremen, 1949–1954 Bevollmächtigter Bremens beim Bund, 1950–1973 Lehrtätigkeit für Staats- und Völkerrecht an der Universität Köln (1960 Ordinarius), 1954–1966 AA, dort 1954–1955 Gesandter und Leiter der ständigen Vertretung der Bundesrepublik beim Europarat, 1955–1958 stellvertretender Leiter der Politischen Abteilung, 1958–1960 Leiter der Abteilung West I (mit Zuständigkeit u.a. auch für die europäische Integration), 1960 (28. Juli)–1966 Staatssekretär und ab 1961 ständiger Vertreter des Bundesaußenministers, 1966–1967 Staatssekretär im BMVtg, 1968–1969 Chef des Bundeskanzleramts, 1969–1972 Leiter des Forschungsinstituts der Deutschen Gesellschaft für Auswärtige Politik, 1972–1979 MdB (CDU), dort 1973–1976 Vorsitzender der CDU/CSU–Fraktion, 1976–1979 Präsident des Deutschen Bundestages, 1979–1984 Bundespräsident.

Sonstige Staatssekretäre

Walter Hallstein (1901-1982)
Bundesarchiv, B 145 Bild-F004665-0003

Prof. Dr. Walter Hallstein (1901–1982)*

1929 Privatdozent, 1930–1941 Professor für Privat– und Gesellschaftsrecht, 1946 Lehrstuhl für Internationales Privatrecht, Völkerrecht, Rechtsvergleichung und Gesellschaftsrecht an der Universität Frankfurt/Main, 1950 Leiter der deutschen Verhandlungsdelegation für den Schuman–Plan, 1950–1951 Staatssekretär im Bundeskanzleramt, 1951–1958 im AA, 1958–1967 Präsident der Kommission der Europäischen Wirtschaftsgemeinschaft in Brüssel, 1968 Präsident des Rates der Europäischen Bewegung, 1969–1972 MdB (CDU).

Felix von Eckardt (1903-1979)
Bundesarchiv, B 145 Bild-P000185

Felix von Eckardt (1903–1979)*

1927–1929 außenpolitischer Berichterstatter des Hauses Ullstein, 1929–1932 Presseattaché an der deutschen Gesandtschaft in Brüssel, 1933–1945 Tätigkeit als Filmbuchautor und Dialogregisseur, 1945–1951 Begründer, Herausgeber und Chefredakteur des „Weserkurier“, 1952–1955 Chef des BPA, 1955–1956 Botschafter bei den Vereinten Nationen, 1956–1962 erneut Chef des BPA, 1962–1965 Bevollmächtigter der Bundesrepublik Deutschland in Berlin, 1965–1972 MdB (CDU).

Reinhold Mercker (1903-1996)
Bundesarchiv, B 145 Bild-F027810-0025A

Dr. Reinhold Mercker (1903–1996)*

1925–1945 im Reichspostdienst, 1947–1949 niedersächsischer Justizdienst, 1950–1951 niedersächsisches Justizministerium, 1951–1956 BMJ, dort Leiter des Referats IV 1 (Verfassungsrecht), 1956–1966 Bundeskanzleramt, dort 1956–1960 Leiter der Unterabteilung A (Referate 1, 3, 4, 5, 9 und 11: u.a. zuständig für Innerer Dienst, Personal sowie Angelegenheiten des BMI, BMJ, BMVtg, BMG, BMBR, BMFa, BMAt und des AA), 1960–1966 Leiter der Abteilung I (Referate mit Zuständigkeit u.a. für Innerer Dienst, Personal sowie Angelegenheiten des BMI, BMJ, BMVtg, BMG, BMBR, Bundespräsidialamt, Bundestag und Bundesrat), 1965–1966 auch Stellvertreter des Chefs des Bundeskanzleramts, 1966–1967 Staatssekretär im Bundesministerium für die Angelegenheiten des Bundesverteidigungsrates, 1967–1968 Staatssekretär (mit Sonderaufgabe) im BML.

Dr. Carl Krautwig (1904–1981)

1931–1939 Rechtsanwalt in Köln, 1939–1942 Kriegsdienst, 1942–1945 Heeresrichter, 1945–1948 Oberverwaltungsdirektor bei der Stadt Köln, 1948–1949 Verwaltungsrat des Vereinigten Wirtschaftsgebiets, dort Leiter der Direktorialkanzlei, 1949–1963 BMWi, dort bis 1953 Leiter der Abteilung Z (Verwaltung), 1953–1963 Leiter der Abteilung IV (Gewerbliche Wirtschaft), 1963–1968 Staatssekretär im BMG, daneben 1965 (Dez.)–1969 Bevollmächtigter der Bundesrepublik Deutschland in Berlin.

Bevollmächtigte der Bundesrepublik Deutschland in Berlin

Heinrich Vockel (1892-1968)
Bundesarchiv, B 145 Bild-F003062-0010

Dr. Heinrich Vockel (1892–1968)*

1922–1933 Generalsekretär der Deutschen Zentrumspartei, 1934–1945 Tätigkeit bei der Hertie Waren und Kaufhaus GmbH in Berlin, 1945 Mitbegründer der CDU in Berlin, 1950–1962 Bevollmächtigter der Bundesrepublik Deutschland in Berlin.

Felix von Eckardt

Siehe unter Sonstige Staatssekretäre

Carl Krautwig

Siehe unter Sonstige Staatssekretäre

5.2.3 Parlamentarische Staatssekretäre

Karl Theodor Freiherr von und zu Guttenberg (1921-1972)
Bundesarchiv, B 145 Bild-F027296-0012

Karl Theodor Freiherr von und zu Guttenberg (1921–1972)*

1938–1945 Wehr– bzw. Kriegsdienst und Gefangenschaft, danach Forst– und Landwirt, Übernahme des Familienbesitzes, 1952–1957 Landrat in Stadtsteinach, 1957–1972 MdB (CSU), 1961–1972 Mitglied des CSU–Landesvorstandes, 1967–1969 Parlamentarischer Staatssekretär beim Bundeskanzler.

Katharina Focke (geb. 1922)
Bundesarchiv, B 145 Bild-F045084-0002

Katharina Focke (geb. 1922)*

1946 Lehramtsstudium, neben dem Studium Jungredakteurin bei „Merian", dann zwei Jahre Assistentin ihres Vaters Ernst Friedlaender, 1951 Studienjahr an der Universität Oklahoma, in Deutschland Studium der Politischen Wissenschaften, 1954 Dissertation, Übersetzerin, 1961—1969 Geschäftsführerin des Bildungswerks Europäische Politik, 1963–1965 stellvertretendes Mitglied des Kuratoriums des Deutsch–Französischen Jugendwerks, seit 1964 Mitglied der SPD, 1966 in den Landtag von Nordrhein–Westfalen gewählt, 1969–1980 Abgeordnete im Deutschen Bundestag, 1969 parlamentarische Staatssekretärin im Bundeskanzleramt, 1972 Ministerin für Jugend, Familie und Gesundheit, 1976 aus der Bundesregierung ausgeschieden, 1979–1989 Mitglied des Europäischen Parlaments.

5.2.4 Abteilungsleiter, Referatsleiter und Referenten

Abicht, Günther, Dr. (1911–1968)

1935–1945 Verwaltungsdienst, zuletzt Oberpräsidium Breslau, 1939–1946 Kriegsdienst und Kriegsgefangenschaft, 1946–1948 zunächst Land– und Waldarbeiter, dann Bürovorsteher in Borstel (Landkreis Harburg), 1949 Vorsitzender der Schlichtungsstelle für Wohnungssachen beim Landkreis Harburg, 1949–1952 Landesverwaltungsgericht Braunschweig, 1952–1955 BMVt, 1955–1960 Bundeskanzleramt, dort Leiter des Referats 4, ab 1957: A/4, ab 1960: I 4 (bis 1960 u.a. Kabinettssachen aus dem Geschäftsbereich des BMI, BMJ, BMBR und ab 1957 BMFa sowie Grundsatzfragen und allgemeiner Verkehr mit Bundestag, Bundesrat und Bundespräsidialamt, ab 1960 u.a. Kabinettssachen des BMVtg, Verteidigungsfragen der NATO, Zivile Verteidigung und Geschäftsführung des Bundesverteidigungsrates), seit 1956 zusätzlich Leiter des Referats 7, ab 1957: B/7 (u.a. Kabinettssachen aus dem Geschäftsbereich des BMA, BMWo, BMVt, unselbständiger Mittelstand und freie Berufe, BAVAV), 1960–1968 erneut BMVt, dort 1960–1964 Leiter der Zentralabteilung bzw. (ab 1961) Abteilung I, 1964–1968 Leiter der Abteilung II (zuständig u.a. für wirtschaftliche Eingliederung, Suchdienste, Genfer Flüchtlingskonvention, Wohnungswesen, Sozialwesen.

Albers, Karl, Dr. (geb. 1910)

1930–1934 Studium der Rechts- und Staatswissenschaften in Köln und Innsbruck, 1938 Eintritt in das AA, dort bis 1945, unterbrochen durch einen etwa zweijährigen Kriegsdienst und eine kurzfristige Abordnung nach Krakau, 1945–1949 freiberuflich tätig, 1949–1952 Referent im Bundeskanzleramt, danach zum AA, 1952–1954/55 Gesandtschaft Bern, 1955–1958 Botschaft Caracas, 1958–1961 Botschaft Madrid, 1961–1963 AA, seit 1963 Leiter der Botschaft Managua.

Bach, Franz–Josef, Dr. (1917–2001)

1942–1945 Wiss. Mitarbeiter am Aerodynamischen Institut der TH Aachen, 1946–1950 Stellvertretender Chefredakteur der Aachener Volkszeitung, 1950–1957 AA, dort 1952–1955 Vizekonsul und Gesandtschaftsrat in Sydney, 1955–1957 Gesandtschaftsrat an der Botschaft in Washington, 1957–1960 Bundeskanzleramt, dort 1957–1958 Hilfsreferent im Referat 11 (Grundsatzfragen, Koordinierung und Kabinettssachen aus dem Geschäftsbereich des AA), 1959 (Januar)–1960 Persönlicher Referent des Bundeskanzlers, 1960–1968 erneut AA, dort 1961–1964 Generalkonsul in Hongkong, 1964–1968 Botschafter in Teheran, 1969–1972 MdB (CDU).

Bachmann, Günter, Dr. (geb. 1915)*

Günther Bachmann (geb. 1915)
Bundesarchiv, Bild 183-62927-0020.

1939–1946 Kriegsdienst und Kriegsgefangenschaft, 1947–1948 Staatsanwaltschaft Mannheim, 1948–1950 Industrie–Forschungs–Institut München, 1950–1951 Amtsgericht Mannheim, 1951 Landgericht Mannheim, 1952–1968 Bundeskanzleramt, dort 1952–1955 Hilfsreferent im Referat 5 (zuständig u.a. für Grundsatzfragen und Kabinettssachen aus den Geschäftsbereichen des AA, des BMI, Abt. Innere Sicherheit, des BMG und der Dienststelle Blank), 1955–1958 Leiter dieses Referats, Mai–Dezember 1958 Persönlicher Referent des Bundeskanzlers, 1959–1964 erneut Leiter des Referats 5, 1960–1963 zusätzlich des Referats 4 (zuständig u.a. für Kabinettssachen des BMVtg, Verteidigungsangelegenheiten, Geschäftsführung des Bundesverteidigungsrats), 1964–1969 Leiter der für Fragen der militärischen und zivilen Verteidigung zuständigen Unterabteilung I A bzw. (ab 1966) III A, 1969 BMI, dort Leiter der Abteilung D (Beamtenrecht und sonstiges Personalrecht des öffentlichen Dienstes), 1970–1983 Direktor des Caritas–Verbands Bonn e.V.

Baden

Regierungsrat, 1958–1961 Persönlicher Referent des Staatssekretärs.

Barth, Heinrich, Dr. (1914–1997)

1949–1954 Rechtsanwalt und (ab 1952) Notar in Bremen, 1952–1954 Vorsitzender des CDU–Landesverbandes Bremen, 1954–1960 Bevollmächtigter des Landes Bremen beim Bund, 1960–1963 Persönlicher Referent des Bundeskanzlers im Bundeskanzleramt, 1963–1969 Staatssekretär im BMFa, 1964–1996 Vorsitzender des CDU–Bundesparteigerichts.

Baum, Bruno (geb. 1897)

1949 –1962 Büro des Bundeskanzlers, zuletzt als Oberregierungsrat.

Bebermeyer, Hartmut (geb. 1924)

1941–1946 Kriegsdienst und Gefangenschaft, 1946–1949 Studium der Wirtschaftswissenschaften in Tübingen, 1949 Redaktionsvolontär beim Reutlinger Generalanzeiger, 1950–1951 Redaktionsvolontär bei Südwest–Presse, Tübingen, 1951–1959 Redakteur und Leiter des Wirtschaftsressorts bei Südwest–Presse, Tübingen, 1959–1963 Hilfsreferent im BMWi, ab Oktober 1963 abgeordnet zum Bundeskanzleramt, seit Dezember 1963 im Bundeskanzleramt, dort Pressereferent, Referent und Gruppenleiter.

Bechtolsheim, Otto Freiherr von (1910–1999)

1936–1938 Reichsverkehrsministerium, 1938–1941 Reichsbahndirektion Essen, 1941–1945 Vorstand des Reichsbahnverkehrsamtes Allenstein, 1943–1945 Kriegsdienst und Gefangenschaft, 1945–1947 ohne Beschäftigung, 1947–1951 Justitiar bei der IHK Kassel, 1951–1954 BMV, 1954–1970 Bundeskanzleramt, dort 1954–1956 Hilfsreferent im Referat 9 (Wissenschaftliche Forschung), 1957–1968 u.a. Leiter der für Grundsatzfragen, Koordinierung und Kabinettssachen u.a. aus den Geschäftsbereichen BMV, BMP, BMAt, BMwF, BMSchatz, wissenschaftliche Forschung bzw. BMwF, Bundesbahn und Bundespost zuständigen Referate 8 und 9 bzw. (ab 1965) II/5 und (ab 1967) II/6, 1968–1970 Leiter der Gruppe I/1 (u.a. Personalangelegenheiten der Bundesregierung und des Bundeskanzleramtes; Kassen– und Rechnungswesen, Organisation, Innerer Dienst), 1970–1975 erneut BMV, dort Leiter des Referats L 8 (Internationale Zusammenarbeit in der Luftfahrt, Zivile Verteidigung.

Beutler, Otto (1900–1982)

1923–1926 Innenministerium des Landes Württemberg, 1926–1945 AA mit Stationen u. a. in Mexiko (1926–1929), Lima (1929–1933), Quito (1933–1939), Alexandrien (1939), Kirkenses (1939–1940), Helsinki (1940) und Fiume/Triest (1940), 1945 Internierung, 1945–1946 Ministerial Collection Center, Fürstenhagen, 1946–1951 Innenministerium des Landes Württemberg–Hohenzollern, 1951–1956 Bundeskanzleramt, dort Hilfsreferent im Referat 2 (Haushalt), 1956–1963 BMAt bzw. ab 1962: BMwF, dort 1956–1962 Hilfsreferent im Referat I A 5 (Personalangelegenheiten, ab 1959 zusätzlich: Organisations– und Sicherheitsangelegenheiten), 1963 Leiter des Referates I A 6 (Koordinierung der Notstandsplanung, Sicherheit.

Herbert Blankenhorn (1904-1991)
Bundesarchiv, B 145 Bild-F000897-0002

Blankenhorn, Herbert (1904–1991)*

1929–1945 auswärtiger Dienst mit Stationen in Athen, Washington, Helsinki und Bern, 1946–1948 Deutsches Sekretariat des Zonenbeirates (der britischen Besatzungszone) in Hamburg, 1948–1949 Generalsekretär beim Zonenausschuss der CDU in der britischen Besatzungszone und persönlicher Referent des Präsidenten des Parlamentarischen Rates bzw. des Bundeskanzlers, 1949–1951 Leiter der Verbindungsstelle zur Alliierten Hohen Kommission im Bundeskanzleramt, 1951–1955

Leiter der Politischen Abteilung des AA, 1955–1958 Ständiger Vertreter bei der NATO in Paris, 1958–1963 Botschafter in Paris, 1963–1965 in Rom, 1965–1970 in London.

Hans Adolf von Blumröder (geb. 1904)

1962 – 1963 Referent für Landesverteidigung, anschließend Leiter Ref. 4: BMVtg, Verteidigungsfragen der NATO (Mitwirkung des Außenpolitischen Büros), Zivile Verteidigung, insbesondere BMI Abt. VII, Geschäftsführung des Bundesverteidigungsrates.

Boden, Wilhelm (geb. 1924)

1952–1957 Bankgewerbe, 1957–1966 Bundeskanzleramt, dort Hilfsreferent im Referat II 7 (u.a. BMA und Geschäftsführung des Ministerausschusses für Sozialreform), 1966–1969 BMBR, dort in der Abteilung Bundesrats– und Länderangelegenheiten – Grundsatzfragen und Koordinierung Leiter des Referates II 7 (Angelegenheiten aus dem Geschäftsbereich des BMF, Angelegenheiten aus dem Finanzausschuss, Konferenzen der Finanzminister der Länder.

Boss, Walter Dr.

1967 Leiter Gruppe I/1: Außenpolitische Angelegenheiten, Kabinettsachen des Auswärtigen Amtes im Bundeskanzleramt, 1968 Leiter Gruppe II/1: Außenpolitische Angelegenheiten.

Brüggemann, Hermann (geb. 1900)

1950–1965 im Bundeskanzleramt, Ministerialbürodirektor, dann Referent für den inneren Dienst, Behördenselbstschutzleiter und Kraftfahrzeugreferent.

Casser, Wilhelm (geb. 1888)

1950–1953 Büro des Bundeskanzlers, 1953–1956 nach Eintritt in den Ruhestand: als Angestellter im Referat 1 tätig (Aussonderung von Schriftgut).

Cramer von Laue, Constantin, Dr. (1906–1991)

1927–1935 Berufssoldat, 1935–1939 Studium der Rechtswissenschaften, 1939–1945 Kriegsdienst und Kriegsgefangenschaft, 1945–1949 Referendar beim Amtsgericht Bad Pyrmont, Landgericht Hildesheim, Oberlandesgericht Celle, 1949–1951 Wissenschaftlicher Assistent bei der rechts– und staatswissenschaftlichen Fakultät der Universität Freiburg i. Br., 1951 Hilfsreferent im BMBR, 1951–1971 Bundeskanzleramt, dort Juni bis November 1951 zweiter Persönlicher Referent des Bundeskanzlers, 1951–1971 Hilfsreferent in verschiedenen Grundsatzreferaten, so 1951–1957 im Referat 4 (Grundsatzfragen, Koordinierung und Kabinettssachen aus den Geschäftsbereichen des BMI, BMJ; BMBR; Bundestag, Bundesrat, Bundespräsidialamt) und 1957–1958 im Referat 6 (Grundsatzfragen, Koordinierung und Kabinettssachen aus dem Geschäftsbereich des BMZ, BMF, BMWi, BML, Bundesbank), 1965–1971 Hilfsreferent im Kanzlerbüro.

Deutz, Josef, Dr. (geb. 1919)
1938–1946 Reichsarbeitsdienst, Kriegsdienst und Gefangenschaft, 1941–1942 und 1946–1950 Studium der neueren Geschichte und der englischen und französischen Sprache in Bonn, 1950–1951 Volontär bei der Redaktion der Kölnischen Rundschau, 1951–1953 Vorbereitungsdienst für den höheren Auswärtigen Dienst, 1952–1953 beim Generalkonsulat in Chicago, danach (März–Juni 1953) kurzfristig bei den Generalkonsulaten in New York und Ottawa, 1953–1955 wieder beim Generalkonsulat in New York, 1955–1959 Botschaft in Paris, 1959–1960 im Bundeskanzleramt, 1960–1964 Konsulat Cleveland, 1964–1967 Botschaft in London, seit 1967 AA.

Doßmann, Ulrich, Dr. (1911–1996)
1939–1941 Finanzämter Bonn und Bad Kreuznach, 1946–1951 Finanzamt Bonn, 1951–1976 Bundeskanzleramt, dort 1951–1956 Hilfsreferent im Referat 6 (Grundsatzfragen, Koordinierung und Kabinettssachen aus den Geschäftsbereichen des BMM, BMF, BMWi, BML; Bundesbank), 1957–1958 Leiter des Referats 3 (dsgl. aus den Geschäftsbereichen des BMI und BMF), 1958–1966 Kanzlerbüro, 1966–1976 Leiter der für Eingaben und Petitionen zuständigen Organisationseinheiten (Referate III/5 bzw. ab 1968 I/4, ab 1970 Referent im Kanzlerbüro.

Enseling, Dr. Alfons (geb. 1923)
1966–1968 Leitung des Referats III/3 (Verbindung zum Presse– und Informationsamt der Bundesregierung).

Friedmann, Ludwig (1924–2002)
1942–1945 Kriegsdienst, nach Studium der Rechtswissenschaften und juristischem Vorbereitungsdienst 1953–1957 juristischer Mitarbeiter in der Süddeutschen Treuhand Gesellschaft AG, 1958 Finanzassessor bei der Oberfinanzdirektion München,

1958–1960 BMBes, dort Hilfsreferent für die Verwaltung und Verwertung von bundeseigenem Grundvermögen im Liegenschaftsreferat für den süddeutschen Bereich, 1960–1969 Bundeskanzleramt, dort 1960–1961 in der Abteilung II Hilfsreferent im Referat 8 (u.a. Angelegenheiten des BMF, BMWo und des Bundesrechnungshofs; Haushaltsangelegenheiten des Bundeskanzleramtes; Kassen– und Rechnungswesen), 1962–1969 Persönlicher Referent des Staatssekretärs, 1963–1968 Leiter des Referats 7 bzw. ab 1965: II/3, ab 1967: II/4, ab 1968: III/4 (u.a. Angelegenheiten des BMA, BMVt, BMFa, BMGes und der Bundesanstalt für Arbeitsvermittlung und Arbeitslosenversicherung), 1986–1969 zusätzlich Leiter des Referats III/6 (Angelegenheiten des BMV, BMP, BMSchatz, Bundesbahn, Bundespost), 1969 (Juni–Nov.) Leiter der Gruppe III/2 (Wirtschafts– und finanzpolitische Gesamtkoordination; Kabinettausschuss für mehrjährige Finanzplanung; Finanzplanungsrat), 1969–1970 BMF dort dem Sekretariat der Steuerreformkommission zugeteilt, Mai 1970 Ausscheiden aus dem Beamtenverhältnis auf eigenen Antrag, danach Tätigkeit in der Privatwirtschaft.

Geberth, Rolf, Dr.

1966 Referat II/2: BMWi (mit Ausnahme der Abteilungen III, V und E), BML (außer Unterabteilung VII A und B), Angelegenheiten der Bundesbank, Kabinettsausschuss für Wirtschaft, 1967 Leiter Referat II/3: BMWi (mit Ausnahme Abteilungen III, V und E, Referat IV C/7), Deutsche Bundesbank, Kabinettsausschuss für Wirtschaft, 1968, Leiter Referat III/3: BMWi (soweit nicht bei III/1), Deutsche Bundesbank, Kabinettsausschuss für Wirtschaft.

Grau, Wilhelm, Dr. (1901–1975)

1934–1938 Württembergisches Innenministerium, 1938–1945 Reichsministerium des Innern, 1945 gutachterliche Tätigkeit beim Ministerial Collecting Center in Hessisch–Lichtenau, 1945–1947 Deutsche Planungsbehörde für Registrierung und Bestandsaufnahme der Bevölkerung in Bünde i.W., später Hamburg, 1947–1949 Innenministerium des Landes Württemberg–Hohenzollern, 1949–1955 Bundeskanzleramt, dort Leiter des Referats 2 (Haushaltsreferat) und gleichzeitig der Referate 8 (Grundsatzfragen, Koordinierung und Kabinettssachen aus den Geschäftsbereichen des BMV, BMP; Rechnungshof, Bundesbahn, Bundespost) und 9 (Wissenschaftliche Forschung), 1955–1959 BMAt, dort 1955–1958 Stellvertreter des Ministers, 1958

(Dezember) Freistellung zum Ausbau der Reaktorstation Karlsruhe zu einer Forschungsstätte, 1959–1966 BMV, dort Leiter der Abteilung Binnenschifffahrt.

Grimm, Gottfried

1967 Persönlicher Referent des Chefs des Bundeskanzleramtes.

Karl Gumbel (1909-1984)
Bundesarchiv, B 145 Bild-F043705-0004

Gumbel, Karl (1909–1984)*

1946 Oberregierungspräsidium Pfalz in Neustadt, 1947–1949 Ministerium des Innern des Landes Rheinland-Pfalz, 1949–1955 Bundeskanzleramt, dort zuletzt 1953–1955 Leiter der u.a. für Inneren Dienst, Personal sowie Angelegenheiten des BMI, BMJ, BMG, BMBR, BMFa, BMAt, AA und der Dienststelle Blank bzw. des BMVtg zuständigen Unterabteilung A, 1955–1966 BMVtg, dort Leiter der Abteilung III (Personal), 1959–1964 Stellvertreter des Staatssekretärs und 1964–1966 Staatssekretär, 1967–1969 Staatssekretär im BMI.

Grundschöttel, Hans, Dr. (1924–1979)

1942–1945 Kriegsdienst, 1945–1946 Dolmetscher bei der Reichsbahn in Neustadt a.d.W., 1949–1953 Justizverwaltung Rheinland-Pfalz, 1953–1977 Bundeskanzleramt, dort 1953–1963 Hilfsreferent: 1953 im Persönlichen Büro des Bundeskanzlers, 1953–1960 im Referat 5 (Grundsatzfragen, Koordinierung und Kabinettssachen aus den Geschäftsbereichen u.a. des AA, des BMI, Abt. 6: Öffentliche Sicherheit, des BMG und zeitweise der Dienststelle des Beauftragten des Bundeskanzlers für die mit der Vermehrung der alliierten Truppen zusammenhängenden Fragen sowie des Bevollmächtigten der Bundesrepublik Deutschland in Berlin), 1960–1962 im Referat 4 (BMVtg; Verteidigungsfragen der NATO, zivile Verteidigung und Geschäftsführung des Bundesverteidigungsrates), zusätzlich 1960 im Referat 9 (BMV, BMP, BMAt, Bundesbahn, Bundespost) und 1962–1963 erneut im Kanzlerbüro, 1964–1965 Leiter des Referates 11 (Zivile Verteidigung), 1965–1970 Leiter des Referates I/3 (mit Zuständigkeit vor allem für BMI – außer Abt. ÖS und ZV –, BMJ, BMBR, Bundestag, Bundesrat, Bundespräsidialamt, für Bildung und Ausbildungsförderung), 1970–1974 Leiter der neu eingerichteten Gruppe I/3 (BMJ und – aus dem BMI – öffentliches Recht und öffentlicher Dienst, Organisations– und Geschäftsordnungsrecht der Bundesregierung, Justitiariat), 1974–1977 Leiter des Referates I/2 bzw. (ab 1976) 12 (Zivilverteidigung, Alarmplanung, Krisenstab, Lagezentrum.

Haenlein, Franz (1903–1989)
1947 Justitiar der Kirchlichen Hilfsstelle für Flüchtlinge in München, 1947–1958 Exekutivrat des Vereinigten Wirtschaftsgebietes, 1948–1949 Staatskanzlei Rheinland–Pfalz, 1949–1952 Bevollmächtigter des Landes Rheinland–Pfalz beim Bund, 1952–1960 Bundeskanzleramt, dort 1952–1957 Leiter des Referats 6 (Grundsatzfragen, Koordinierung und Kabinettssachen aus den Geschäftsbereichen des BMM, BMF, BMWi, BML; Bundesbank), 1957–1960 Leiter des Referats II (Haushaltsangelegenheiten, Kassen– und Rechnungswesen u. a.), gleichzeitig seit 1956 Leiter der Unterabteilung B (Referate 2, 6, 7 und 8), 1960 Leiter des Planungsbüros, 1960–1968 BMA, dort Leiter der Abteilung I (Allgemeine Verwaltung, wirtschaftspolitische und statistische Angelegenheiten, internationale Sozialpolitik.

Hange, Franz (geb. 1921)
1945–1948 Korrespondent des Deutschen Pressedienstes (DPD) in Köln, ab 1949 Chefkorrespondent der Deutschen Presseagentur (dpa) in Bonn, 1965–1969 Referent im Bundeskanzleramt, seit 1969 Presse– und Informationsamt der Bundesregierung dort ab 1982 Leiter des Büros Chef vom Dienst.

Helbig, Erich (geb. 1911)
1934–1936 Supernumerar bei der Regierung in Liegnitz, 1937–1945 im Reichsministerium des Innern, 1942–1945 Wehrdienst und Kriegsgefangenschaft, 1945–1949 Angestellter beim Magistrat von Groß–Berlin, seit 1949 im Bundeskanzleramt.

Helmer, Karl Wilhelm, Dr. (geb. 1908)
1928–1934 Studium der Rechts– und Staatswissenschaften sowie der Wirtschaftswissenschaften in Münster und Bonn, 1934–1938 juristischer Vorbereitungsdienst im OLG Bezirk Hamm, 1939–1940 juristischer Sachbearbeiter bei der Reichsstelle für Eisen und Stahl in Berlin, 1940–1945 Referent beim Deutschen Staatsministerium

in Prag, 1945–1948 ohne Beschäftigung, 1948–1950 stellvertretender Kreissyndikus bei der Kreisverwaltung Gifthorn, 1950–1952 Dezernent beim Regierungspräsidenten Lüneburg, 1953–1958 Hilfsreferent im BMWi, Februar–April 1958 Versetzung zum Bundeskanzleramt.

Hennings, Willi (geb. 1915)

1933–1936 Beamtenanwärter bei der Stadtverwaltung Schwaan, 1938–1941 außerplanmäßiger Steuerinspektor beim Finanzamt Güstrow, 1939–1940 Wehrmacht, 1940–1945 im Bereich des Reichsluftfahrtministeriums in Berlin tätig, 1941 Verwaltungsdiplomprüfung an der Verwaltungsakademie Berlin, 1945–1946 Kriegsgefangenschaft, danach kurzfristig ohne Beschäftigung, 1946–1950 im Kultusministerium des Landes NRW in Düsseldorf tätig, 1949–1950 abgeordnet zum Büro Bundeshauptstadt in Bonn, danach zum Bundeskanzleramt, 1950 schließlich dorthin versetzt.

Henske, Wolfgang, Dr. (geb. 1916)

1953–1955 Hilfsreferent, dann Referent des Herrn Bevollmächtigten der Bundesrepublik Deutschland in Berlin.

Herdegen, Gerhard

1967–1968 Leiter des Persönlichen Büros des Parlamentarischen Staatssekretärs und Persönlicher Referent des Parlamentarischen Staatssekretärs.

Karl Hohmann (1916-2003)
Bundesarchiv, B 145 Bild-F075918-0015

Hohmann, Karl, Dr. (1916–2003)*

1937–1938 und 1946–1948 Studium der Nationalökonomie, 1938–1945 Wehr- bzw. Kriegsdienst und Gefangenschaft, 1947–1948 Volontariat in der Schriftleitung des „Wirtschaftsmarktes", 1948–1951 Wirtschaftsministerium des Landes Württemberg–Hohenzollern, 1951–1963 BMWi, dort 1951–1953 Hilfsreferent im Referat I B 1 (Preispolitik), 1953–1958 dessen Leiter, 1954–1956 zusätzlich Persönlicher Referent des Staatssekretärs, 1958–1963 Leiter des Referats LP (Öffentlichkeitsarbeit, Information: Presse, Rundfunk, Fernsehen, Film), 1963 (Okt.)–1967 Bundeskanzleramt, dort 1963–1966 Leiter des Kanzlerbüros, 1966–1967 (Jan.) Leiter der neu errichten Abteilung III (mit Zuständigkeit vor allem für Lageinformation, öffentliche Sicherheit, strafrechtlicher Staatsschutz, Sicherheitsreferent des Hauses, Politische Planung, Verbindung zu den politischen Parteien, Kirchen und Verbänden), 1967–1974 BPA, dort seit 1969 Abwesenheitsvertreter der Amtsleitung, 1974–1980 Geschäftsführer und 1980–1991 Vorsitzender der Ludwig–Erhard–Stiftung.

Hornschu, Hans–Erich, Dr. (1914–1986)
1948 Angestellter bei der Kreisverwaltung Minden/Westf., 1948–1951 Institut für Weltwirtschaft Kiel, dort 1950–1951 Verwaltungsdirektor, 1951–1952 BMF, dort in der Unterabteilung II C (Bund und Länder) Hilfsreferent im Referat 1 (Öffentliche Finanzwirtschaft, Finanzverfassung, Finanzausgleich), 1953–1978 Bundeskanzler–amt, dort 1953–1956 Hilfsreferent im Referat 6 (Grundsatzfragen, Koordinierung und Kabinettssachen aus den Geschäftsbereichen des BMM, BMF, BMWi, BML; Bundesbank), 1956–1969 Leiter des Referats 8, später II 5 und III 5 (BMF, BMWo, Bundesrechnungshof u.a.), 1969–1978 des Referats III 4 bzw. (ab 1978) 34 (BMV, BMP, Bundesbahn.

Janz, Friedrich, Dr. (1898–1964)
1925–1927 bei den gemischten Schiedsgerichten in Paris und Rom, 1927–1945 AA bzw. Auswärtiger Dienst mit Stationen u.a. 1928–1930 in Posen, 1934–1938 Reichsstelle für Außenhandel, 1938–1939 in Belgrad, 1947–1950 Badisches Ministerium der Finanzen, 1950–1952 Chef der Badischen Staatskanzlei, 1952–1953 stellvertretender Leiter der Rechtsabteilung im AA, 1953–1959 Ministerialdirektor des Bundeskanzleramts, 1959–1961 Leiter der Rechtsabteilung im AA, 1961–1963 Botschafter in Wien.

Kalisch, Konrad (geb. 1921)
1939–1945 Kriegsdienst und Kriegsgefangenschaft, 1945–1950 Regierungspräsidium Augsburg, 1950–1952 Verwaltungsgerichte München und Bayreuth, 1952–1954 BMI, dort Hilfsreferent im Referat VII W 1 (Gesetzgebung, Grundsatzfragen), 1954–1975 Bundeskanzleramt, dort 1954–1955 Persönlicher Referent des Staatssekretärs Globke, 1955–1958 Hilfsreferent im Referat 6 (Grundsatzfragen, Koordinierung und Kabinettssachen aus dem Geschäftsbereich des BMZ, BMF, BMWi, BML; Bundes-

bank), 1958–1967 beim Bevollmächtigten der Bundesrepublik Deutschland in Berlin, 1967–1975 erneut im Bundeskanzleramt, dort 1970–1975 im Referat III/3 (Raumordnung und Landschaftspflege, Kabinettsausschuss für Raumordnung, Regionalplanung und Städtebau, Umweltfragen.

Kilb, Hans (1910–1984)
1936–1945 Berufsoffizier, 1946–1948 Tätigkeit als Prokurist, 1948–1951 Stadtverwaltung Göttingen, 1951 BMM, dort Persönlicher Referent des Staatssekretärs, 1951–1958 Bundeskanzleramt, dort zunächst 2. Persönlicher Referent, 1952–1958 Persönlicher Referent des Bundeskanzlers, 1958 (1. April)–1974 Direktor bei der Verwaltung der Europäischen Atomgemeinschaft und (ab 1967) bei der Kommission der Europäischen Gemeinschaften.

Koester, Hans–Georg von (geb. 1922)
1939–1945 Kriegsdienst und Gefangenschaft, danach kurzfristig Hilfsarbeiter bzw. ohne Beschäftigung, 1945–1946 kaufmännische Lehre, 1946–1948 Studium der Rechts– und Staatswissenschaften, 1948–1952 juristischer Vorbereitungsdienst im hessischen Justiz– und Verwaltungsdienst, 1952–1956 2. Justitiar und Syndikusanwalt in der Privatwirtschaft (Vereinigte Seidenwebereien AG, Krefeld), 1956–1958 als Hilfsreferent im BMWi tätig, 1957 zum Bundeskanzleramt abgeordnet, 1958 schließlich dorthin versetzt, 1961–1964 wieder im BMWi tätig, seit 1964 dann erneute Abordnung und schließlich Versetzung ins Bundeskanzleramt.

Kriele, Rudolf, Dr. (1900–1973)
1922–1935 Justizdienst, 1935–1945 Landrat, 1945–1949 Tätigkeit in der Privatindustrie, 1949–1952 Landesgeschäftsführer beim Deutschen Roten Kreuz Hessen, 1953–1956 Bundesrechnungshof, 1956–1959 Bundeskanzleramt, dort Geschäftsführer des Bundesverteidigungsrates und Leiter des Referates 10 (Grundsatzfragen, Koordinierung und Kabinettssachen aus dem Geschäftsbereich des BMVtg, der zivilen Notstandsplanung einschließlich des zivilen Bevölkerungsschutzes beim BMI sowie Verteidigungsangelegen–heiten der übrigen Bundesressorts), 1959–1964 BMAt bzw. ab 1962 BMwF, dort Leiter der Abteilung I (Recht und Wirtschaft der Kernenergie, Verwaltung, Internationale Zusammenarbeit auf dem Gebiet der Kernenergie) bzw. (ab 1963) der Zentralabteilung.

Krueger, Werner (1915–1998)

1937 Redakteur der „Westfälischen Volkszeitung“, 1946–1949 Parlamentsjournalist im nordrhein–westfälischen Landtag, Redakteur der „Westfalenpost“, 1947 Pressereferent beim CDU–Zonenausschuss der Britischen Zone, 1950–1954 BPA, dort 1950 Persönlicher Referent des Chefs des BPA, 1950–1951 Leiter der Abteilung Inland, 1951–1954 Stellvertreter des Bundespressechefs, 1954–1956 Chefredakteur der Abteilung Fernsehen beim NWDR Hamburg/Köln bzw. ab 1955 beim WDR Köln, 1956–1967 erneut stellvertretender Chef des BPA, 1967–1969 Beauftragter für den Aufbau des Planungsstabes im Bundeskanzleramt.

Kulzer, Gerhard Dr. (geb. 1920)

1939–1940 Studium der Rechtswissenschaften, 1940–1945 Wehrdienst und Kriegsgefangenschaft, 1945–1947 Fortsetzung des Studiums, 1947–1950 Gerichtsreferendar im OLG München, 1950–1952 im Bayerischen Staatsministerium für Unterricht und Kultus in München tätig, 1952–1953 Tätigkeit bei der Regierung in Oberbayern, danach kurzfristig beim Landratsamt München, 1953 Abordnung, schließlich Versetzung als Hilfsreferent ins Bundeskanzleramt.

Lamby, Werner, Dr. (geb. 1924)

1952–1960 Bundeskanzleramt, dort 1952–1958 Hilfsreferent im Referat 7 (u. a. Grundsatzfragen, Koordinierung und Kabinettssachen aus den Geschäftsbereichen des BMA, BMWo, BMVt, BAVAV), 1957–1958 zugleich Persönlicher Referent des Staatssekretärs Globke, 1958–1960 Hilfsreferent im Referat I 3 (u. a. BMI, BMJ, BMBR, Bundespresseamt, Bundestag, Bundesrat, Bundespräsidialamt, Beamten– und sonstiges Personalrecht, Wiedergutmachung, Bewirtschaftung von Forschungsmitteln), 1960–1962 BMWi, dort in der Abt. V (Außenwirtschaft und Entwicklungshilfe) Hilfsreferent im Referat V A 4 (Entwicklungsländer), 1962–1968 BMZ, dort 1962–1965 Leiter des Referates I A/3 (Internationale Zusammenarbeit in der Entwicklungshilfe), 1965–1967 Leiter der Referate I B/1 (Internationale Fragen der Entwicklungspolitik) und I B/2 (Internationale Finanzinstitutionen und Internationale Technische Hilfe), gleichzeitig Leiter der Unterabteilung I B, 1967–1968 Leiter der Unterabteilungen II A (Internationale Entwicklungshilfe, Zusammenarbeit mit der Privaten Wirtschaft, Bildungshilfe) und II B (Zusammenarbeit mit öffentlichen und privaten Institutionen, Forschung und Statistik), 1966–1967 Präsident des UN–Welternährungsprogramms, 1968–1969 BMSchatz, 1969–1973 BMF, dort jeweils Leiter der Abteilung Industrielles Bundesvermögen, anschließend Tätigkeit in der Privatwirtschaft.

Lang, Norbert Dr. (geb. 1921)

1937–1939 kaufmännische Lehre, 1939–1940 Verkaufsvertreter und Disponent bei Vosswerke Sarstedt in Berlin, 1940 Abitur, 1940–1945 Reichsarbeitsdienst und Kriegsdienst und Gefangenschaft, danach kurzfristig ohne Beschäftigung, 1945–1946 Redakteur am Berliner Rundfunk, 1946–1950 Studium der Rechtswissenschaften in Berlin, 1949–1952 juristischer Vorbereitungsdienst, 1953–1954 Vorbereitungsdienst für den höheren Auswärtigen Dienst, 1954 kurzfristig im AA beschäftigt, 1954–1955 Studienaufenthalt in den USA, danach erneut kurzfristig im AA (Politische Abteilung), 1955–1958 im Generalkonsulat Chicago, 1958–1967 wieder im AA (Abteilung I), 1962 Promotion, 1967 Versetzung ins Bundeskanzleramt.

Lehmann, Otto (geb. 1892)

1950 Staatssekretariat des Innern im Bundeskanzleramt, Abteilung II; 1956–1957 Leiter Ref. 2: Haushaltsangelegenheiten, Kassen– und Rechnungswesen, Zahlstelle, Vorprüfungsstelle.

Ernst Lemmer (1898-1970)
Bundesarchiv, Bild 146-2007-0100

Lemmer, Ernst (1898–1970)*

1922–1933 Generalsekretär des Gewerkschaftsrings deutscher Arbeiter– und Angestelltenverbände (Hirsch–Dunckersche Gewerkvereine), 1924–1932 und 1933 MdR (DDP/DStP), 1945 Mitbegründer und 1945–1949 stellvertretender Vorsitzender des FDGB, 1946–1947 stellvertretender Vorsitzender der CDU in der Sowjetischen Besatzungszone, 1946–1949 MdL Brandenburg, 1951–1969 Mitglied des Berliner Abgeordnetenhauses, dort 1951–1956 Fraktionsvorsitzender, 1956–1961 Vorsitzender des CDU–Landesverbandes Berlin, 1952–1970 MdB, 1956–1957 Bundesminister für das Post– und Fernmeldewesen, 1957–1962 Bundesminister für gesamtdeutsche Fragen, 1961–1970 Vorsitzender der Exil–CDU, 1963–1970 Bundesvorsitzender bzw.

ab 1967 Präsident des Gesamtverbandes der Sowjetzonenflüchtlinge, 1964–1965 Bundesminister für Vertriebene, Flüchtlinge und Kriegsgeschädigte, 1965–1969 Sonderbeauftragter des Bundeskanzlers für Berlin.

Loosen, Franz (1900–1968)

1931–1947 Rechtsanwalt, 1950–1955 BMF, dort 1950–1952 Hilfsreferent im Referat V 6 (ERP–Angelegenheiten), 1952–1955 Leiter des Referats V 7 (Liquidation der JEIA, Abwicklung der StEG), 1955–1958 Referent des Bevollmächtigten der Bundesrepublik Deutschland in Berlin, 1958–1965 Bundeskanzleramt, 1958–1959 Leiter des Referats 4 (Grundsatzfragen, Koordinierung und Kabinettssachen aus dem Geschäftsbereich des BMI, Abt. I, III, IV, V, Gr. J, BMJ, BMBR, BPA, Grundsatzfragen und allgemeiner Verkehr mit Bundestag, Bundesrat, Bundespräsidialamt), 1960–1965 Leiter des Referats 7 (BMA, BMVt, BMFa, BAVAV, Geschäftsführung des Ministerausschusses für Sozialreform), 1965 des Referats II 2 (BMWi, BML, BMSchatz, Bundesbank, Kabinettsausschuss für Wirtschaft.

Meyer, Klaus, Dr. (geb. 1928)

1948–1955 Studium der Philologie, Philosophie, Volkswirtschaft und Rechtswissenschaften in Göttingen und Paris, 1953 Volontär bei der diplomatischen Vertretung der Bundesrepublik Deutschland in Paris, 1955–1958 Vorbereitungsdienst für die Laufbahn des höheren Auswärtigen Dienstes im AA als Attaché, 1958–1967 AA (Handelspolitische Abteilung), dort 1959–1967 beurlaubt zur Dienstleistung bei der EWG in Brüssel, 1967 Versetzung ins Bundeskanzleramt.

Müller–Dethard, Dr. Helmut (geb. 1917)

1939–1946 Kriegsdienst und Kriegsgefangenschaft, 1946–1949 Assessor im Oberlandesgerichtsbezirk Celle, 1950 Gerichtsassessor bei der Staatsanwaltschaft Lüneburg, 1950–1955 AA, zunächst 1951 in der Zentrale, 1952–1954 in Chile, 1954–1955 Zentrale, Oktober 1955–1957 Bundeskanzleramt, dort 1956–1957 Leiter des Referates 11 (Grundsatzfragen, Koordinierung und Kabinettsachen aus dem Geschäftsbereich des AA), ab Dezember 1957 erneut im AA.

Neusel, Hans Heinrich (geb. 1927)

1944–1945 Kriegsdienst und Gefangenschaft, 1947–1948 Tätigkeit im elterlichen Betrieb, 1948 Ausbildung zum Dolmetscher, 1949–1953 Jurastudium, 1953–1957 juristischer Vorbereitungsdienst OLG Bezirk Hamm, 1958–1959 in der Eisen– und Stahlindustrie, August 1959–1963 BMWi, dort 1959–November 1962 in der Abteilung III (Bergbau, Energie– und Wasserwirtschaft, Eisen und Stahl, Europäische Gemeinschaft für Kohle und Stahl), Hilfsreferent im direkt dem Abteilungsleiter unterstellten Referat III 3 (Beteiligung des Bundes an erwerbswirtschaftlichen Unternehmungen), ab Dezember 1962 Persönlicher Referent des Staatssekretärs Westrick, seit Oktober 1963 Bundeskanzleramt, dort Dezember 1963–1966 Persönlicher Referent Staatssekretärs, ab 9. Januar 1967–1969 Persönlicher Referent des Bundeskanzlers, anschließend Leiter des persönlichen Büros des Bundeskanzlers a.D. Kiesinger, ab Juli 1973 zur Aufnahme einer Tätigkeit bei der Fraktion der CDU/CSU im Deutschen Bundestag beurlaubt, dort 1973–1976 Leiter des Büros des Fraktionsvorsitzenden Prof. Dr. Carstens, Dezember 1976–1979 Bundestagsverwaltung, dort Leiter des Präsidialbüros, 1979–1984 Chef des Bundespräsidialamtes, 1984–1985 Beauftragter des Bundeskanzlers im ad–hoc Ausschuss Europa der Bürger, 1985–1992 Staatssekretär im BMI.

Ortmanns, Wilhelm, Dr. (geb. 1926)

1939–1945 Berufssoldat (Offizierslaufbahn) der Wehrmacht (Luftwaffe), nach dem Krieg kurzfristig ohne Beschäftigung, dann 1945–1950 Studium der Mathematik, Erdkunde, Geologie, Völkerkunde, Physik, Psychologie, Philosophie und Leibesübungen in Göttingen, 1950–51 Pädagogische Vorbereitungszeit in Walsrode, 1951–1957 Schuldienst im Geschäftsbereich des Senators für das Bildungswesen Bremen, 1957 Eignungsübung in der Bundeswehr (Entlassung auf eigenen Antrag), 1957–1958 Schuldienst in Bremen, 1958 Wiedereinstellung in die Bundeswehr als Hauptmann und Ernennung zum Berufssoldaten, 1960 Ernennung zum Major, 1963 zum Oberstleutnant, 1966 zum Oberst.

Osterheld, Horst, Dr. (1919–1998)

1937–1947 Wehr– und Kriegsdienst, Kriegsgefangenschaft, 1949–1950 Tätigkeit bei einer Außenhandelsgesellschaft, 1951–1960 auswärtiger Dienst mit Stationen in Paris (1953–1955), bei der Ständigen Vertretung der Bundesrepublik Deutschland bei der NATO (1955–1957) und in Washington (1958–1960), 1960–1969 Bundeskanzleramt, dort 1960–1966 Leiter des außenpolitischen Büros, 1966–1969 Leiter der Abteilung I (mit Zuständigkeiten u. a. für Kabinettsachen des AA, BMJ, BMWi, BML, BMA und in Personalangelegenheiten sowie für Grundsatzfragen der Deutschlandpolitik), 1969–1971 Botschafter in Chile, anschließend einstweiliger Ruhestand, 1974–1979

Leiter der Zentralstelle Weltkirche der Deutschen Bischofskonferenz, 1979–1984 Bundespräsidialamt, dort Leiter der Abteilung II (Ausland, Protokoll, Presse).

Petz, Rudolf, Dr. (1904–1970)

1933–1938 Österreichisches Bundeskanzleramt, 1938–1945 Reichsministerium des Innern, 1945–1947 Oberkreisdirektor in Eutin, 1947–1949 Zentralamt für Arbeit der britischen Zone bzw. Verwaltung für Arbeit des Vereinigten Wirtschaftsgebiets, 1949–1950 BMA, dort Leiter der Referate 3, 4 und 5 in der Abteilung II a (Arbeitsplanung), 1950–1952 Bundeskanzleramt, dort Leiter des Referats 7 (Arbeit, Vertriebene, Wohnungsbau, ab 1951: Grundsatzfragen, Koordinierung und Kabinettssachen aus den Geschäftsbereichen BMA, BMWo und BMVt; BAVAV), 1952 Leiter des Kanzlerbüros, 1952–1961 erneut BMA, dort Leiter der Abteilung II (Arbeitsmarktpolitik, Arbeitsvermittlung, Berufsberatung, Berufsausbildung, unterstützende Arbeitslosenhilfe; seit 1957: Arbeitskräfte), danach Universitätsdozent in Graz.

Praß, Johannes, Dr. (1914–1989)

1941–1945 in der Heeresverwaltung, 1947–1956 in der Verwaltung der Freien und Hansestadt Hamburg, dort 1947 Landesjugendamt und Schulbehörde, 1948 Rechtsamt des Senats, ab 1950 Finanzbehörde, 1956–1969 Bundeskanzleramt, dort 1956–1963 Leiter des Referats 6 bzw. (ab 1957) B 6 (zuständig u.a. für Kabinettssachen aus dem Geschäftsbereich des BMM bzw. BMZ, BMF, BMWi, BML, BMBes, für Angelegenheiten der Bundesbank, der multilateralen wirtschaftlichen Organisationen einschließlich der europäischen Wirtschaftsintegration, für handels– und wirtschaftspolitische Angelegenheiten des AA sowie für die Geschäftsführung des Kabinettsausschusses für Wirtschaft), 1964–1969 Leiter der Abteilung II bzw. ab 1968 der Abteilung III (Referate mit Zuständigkeit u.a. für Finanzen, Wirtschaft, Soziales, Gesundheit und Vertriebene.

Pühl, Karl–Heinz, Dr. (geb. 1912)

1947–1950 Finanzministerium des Landes Schleswig–Holstein, 1950–1956 Bundeskanzleramt, dort 1950–1952 Hilfsreferent im Referat 6 (Finanzen, Wirtschaft, Landwirtschaft, ERP, Bundesbank), 1952–1956 Leiter des Referates 7 (Grundsatzfragen, Kabinettssachen aus den Geschäftsbereichen des BMA, BMWo, BMVt, BAA), 1960–1962 Prüfungsleiter einer Wirtschaftsprüfungsgesellschaft, 1962–1973 Tätigkeit in der Privatwirtschaft.

Rouget, Werner (geb. 1923)

1942–1945 Kriegsdienst und Gefangenschaft, 1946–1949 Jurastudium in Bonn und Köln, 1951–1952 Fortsetzung des Studiums in Lausanne, 1952–1954 Vorbereitungsdienst für den höheren Auswärtigen Dienst, 1954 kurzfristig im AA beschäftigt, dann 1954–1956 an der Botschaft in Washington, 1956–1958 an jener in Montevideo, 1958–1961 erneut im AA, 1961–1964 an der Botschaft in Rom, 1964–1966 Abordnung, 1966 schließlich Versetzung ins Bundeskanzleramt.

Rust, Josef, Dr. (1907–1997)

1934–1945 Reichswirtschaftsministerium, 1948–1949 Niedersächsisches Finanzministerium, 1949–1952 Bundeskanzleramt, dort Leiter des Referats 6 (Finanzen, Wirtschaft, Landwirtschaft, ERP, Bundesbank, ab 1951: Grundsatzfragen, Koordinierung und Kabinettssachen aus den Geschäftsbereichen des BMM, BMF, BMWi, BML; Bundesbank), 1952–1955 BMWi, dort Leiter der Abteilung III (Bergbau, Energie und Wasserwirtschaft, Eisen und Stahl, Europäische Gemeinschaft), 1955–1959 (31. Aug.) Staatssekretär im BMVtg, 1959–1969 Vorstandsvorsitzender und 1969–1978 Aufsichtsratsvorsitzender der Wintershall AG (Kassel), 1966–1974 Aufsichtsratsvorsitzender der Volkswagen AG.

Ruth, Friedrich, Dr. (geb. 1927)

1944–1945 Reichsarbeitsdienst und Kriegsdienst, 1948–1949 Pädagogisches Institut, 1950–1955 Studium der Philologie, 1956–1959 Vorbereitungsdienst für den höheren Auswärtigen Dienst, 1959–1962 Generalkonsulat in Chicago, 1962–1966 Botschaft in Washington, 1966–1967 erneut im AA, 1967 Versetzung ins Bundeskanzleramt.

Schnekenburger, Hubert, Dr. (geb. 1922)

1941–1947 Reichsarbeitsdienst, Kriegsdienst und Gefangenschaft, 1947–1950 Studium der Rechtswissenschaften in Freiburg i.Br., 1950–1955 Vorbereitungsdienst im Badischen Justizdienst (mit Beurlaubungen zu Studienzwecken), 1955–1960 im Staatsdienst des Landes Baden–Württemberg, 1956–1960 abgeordnet zum BMJ, 1960 dann Abordnung und schließlich Versetzung ins Bundeskanzleramt.

Schnippenkötter, Heribert (geb. 1924)

1942–1945 Kriegsdienst, 1945–1946 Volontär im Dümmler–Verlag, Bonn, 1946–1950 Studium der Philosophie, 1950–1951 Redakteur der „Bergischen Landeszeitung", 1951–1952 Bundeskanzleramt, dort Persönlicher Referent des Staatssekretärs, 1952–1963 BPA, dort 1952 Persönlicher Referent des Amtsleiters, 1953–1956 in der Abteilung III (Inland) Hilfsreferent im Referat III/6 (Zeitschriften und Bücher), 1956–1958 im Referat III/1 (Innenpolitik), 1959–1962 im Referat A 1 (Aktuelle Information), 1962 (Juni)–1963 (Oktober) Abordnung zum Bundeskanzleramt, dort Verbindungsmann zum BPA, danach 1963 im BPA Leiter des Referates VI/1 (Grundsatzangelegenheiten), 1964–1968 BMFa, dort Pressereferent, 1968–1989 erneut BPA, dort 1968–1975 „Chef vom Dienst" im gleichnamigen Referat, 1975–1989 Leiter des Referates IV B 6 bzw. (ab 1983) II 3 und (ab 1989) II 2 (Informationsfunk).

Seemann, Klaus, Dr. (geb. 1925)

1942 kurzzeitig Studium der Rechtswissenschaften und Volontär bei der Deutschen Mittelstandsbank in Beuthen, 1942–1943 Bergbaubeflissener im Kreis Rybnik, danach kurzzeitig wieder Volontär bei der Deutschen Mittelstandsbank in Beuthen, 1943–1946 Reichsarbeitsdienst, Wehrdienst und Kriegsgefangenschaft, 1946–1949 Fortsetzung des Studiums der Rechtswissenschaften in Breslau und Erlangen, 1949–1950 Studium der Volkswirtschaftslehre in Nürnberg, 1950–1953 juristischer Vorbereitungsdienst im Bezirk des OLG Nürnberg 1952–1954 Fortsetzung des volkswirtschaftlichen Studiums, 1953–1956 am Landgericht Nürnberg–Fürth tätig, 1956 zunächst Abordnung, 1957 Versetzung ins BMWi als Hilfsreferent, 1961 Versetzung ins BM für besondere Aufgaben, 1964-68 Bundeskanzleramt, Leiter Referat I A/8: Wirtschaftliche und finanzielle Fragen der zivilen Verteidigung (besonders Einzelplan 36 des Bundeshaushalts) und der militärischen Verteidigung, Abteilungen W, T, H und Logistik, zivile Verteidigung aus den Geschäftsbereichen von BMF, BMWi, BML, BMA, BMV, BMP, BMwF, BMGes; 1970 Leiter des Referats V/5 (später V/2) (Planungsmethoden– und techniken), 1970 Leiter Referat III/2 (Jugend, Familie, Gesundheit).

Seibt, Dankmar, Dr. (1911–1977)

1941–1944 Militärverwaltungsassessor in der Abteilung Gewerbliche Wirtschaft beim Militärbefehlshaber Frankreich – Militärverwaltung –, zuletzt persönlicher Referent des Abteilungsleiters, 1946–1949 Institut für Weltwirtschaft in Kiel, 1949–1963 BMWi, dort 1949–1952 Hilfsreferent im Referat II 1 bzw. ab 1952: II A 1 (Wirtschaftsorganisation, Reichs- und preußisches Vermögen), 1952 dessen Leiter, 1953–1963 persönlicher Referent des Ministers, 1963–1966 des Bundeskanzlers Erhard, 1967–1976 im auswärtigen Dienst, dort 1967–1973 Generalkonsul in Mailand, Jan. 1974 Versetzung in den einstweiligen Ruhestand.

Selbach, Josef (geb. 1915)

1948–1950 Amtsgericht Baden–Baden, 1950 Landgericht Offenburg, 1950–1969 Bundeskanzleramt, dort 1952–1963 Leiter des Kanzlerbüros, 1963 (März bis Oktober) auch Persönlicher Referent des Bundeskanzlers, 1963–1967 beurlaubt zur Dienstleistung im Büro des Alt–Bundeskanzlers Konrad Adenauer, 1967–1969 Leiter der Abteilung Z, 1969–1983 Vizepräsident des Bundesrechnungshofes und stellvertretender Vorsitzender des Bundespersonalausschusses.

Selmayr, Gerhard, Dr. (geb. 1935)

1954–1959 Studium der Rechts- und Staatswissenschaften und der Volkswirtschaft in München und Erlangen, 1958–1962 juristischer Vorbereitungsdienst im OLG–Bezirk München, 1962 Studienaufenthalt in Paris, 1963–1964 als Eintritt bei der Wehrbereichsverwaltung VI in München, danach jeweils kurzzeitig in einer Abordnung zur Vertretung der Bundesrepublik Deutschland bei der NATO in Paris, anschließend im BMVtg, 1964–1965 Tätigkeit beim II. Korps in Ulm, 1965–1966 erneut im BMVtg, 1966 Versetzung ins Bundeskanzleramt.

Six, Bruno, Dr. (1906–1984)

1934–1936 Angestellter in der Redaktion der katholischen Jugendzeitschrift „Junge Front“ bzw. „Michael“, 1936–1938 beim Pädagogischen Verlag in Düsseldorf, 1938–1943 in der Industrie tätig, 1938–1945 bei der Organisation Todt, 1945–1952 freie journalistische Tätigkeit, 1946–1962 MdL Nordrhein–Westfalen (CDU), 1946–1948 Mitglied des Zonenbeirates der britischen Besatzungszone, 1952–1953 Persönlicher Referent des Staatssekretärs des Bundeskanzleramtes Otto Lenz, 1954–1966 Leiter der Abteilung „Film, Funk, Bild, Fernsehen" im BPA., 1966–1969 wissenschaftlicher Berater der CDU/CSU–Fraktion im Deutschen Bundestag, 1969–1971 Referatsleiter im BMF.

Spieler, Hermann, Dr. (1894–1979)
1933–1938 Oberlandesgerichtsrat in Breslau, 1939 Vizepräsident des Oberlandesgerichts Naumburg/Saale, 1940 des Oberlandesgerichts Breslau, 1947–1951 Hilfsrichter, 1951 Oberlandesgerichtsrat in Hamm, 1952–1954 Bundeskanzleramt, dort Leiter des Referats 4 (Grundsatzfragen, Koordinierung und Kabinettssachen aus den Geschäftsbereichen des BMI [Abt. 1, 3, 4 und 5], BMJ, BMBR, Grundsatzfragen und allgemeiner Verkehr mit Bundestag, Bundesrat, Bundespräsidialamt), 1954–1962 Bundesrichter am Bundesgerichtshof.

Stamp, Gerhard (geb. 1920)
1938–1945 Berufssoldat (Offizierslaufbahn) der Wehrmacht (Luftwaffe), im September 1945 aus amerikanischer Kriegsgefangenschaft entlassen, 1945–1946 Dolmetscher bei einer britischen Einheit in Porz bei Köln, 1946–1947 kaufmännischer Volontär und Korrespondent bei der Tefi–Apparatebau Dr. Daniel KG in Porz, 1947–1949 Agenturleiter und Bezirksleiter der Rhein–Zeitung und des Rheinischen Merkurs der Mittelrhein–VerlagsGmbH Koblenz in Linz/Rhein, 1950–1956 Verlagsangestellter (Vertriebs– und Werbeassistent) beim Rhenania–Verlag Rheinischer Merkur in Koblenz, 1956 Eintritt in die Bundeswehr als Major und Ernennung zum Berufssoldaten, 1964 Oberst, 1966-1967 Bundeskanzleramt, Leiter Referat I A/6: Strategie und militärische Sicherheit (einschließlich Nord–atlantikpaktorganisation, Westeuropäische Union und Abrüstung), BMVtg mit Ausnahme der Abteilungen W, T, H und der Logistik, Stationierungsstreitkräfte, Öffentlichkeitsarbeit in Verteidigungsfragen; 1967 Leiter Refeat Z/3 (als solcher mit unmittelbarem Vortragsrecht beim Bundeskanzler): Kanzlerbüro, persönliche Post des Bundeskanzlers (Organisation und Begleitung), Protokollangelegenheiten.

Stolzhäuser, Hans–Leo (1912–1997)
1939–1946 Kriegsdienst und Gefangenschaft, seit 1943 Staatsanwalt in Duisburg, 1947 Staatsanwalt bei der Anklagebehörde beim Spruchgericht in Hiddesen/Detmold, 1947–1953 erneut Staatsanwalt in Duisburg, 1953–1958 Oberstaatsanwalt bei der Bundesanwaltschaft am Bundesgerichtshof, 1958–1974 Bundeskanzleramt, dort 1958–1960 in der Abteilung I Leiter des Referates 5 (Innere Sicherheit, BMG,

Bevollmächtigter der Bundesrepublik Deutschland in Berlin), 1960–1965 Leiter des Referates 3 (Bundestag, Bundesrat, Bundespräsident, BMI, BMJ, BMBR, BPA, Beamten– und sonstiges Personalrecht, Wiedergutmachung, Bewirtschaftung von Forschungsmitteln), 1965–1974 Leiter des Referates I A/7 bzw. (ab 1966) III A/7, (ab 1967) III A/2, (ab 1968) II/4 und (ab 1970) I/5 (mit Zuständigkeit vor allem für Zivile Verteidigung, ab 1970 zudem Krisenstab, Lagezentrum.

Storch, Wilhelm (geb. 1903)

1920–1922 praktische Ausbildung für den Beruf eines Maschinenbauers in Kattowitz, 1922–1923 Anwärter bei der Regierungshauptkasse in Oppeln, 1923–1926 Ausbildung für die gehobene Verwaltungslaufbahn bei den Landratsämtern Kattowitz und Oppeln und beim Regierungspräsidenten in Oppeln, 1926–1931 beim Landratsamt Rosenberg, 1931–1937 beim Landratsamt in Rosenberg und Cosel, 1937–1945 beim Regierungspräsidenten in Oppeln bzw. Kattowitz, 1944–45 Wehrmacht und Kriegsgefangenschaft, 1945–1948 krank bzw. ohne Beschäftigung, 1948–1949 Verwaltungsführer eines Ausbildungslehrgangs für Volksschullehrer in Dortmund, 1949–1957 im Kultusministerium des Landes NRW tätig, 1957 Versetzung ins Bundeskanzleramt.

Vialon, Friedrich Karl, Prof. Dr. (1905–1990)

1929–1937 im Justizdienst, 1937–1942 und 1944–1945 Reichsfinanzministerium, 1942–1944 Leiter der Finanzabteilung beim Reichskommissariat Ostland in Riga, 1945–1950 in der Privatindustrie, 1950–1957 BMF, dort 1950–1952 Leiter des Referats II A 5 (Bundeshaushalt: Einzelpläne VI, VIII, XV, XXVI und ERP), 1952–1953 des Referats II A 9 (Finanzielle Verteidigungsfragen), 1953–1954 des Referats II A 1 (Generalreferat Bundeshaushalt, Einzelpläne 60 und 32), 1955–1957 Leiter der Unterabteilung II A, 1957 Leiter der Abteilung II (jeweils Bundeshaushalt), nach Ernennung Etzels zum BMF im Oktober 1957 einstweiliger Ruhestand, 1958–1962 Bundeskanzleramt, dort Leiter der u.a. für Wirtschaft, Landwirtschaft, Soziales und Verkehr zuständigen Abteilung II, 1962–1966 Staatssekretär im BMZ, ab 1963 Ermittlungsverfahren wegen Verdachts des Meineids (keine Kenntnis von Vernichtungsaktionen gegen Juden in Riga während des Zweiten Weltkriegs), 1971 Hauptverhandlung vor dem Landgericht Koblenz und Freispruch.

Waldhausen, Hubert (geb. 1926)

1955–1956 Persönlicher Referent des Staatssekretärs.

Wiechert, Dr. Heinrich (1896–1957)

1950–1957 Referent im persönlichen Büro des Bundeskanzlers.

Ernst Wirmer (1910-1981)
Bundesarchiv, Bild 146-2005-0061

Wirmer, Ernst (1910–1981)*

1937–1944 Rechtsabteilung der Reichsumsiedlungsgesellschaft und Kriegsdienst, November 1944–Mai 1945 Inhaftierung, 1945–1949 Innenministerium und Verwaltungs–Präsidium Oldenburg, 1948–1949 Mitglied des Parlamentarischen Rates (CDU), ab Dez. 1949 Persönlicher Referent des Bundeskanzlers, 1950–1975 Dienststelle Blank bzw. BMVtg, dort Leiter der Abteilung Verwaltung und Recht bzw. ab 1965 der Hauptabteilung III (Administrative Angelegenheiten).

Wirsching, Christoph (1918–1990)

1948–1950 Staatsanwalt und Richter im Bayerischen Justizdienst, 1950–1955 Bundeskanzleramt, dort 1950–1951 Hilfsreferent im Referat 5 (Koordinierung und Kabinettsangelegenheiten: Präsidialkanzlei, Bundestag, Bundesrat, Inneres, Justiz, Gesamtdeutschland, Bundesratsangelegenheiten), 1951–1955 Hilfsreferent im Referat 3 (Personalangelegenheiten, Wohnraumbeschaffung, Besoldungsstelle, Grundsatzfragen, Koordinierung und Kabinettssachen aus dem Geschäftsbereich des BMI, Abteilung II [Beamtenrecht und sonstiges Personalrecht]), 1955 (Dez.)–1973 BMVtg, dort 1955–1961 Hilfsreferent bzw. (ab 1958) Leiter verschiedener Referate der Unterabteilung III A bzw. (ab 1958) P II (Ziviles Personal), 1962–1965 Leiter dieser Unterabteilung, 1966–1973 Leiter der Unterabteilung U I (Unterbringung), 1973–1983 Präsident der Wehrbereichsverwaltung VI (München).

5.2.5 Abkürzungsverzeichnis zum Personenverzeichnis

AA	Auswärtiges Amt
BAVAV	Bundesanstalt für Arbeitsvermittlung und Arbeitslosenversicherung
BDI	Bundesverband der Deutschen Industrie e.V.
BK	Bundeskanzler/Bundeskanzleramt
BMA	Bundesministerium für Arbeit
BMAt	Bundesministerium für Atomfragen
BMBes	Bundesministerium für wirtschaftlichen Besitz des Bundes
BMBR	Bundesministerium für Angelegenheiten des Bundesrates
BMF	Bundesministerium der Finanzen
BMFa	Bundesministerium für Familienfragen, ab Herbst 1957: für Familien- und Jugendfragen
BMG	Bundesministerium für gesamtdeutsche Fragen
BMGes	Bundesministerium für Gesundheit
BMI	Bundesministerium des Innern
BMJ	Bundesministerium für Justiz
BML	Bundesministerium für Ernährung, Landwirtschaft und Forsten
BMM	Bundesministerium für Angelegenheiten des Marshallplans
BMP	Bundesministerium für das Post- und Fernmeldewesen
BMSchatz	Bundesschatzministerium
BMV	Bundesministerium für Verkehr
BMVt	Bundesministerium für Vertriebene, Flüchtlinge und Kriegsgeschädigte
BMVtg	Bundesministerium für Verteidigung
BMwF	Bundesministerium für wissenschaftliche Forschung
BMWi	Bundesministerium für Wirtschaft (und Technologie)
BMWo	Bundesministerium für Wohnungsbau
BMZ	Bundesministerium für wirtschaftliche Zusammenarbeit (und Entwicklung)
BPA	Presse- und Informationsamt der Bundesregierung
DDP	Deutsche Demokratische Partei
DstP	Deutsche Staatspartei
ERP	European Recovery Program
EWG	Europäische Wirtschaftsgemeinschaft
FDGB	Freier Deutscher Gewerkschaftsbund
JEIA	Joint Export- Import- Agency

MdB	Mitglied des deutschen Bundestages
MdEP	Mitglied des Europäischen Parlaments
MdL	Mitglied des Landtages
NATO	North Atlantic Treaty Organisation
OLG	Oberlandesgericht
OrgPl	Organisationsplan
RA	Rechtsanwalt
StEG	Staatliche Erfassungsstelle für öffentliches Gut mbH

5.3 Beispielvorgänge

5.3.1 Vorbemerkung

Die ausgewählten Beispiele sollen die Bearbeitung eines Vorganges im Bundeskanzleramt mit allen typischen Teilschritten verdeutlichen. Ein Vorgang wird definiert als „ein einzelner kooperativer Entscheidungsprozess mit schriftlicher interner Steuerung und genau definiertem Beginn und Abschluss im Rahmen des Geschäftsgangs. Der Begriff bezeichnet ebenso die in seinem Verlauf entstandenen und gemeinsam abgelegten Aufzeichnungen als unterste, sachlich nicht mehr teilbare Schriftgutgemeinschaft.“[1]

5.3.2 Grundsätzliches zum Umlaufverfahren (B 136/4781)

Die hier versammelten Dokumente zeigen die formalen und organisatorischen Vorgaben für das sogenannte Umlaufverfahren.

5.3.3 Bearbeitung eines Vorgangs im Umlaufverfahren am Beispiel B 136/353: Achtes Gesetz zur Änderung des Zolltarifs (Schweineschmalz)

Die Akte B 136/353 besteht aus zehn einzelnen Vorgängen. Das Beispiel soll zeigen, welche Dokumente unter dem Titel im Findbuch „Achtes Gesetz zur Änderung des Zolltarifs (Schweineschmalz) vom 19. Aug. 1955“ zu erwarten sind und wie sich die Bearbeitung eines Vorgangs im Umlaufverfahren unterscheidet von der Vorgangsbearbeitung mit Beratung im Kabinett (siehe 5.3.4).

5.3.4 Bearbeitung eines Vorgangs mit Beratung im Kabinett am Beispiel B 136/2619: Getreidepreisgesetz 1956/57

Die Akte B 136/2619 besteht aus acht einzelnen Vorgängen. Das Beispiel soll verdeutlichen, welche Dokumente unter dem Titel im Findbuch „Getreidepreisgesetz 1956/57 vom 22. Juni 1956“ zu erwarten sind.

1) Definition nach Menne-Haritz, Angelika: Schlüsselbegriffe der Archivterminologie. Lehrmaterialien für das Fach Archivwissenschaft. 3. Auflage. Marburg. 2000. S. 96. Vgl. auch Hoffmann, Heinz: Behördliche Schriftgutverwaltung. Ein Handbuch für das Ordnen, Registrieren, Aussondern und Archivieren von Akten der Behörden. 2. Auflage München. 2000. S. 110 f.

Bundeskanzleramt – Mustervorgänge aus B 136

Signatur	Datum	Absender	Adressat	Schreiben / Übersendung
B 136/4781 fol. 27	3. März 1950	Staatssekretär des Innern im Bundeskanzleramt	Bundesminister für Angelegenheiten des Marshall-Plans, des Innern, der Justiz, der Finanzen, für Wirtschaft, für Ernährung, Landwirtschaft und Forsten, für Arbeit, für Verkehr, für das Post- und Fernmeldewesen, für Wohnungsbau, für Angelegenheiten der Vertriebenen, für gesamtdeutsche Fragen, für Angelegenheiten des Bundesrates	Beschluss der 45. Kabinettssitzung am 14.2.1950
B 136/4781 fol. 28	10. März 1950	Staatssekretär des Innern im Bundeskanzleramt	Interner Vermerk	Umlaufsachen
B 136/4781 fol. 35	6. März 1951	Referat I/5 im Bundeskanzleramt	Referat I/6, Referat I/7, Referat I/8 im Bundeskanzleramt	Umlaufverfahren, Entlastung der Tagesordnungen für Kabinettssitzungen
B 136/4781 fol. 37	9. März 1951	Staatssekretär des Innern im Bundeskanzleramt	Bundesminister	Vorbereitung der Kabinettssitzungen
B 136/4781 fol. 52-55	22. Juli 1955	Staatssekretär des Bundeskanzleramtes	Bundesminister, Referenten 1-9 im Bundeskanzleramt	Umlaufverfahren in Bezug auf das Schreiben vom 3.3.1950
B 136/353 fol. 102-104	12. Mai 1955	Bundesminister der Finanzen	Staatssekretär im Bundeskanzleramt	Entwurf eines Achten Gesetzes zur Änderung des Zolltarifs (Schweineschmalz)
B 136/353 fol. 105	17. Mai 1955	Staatssekretär im Bundeskanzleramt	Bundesministerien im Umlaufwege	20 Überdrucke des Schreibens vom 12. Mai 1955 an das Kabinett
B 136/353 fol. 106	27. Mai 1955	Bundeskanzleramt	Präsident des Bundesrates	Begründung des Achten Gesetzes zu Änderung des Zolltarifs (Schweineschmalz)
B 136/353	28. Mai 1955	Staatssekretär des	Bundesminister der Finanzen	Antwort auf das Schreiben an den

fol. 107		Bundeskanzleramtes		Staatssekretär des Bundeskanzleramtes vom 12. Mai 1955 zum Entwurf eines Achten Gesetzes zur Änderung des Zolltarifs (Schweineschmalz)
B 136/353 fol. 108	10. Juni 1955	Präsident des Bundesrates	Bundeskanzler	Keine Einwendungen gegen den Entwurf eines Achten Gesetzes zur Änderung des Zolltarifs (Schweineschmalz)
B 136/353 fol. 109	14. Juni 1955	Bundeskanzler	Präsidenten des Deutschen Bundestags	Begründung des Achten Gesetzes zu Änderung des Zolltarifs (Schweineschmalz)
B 136/353 fol. 110	15. Juni 1955	Staatssekretär des Bundeskanzleramtes	Bundesminister der Finanzen	Antwort auf das Schreiben an den Staatssekretär des Bundeskanzleramtes vom 12. Mai 1955 zum Entwurf eines Achten Gesetzes zur Änderung des Zolltarifs (Schweineschmalz)
B 136/353 fol. 111	15. Juli 1955	Präsident des Deutschen Bundestags	Bundeskanzler	Annahme des Entwurfs eines Achten Gesetzes zur Änderung des Zolltarifs (Schweineschmalz)
B 136/353 fol.112	22. Juli 1955	Präsident des Bundesrates	Bundeskanzler	Keine Antragsstellung gemäß Artikel 77 Abs. 2 des Grundgesetzes hinsichtlich des Achten Gesetzes zur Änderung des Zolltarifs (Schweineschmalz)
B 136/353 fol. 113	27. Juli 1955	Staatssekretär des Bundeskanzleramtes	Bundesminister der Finanzen	Bezug auf das Schreiben des Präsidenten des Deutschen Bundestags vom 15. Juli 1955 zum Achten Gesetz zur Änderung des Zolltarifs (Schweineschmalz)
B 136/353 fol. 114	15. August 1955	Referat 6 im Bundeskanzleramt	Stellvertreter des Bundeskanzlers	Unterzeichnung des Achten Gesetzes zur Änderung des Zolltarifs (Schweineschmalz)
B 136/353 fol. 115	17. August 1955	Referat 6 im Bundeskanzleramt		Vermerk zum Achten Gesetz zur Änderung des Zolltarifs (Schweineschmalz) an

				Bundespräsident zur Ausfertigung vorgelegt
B 136/353 fol. 116	25. August 1955	Bundesminister der Justiz	Staatssekretär des Bundeskanzleramtes	Ausfertigung und Verkündigung des achten Gesetzes zur Änderung des Zolltarifs (Schweineschmalz)
B 136/2619 fol. 128-138	11. April 1956	Bundesminister für Ernährung, Landwirtschaft und Forsten	Staatssekretär des Bundeskanzleramtes	Entwurf eines Getreidepreisgesetzes 1956/57
B 136/2619 fol. 139-144	April 1956	Referat 6 im Bundeskanzleramt	Staatssekretär des Bundeskanzleramtes	Vermerk für die Kabinettssitzung, betr.: Entwurf eines Getreidepreisgesetzes 1956/57
B 136/2619 fol. 145	20. April 1956	Bundeskanzler	Präsident des Bundesrates	Entwurf eines Gesetzes über Preise für Getreide inländischer Erzeugung für das Getreidewirtschaftsjahr 1956/57 sowie über besondere Maßnahmen in der Getreide und Futtermittelwirtschaft (Getreidepreisgesetz 1956/57) mit Begründung
B 136/2619 fol. 146	18. April 1956			Auszug aus dem Protokoll der Kabinettssitzung zum Tagesordnungspunkt Entwurf eines Getreidepreisgesetzes
B 136/2619 fol. 147	25. April 1956	Staatssekretär des Bundeskanzleramtes	Bundesminister für Ernährung, Landwirtschaft und Forsten	Bezug auf das Schreiben vom 11. April 1956 hinsichtlich des Entwurfes eines Getreidepreisgesetzes 1956/57
B 136/2619 fol. 148	4. Mai 1956	Präsident des Bundesrates	Bundeskanzler	Keine Einwendungen gegen den Entwurf eines Gesetzes über Preise für Getreide inländischer Erzeugung für das Getreidewirtschaftsjahr 1956/57 sowie über besondere Maßnahmen in der Getreide und Futtermittelwirtschaft (Getreidepreisgesetz 1956/57)
B 136/2619 fol. 149	11. Mai 1956	Bundeskanzler	Präsident des Deutschen Bundestages	Entwurf eines Gesetzes über Preise für Getreide inländischer Erzeugung für das Getreidewirtschaftsjahr 1956/57 sowie über besondere Maßnahmen in

				der Getreide und Futtermittelwirtschaft (Getreidepreisgesetz 1956/57) mit Begründung und Bitte um Herbeiführung der Beschlusserfassung des Bundestages
B 136/2619 fol. 150	14. Mai 1956	Staatssekretär des Bundeskanzleramtes	Bundesminister für Ernährung, Landwirtschaft und Forsten	Bezug auf das Schreiben vom 11. April 1956 zum Entwurf eines Gesetzes über Preise für Getreide inländischer Erzeugung für das Getreidewirtschaftsjahr 1956/57 sowie über besondere Maßnahmen in der Getreide und Futtermittelwirtschaft (Getreidepreisgesetz 1956/57)
B 136/2619 fol. 151-157	11. Mai 1956	Bundeskanzler	Präsident des Deutschen Bundestages	Drucksache 2381, Entwurf eines Gesetzes über Preise für Getreide inländischer Erzeugung für das Getreidewirtschaftsjahr 1956/57 sowie über besondere Maßnahmen in der Getreide und Futtermittelwirtschaft (Getreidepreisgesetz 1956/57)
B 136/2619 fol. 158-159	6. Juni 1956			Drucksache 2426, Mündlicher Bericht des Ausschusses für Ernährung, Landwirtschaft und Forsten (26. Ausschuss) über den Entwurf eines Gesetzes über Preise für Getreide inländischer Erzeugung für das Getreidewirtschaftsjahr 1956/57 sowie über besondere Maßnahmen in der Getreide und Futtermittelwirtschaft (Getreidepreisgesetz 1956/57)
B 136/2619 fol. 160-163	4. Juni 1956	Deutscher Bundestag		Protokoll Nr. 102 Kurzprotokoll der 102. Sitzung des Ausschusses für Ernährung, Landwirtschaft und Forsten am Montag, dem 4.6.1956 – 15.00 Uhr – Bonn, Bundeshaus
B 136/2619	7. Juni 1956	Bundesrat, Agrarausschuss		Niederschrift über die 132. Sitzung des

fol. 164-171				Agrarausschusses des Bundesrates am 7. Juni 1956
B 136/2619 fol. 172-178	8. Juni 1956	Bundesrat, Direktor	Präsident des Deutschen Bundestags	BR-Drucks. Nr. 215/56, Entwurf eines Gesetzes über Preise für Getreide inländischer Erzeugung für das Getreidewirtschaftsjahr 1956/57 sowie über besondere Maßnahmen in der Getreide und Futtermittelwirtschaft (Getreidepreisgesetz 1956/57)
B 136/2619 fol. 179-194	8. Juni 1956	Präsident des Deutschen Bundestages	Bundeskanzler	Annahme des Entwurf eines Gesetzes über Preise für Getreide inländischer Erzeugung für das Getreidewirtschaftsjahr 1956/57 sowie über besondere Maßnahmen in der Getreide und Futtermittelwirtschaft (Getreidepreisgesetz 1956/57)
B 136/2619 fol. 195	15. Juni 1956	Präsident des Bundesrates	Bundeskanzler	Zustimmung des verabschiedeten Gesetzes über Preise für Getreide inländischer Erzeugung für das Getreidewirtschaftsjahr 1956/57 sowie über besondere Maßnahmen in der Getreide und Futtermittelwirtschaft (Getreidepreisgesetz 1956/57)
B 136/2619 fol. 196	15. Juni 1956	Präsident des Bundesrates	Vertretung der Länder	Abschrift: Zustimmung des verabschiedeten Gesetzes über Preise für Getreide inländischer Erzeugung für das Getreidewirtschaftsjahr 1956/57 sowie über besondere Maßnahmen in der Getreide und Futtermittelwirtschaft (Getreidepreisgesetz 1956/57)
B 136/2619 fol. 197	19. Juni 1956	Staatssekretär des Bundeskanzleramtes	Bundesminister für Ernährung, Landwirtschaft und Forsten	Bezug auf das Schreiben vom 14. Mai 1956 hinsichtlich des Gesetzes über Preise für Getreide inländischer Erzeugung für das Getreidewirtschaftsjahr 1956/57 sowie über besondere Maßnahmen in der

				Getreide und Futtermittelwirtschaft (Getreidepreisgesetz 1956/57)
B 136/2619 fol. 198-199	19. Juni 1956	Referat 6 des Bundeskanzleramtes	Stellvertreter des Bundeskanzlers	Gegenzeichnung des Gesetzes über Preise für Getreide inländischer Erzeugung für das Getreidewirtschaftsjahr 1956/57 sowie über besondere Maßnahmen in der Getreide und Futtermittelwirtschaft (Getreidepreisgesetz 1956/57)
B 136/2619 fol. 200	19. Juni 1956	Referat 6 des Bundeskanzleramtes		Vermerk, Ausfertigung und Verkündigung des Gesetzes über Preise für Getreide inländischer Erzeugung für das Getreidewirtschaftsjahr 1956/57 sowie über besondere Maßnahmen in der Getreide und Futtermittelwirtschaft (Getreidepreisgesetz 1956/57)
B 136/2619 fol. 201	28. Juni 1956	Bundesminister der Justiz	Staatssekretär des Bundeskanzleramtes	Verkündigung des Gesetzes über Preise für Getreide inländischer Erzeugung für das Getreidewirtschaftsjahr 1956/57 sowie über besondere Maßnahmen in der Getreide und Futtermittelwirtschaft (Getreidepreisgesetz 1956/57)

Grundsätzliches zum Umlaufverfahren (B 136/4781)

Der Staatssekretär des Innern im Bundeskanzleramt

Bonn, den 3. März 1950

BK 671/50

An den
Herrn Bundesminister für Angelegenheiten des Marshall-Plans
Herrn Bundesminister des Innern
Herrn Bundesminister der Justiz
Herrn Bundesminister der Finanzen
Herrn Bundesminister für Wirtschaft
Herrn Bundesminister für Ernährung, Landwirtschaft u. Forsten
Herrn Bundesminister für Arbeit
Herrn Bundesminister für Verkehr
Herrn Bundesminister für das Post- und Fernmeldewesen
Herrn Bundesminister für Wohnungsbau
Herrn Bundesminister für Angelegenheiten der Vertriebenen
Herrn Bundesminister für gesamtdeutsche Fragen
Herrn Bundesminister für Angelegenheiten des Bundesrates

Das Kabinett hat in seiner 45. Sitzung am 14.2.1950 beschlossen, dass zur Entlastung der Tagesordnung der Kabinettssitzungen minder wichtige Angelegenheiten im Umlaufwege erledigt werden sollen.

Demzufolge werde ich, wenn die Bedeutung einer Angelegenheit keine mündliche Beratung erfordert, in Zukunft die Zustimmung der Mitglieder der Bundesregierung auf schriftlichem Wege einholen.

In Vertretung:
gez. Dr. Globke

Beglaubigt:
Helbig
Angestellter

Der Staatssekretär des Innern
im Bundeskanzleramt
BK 671/5o

Bonn, den 10. März 195o
G./Schn.

Betr.: Umlaufsachen.

1.) Von dem anliegenden Schreiben an die Bundesminister ist Abschrift für die Herren

Min.Rat Dr. Grau
ORR Dr. Rust
ORR Dr. Petz
ORR Gumbel

zu fertigen. Folgender Zusatz ist hinzuzufügen:

Vorlagen, die im Umlaufwege erledigt werden sollen, sind in einem Stück jedem Kabinettsmitglied in dem für Kabinettssachen vorgeschriebenen Umschlag zu übersenden und erhalten folgenden Stempelaufdruck:

Kabinettsvorlage
Umlaufsache

Wenn bis zum .... keine gegenteilige schriftliche Mitteilung bei mir eingegangen ist, wird das Einverständnis mit der Kabinettsvorlage unterstellt.

Der Staatssekretär des Innern
im Bundeskanzleramt.

Der Stempelaufdruck wird nicht unterschrieben. In der Regel soll die Frist lo Tage, vom Tage der Absendung an gerechnet, betragen. Ich bitte dafür zu sorgen, dass die Einhaltung der gesetzten Frist überwacht wird.

Die Entscheidung darüber, zu welchen Kabinettsvorlagen die Zustimmung der Kabinettsmitglieder auf schriftlichem Wege eingeholt werden soll, behalte ich mir vor.

2.) Abschrift von 1.) Herrn AR Boldt zur Kenntnis mit der Bitte, den erforderlichen Stempel anfertigen zu lassen.

3.) z.d.A.

I.V.

Kabinettsvorlage

Umlaufsache

Wenn bis zum .... keine gegenteilige schriftliche Mitteilung bei mir eingegangen ist, wird das Einverständnis mit der Kabinettsvorlage unterstellt.

Der Staatssekretär des Innern
im Bundeskanzleramt

Ref. I/5

An

Referat I/6

Referat I/7

Referat I/8

Betr.: Umlaufverfahren.

Das Kabinett hat in letzter Zeit wiederholt die Ansicht vertreten, daß in dem einen oder anderen Falle das Umlaufverfahren am Platze gewesen wäre. Es entspricht insbesondere einem Wunsche des Herrn Bundeskanzlers, daß die Tagesordnungen für die Kabinettssitzungen nach Möglichkeit entlastet werden und daß zu diesem Zwecke von dem Umlaufverfahren in weitestgehendem Umfange Gebrauch gemacht wird.

Ich bitte daher, in jedem Falle die eingehenden Kabinettsvorlagen daraufhin zu überprüfen, ob eine mündliche Beratung unumgänglich ist und ob nicht die Zustimmung der Kabinettsmitglieder im Umlaufverfahren herbeigeführt werden kann.

An die Herren Bundesminister ist lt. Anlage geschrieben worden.

Bonn, den 6. März 1951.

Globke

(Dr. Globke)

E n t w u r f

Der Staatssekretär des Innern
im Bundeskanzleramt

BK 626/51

Bonn, den 9. März 1951
Gu/Schw.

Reinschrift Ref. i. Lim.

Abgesandt
10. MRZ. 1951

An die

Herren Bundesminister

Betr.: Vorbereitung der Kabinettssitzungen.

Der Herr Bundeskanzler hat wiederholt den Wunsch geäussert, daß zur Entlastung der Kabinettssitzungen in weitergehendem Umfange als bisher von der Möglichkeit Gebrauch gemacht wird, die Beschlussfassung der Bundesregierung auf schriftlichem Wege (Umlaufverfahren) herbeizuführen. Diesem Wunsche hat sich das Kabinett angeschlossen. Ich habe daher veranlasst, daß in Zukunft jede Kabinettsvorlage sorgfältig daraufhin überprüft wird, ob das Umlaufverfahren durchgeführt werden kann. Um eine wirksame Prüfung zu ermöglichen, ist es erforderlich, daß bei der Übersendung von Kabinettsvorlagen in jedem Falle angegeben wird, welche Bundesministerien bei der Vorbereitung beteiligt worden sind. Ausserdem sind die bei den Beratungen strittig gebliebenen Punkte mit einem Lösungsvorschlag aufzuführen. Entsprechende Vorschriften waren in der alten Geschäftsordnung der Reichsregierung enthalten und werden auch in der Geschäftsordnung der Bundesregierung enthalten sein. Ich wäre dankbar, wenn Sie für die Beachtung dieser Grundsätze Sorge tragen würden.

Ich bin ferner gebeten worden, darauf hinzuweisen, daß den Bundesministerien nur in wenigen Fällen das an mich gerichtete Anschreiben in 5-facher Ausfertigung zugeht. Ich darf daher bitten, den Bundesministerien in Zukunft nicht nur die Kabinettsvorlagen als solche, sondern auch das Anschreiben jeweils in 5-facher Ausfertigung zu übersenden.

M.d.W.d.G.b.

(Dr. Lenz)

9. 3. III. [illegible]

Entwurf

Der Staatssekretär
des Bundeskanzleramtes
4 - 14300 - 2316 /55
zu 626/51

Bonn, den 22. Juli 1955

gef. zu 1 am 22. durch
gel. zu 1 am 22. durch
ab zu 1 (23x) mit je 2 Anl.
am 23.7. durch

1) An die
Herren Bundesminister

Bonn

nachrichtlich: an den Herrn Chef des Bundespräsidialamtes
a.d.Herrn Präs.d.Bundesrechnungshofes
a.d.Bundespresse- und Inform.amt

Betr.: Umlaufverfahren.

Bezug: Schreiben vom 3.3.1950 - BK 671/50 -
und vom 9.3.1951 - BK 626/51 -

Die Zustimmung der Mitglieder der Bundesregierung zu Kabinettvorlagen im Umlaufverfahren gemäss § 20 Abs. 2 der Geschäftsordnung der Bundesregierung werde ich künftig nicht mehr durch Zusendung dieser Kabinettvorlagen mit Stempelaufdruck, sondern durch besondere Schreiben (Muster s. Anlage I) einholen. Von der Beschlussfassung über die Kabinettvorlagen im Umlaufverfahren werde ich die Mitglieder der Bundesregierung benachrichtigen und den Chef des Bundespräsidialamtes, den Präsidenten des Bundesrechnungshofes sowie das Bundespresse- und Informationsamt nachrichtlich verständigen (Muster s. Anlage II).

In Vertretung

22/7

(Dr. Janz)

2) s.nächst.Bl.

gel. zu 2 am 25. durch
gel. zu 2 am 25. durch Urg.
ab zu 2 (9x) mit Anl.
am 25.7. durch /a

2) An die
Herren Referenten 1 - 9

im Hause

Abschrift übersende ich mit der Bitte um Kenntnisnahme und Beachtung.

Wird im Umlaufverfahren Widerspruch erhoben, so ist zunächst ein persönlicher Verständigungsversuch zwischen den beteiligten Bundesministern gemäss § 17 Abs. 1 der Geschäftsordnung der Bundesregierung zu veranlassen. Erst wenn dieser Verständigungsversuch ergebnislos geblieben ist, bitte ich mir eine solche Kabinettvorlage zur Tagesordnung ~~in~~ einer Kabinettsitzung zu übersenden.

In Vertretung

22/7

(Dr. J a n z)

3) zdA

21.

1	4
1/8.	21/7.

A n l a g e I

Der Staatssekretär
des Bundeskanzleramtes

B o n n, den

An die

Herren Bundesminister

nachrichtlich :

an den Herrn Chef des Bundespräsidialamtes
an den Herrn Präsidenten des Bundesrechnungshofes
an das Bundespresse- und Informationsamt

B o n n

Betr.: ....
Bezug: Kabinettvorlage des ....vom ....
A.Z. ....

Die Zustimmung der Mitglieder der Bundesregierung zu obiger Kabinettvorlage wird hiermit auf schriftlichem Wege eingeholt. Wenn bis zum .... keine gegenteilige schriftliche Mitteilung bei mir eingeht, wird die Zustimmung als erteilt angesehen.

Im Auftrag

A 15/2.

Anlage II

Der Staatssekretär
des Bundeskanzleramtes

Bonn, den

An die
Herren Bundesminister

nachrichtlich :

an den Herrn Chef des Bundespräsidialamtes
an den Herrn Präsidenten des Bundesrechnungshofes
an das Bundespresse- und Informationsamt

B o n n

Betr.: ....
Bezug: Kabinettvorlage des ....vom ....
A.Z. ....

Die Mitglieder der Bundesregierung haben der obigen Kabinettvorlage im Umlaufverfahren zugestimmt. Die Kabinettvorlage ist damit beschlossen.

Im Auftrag

A 15/7.

Bearbeitung eines Vorgangs im Umlaufverfahren am Beispiel B 136/353. Entwurf eines Achten Gesetzes zur Änderung des Zolltarifs (Schweineschmalz)

102

Der Bundesminister der Finanzen

III B/5 - Z 2211 - 237/55

Bonn, 12. Mai 1955
Rheindorfer Str. 118 - Tel. 30131

Verteiler
— Stück Vorzimmer St
1 „ Min.Dirig. Haenlein
1 „ ORR Dr. Dossmann
21 „ RA Doletik
Rest in Reg.

Bundeskanzleramt
Eing. 16. MAI 1955 *
Anlagen: 2/31+

An den
Herrn Staatssekretär des Bundeskanzleramtes

Bonn

Koblenzer Straße 150/160

Betrifft: Entwurf eines Achten Gesetzes zur Änderung des Zolltarifs (Schweineschmalz)

Anlagen: - 32 -

Den anliegenden Entwurf eines Achten Gesetzes zur Änderung des Zolltarifs nebst Begründung übersende ich mit der Bitte, den Kabinettsbeschluß im Umlaufverfahren herbeizuführen.

Der Entwurf ist von dem Herrn Bundesminister der Justiz auf seine Rechtsförmlichkeit geprüft worden. Der Herr Bundesminister für Ernährung, Landwirtschaft und Forsten hat der Neuregelung zugestimmt.

Den Herren Bundesministern, dem Auswärtigen Amt, dem Herrn Beauftragten des Bundeskanzlers für die mit der Vermehrung der alliierten Truppen zusammenhängenden Fragen, dem Presse- und Informationsamt der Bundesregierung und dem Herrn Präsidenten des Bundesrechnungshofs sind je 5 Abdrucke, dem Herrn Bundesminister für Familienfragen und den Herren Bundesministern für Sonderaufgaben sowie dem Herrn Chef des Bundespräsidialamtes 2 Abdrucke dieses Schreibens mit den Anlagen unmittelbar übersandt worden.

30 Abdrucke dieses Schreibens nebst Anlagen sind beigefügt.

Schäffer

(Schäffer)

Gesch.-Z.: 6-65304- 1577/55

Entwurf: B.d.F.
Stand: 15.4.1955

Achtes [1] Gesetz zur Änderung des Zolltarifs
(Schweineschmalz).
Vom . . . . 1955.

Der Bundestag hat das folgende Gesetz beschlossen:

Artikel 1

Der Zolltarif (Bundesgesetzbl. 1951 I S. 531) wird mit Wirkung ab 1. Juli 1955 wie folgt geändert:

Die Tarifnr. 1501 erhält folgende Fassung:

Tarif-nr.	Bezeichnung der Waren	Zollsatz % des Wertes
1501	Schweineschmalz, Schmalzöl und gepreßtes oder ausgeschmolzenes Geflügelfett:	
	A - Schweineschmalz	22
	B - Schmalzöl	22
	C - Geflügelfett	22
	Anmerkungen.	
	1. Waren dieser Nummer unter Zollaufsicht ungenießbar gemacht oder für technische Zwecke unter Zollsicherung	frei
	2. Schweineschmalz zum Umschmelzen in Schmalzsiederein unter Zollsicherung	15

[1] Als Siebentes Gesetz zur Änderung des Zolltarifs gilt das Gesetz zur Änderung des Zolltarifs vom April 1955 (Bundesgesetzbl. I S.) - Grüne Bohnen -.

Artikel 2

Dieses Gesetz gilt nach Maßgabe des § 12 Abs. 1 des Dritten Überleitungsgesetzes vom 4. Januar 1952 (Bundesgesetzbl. I S. 1) auch im Land Berlin.

Artikel 3

Dieses Gesetz tritt am Tage nach seiner Verkündung in Kraft.

Die verfassungsmässigen Rechte des Bundesrates sind gewahrt.

Das vorstehende Gesetz wird hiermit verkündet.

Bonn, den . . . . 1955.

Der Bundespräsident

Der Bundeskanzler

Der Bundesminister der Finanzen

Entwurf: B.d.F.
Stand: 15.4.1955

Begründung

Die bisherige Untergliederung der Tarifnummer 1501 zwingt dazu, zolltariflich zwischen rohem und gereinigtem Schweineschmalz zu unterscheiden. Dies hat in der Praxis zu erheblichen Schwierigkeiten geführt. Es gibt kein wissenschaftlich anerkanntes Verfahren für die einwandfreie Unterscheidung dieser Erzeugnisse in Grenzfällen. Deshalb soll die Tarifnummer 1501 künftig derart gefaßt werden, daß rohes und gereinigtes Schweineschmalz zolltariflich nicht unterschieden zu werden brauchen. Dabei soll der sachliche Inhalt der bisherigen Regelung in ihrem wirtschaftlichen Ergebnis beibehalten, jedoch zolltechnisch einfacher gestaltet werden.

In dem neuen Absatz A ist für Schweineschmalz aller Art der Zollsatz von 22 % vorgesehen. Wird das Schweineschmalz jedoch in Schmalzsiedereien unter Zollsicherung umgeschmolzen, so soll es nach der neuen Anmerkung 2 dem ermässigten Zollsatz von 15 % unterliegen. Der Zollsatz von 15 % wird also allem Schweineschmalz zugutekommen, das umgeschmolzen wird. Dies ist bei Rohschmalz stets der Fall. Für Rohschmalz tritt gegenüber der geltenden Regelung demnach keine Änderung ein. Der Zollsatz von 22 % wird damit praktisch nur für gereinigtes Schweineschmalz in Betracht kommen.

Der Zollsatz von 22 % für gereinigtes Schweineschmalz ist gegenüber den USA vertraglich gebunden. Demselben Vertragspartner ist für rohes Schweineschmalz ein Satz von 14 % eingeräumt worden. Die Bundesregierung hat bereits die erforderlichen Maßnahmen für die Umstellung der Vertragszugeständnisse auf die Neuregelung zum 1. Juli 1955 im Rahmen des GATT in die Wege geleitet.

Die

Die Anmerkung 1, die Erzeugnisse für technische Zwecke begünstigt, soll unverändert beibehalten bleiben. Gleiches gilt hinsichtlich der Zollsätze für Schmalzöl und Geflügelfett. Die erforderliche Neuregelung für die zeitweiligen Zollsatzermässigungen bei Schmalz ist in einer neuen Rechtsverordnung nach § 4 Zolltarifgesetz enthalten. Sie sieht ebenfalls praktisch keine Änderungen in der Höhe der Zollsätze vor.

105

Der Staatssekretär
des Bundeskanzleramtes
6 - 65304 - 1577/55

Bonn, den 17. Mai 1955.

Ref.: MDirig. [illegible]
Hilfsref.: ORR Dr. [illegible]
Sachbearb.: RA [illegible]

Betr.: [illegible handwriting] zur Änderung des Zolltarifs (Schweineschmalz)

1.) 2o Überdrucke des Schreibens des Bundesmin. d. Finanzen .... vom 14.5.1955.. - III B/5 - Z 4411 - 437/55 ....
sind mit dem Stempelaufdruck für Kabinettssachen im Umlaufwege zu versehen.

2.) Als Frist ist der ......8...... Tag, gerechnet vom Tage der Absendung an, einzusetzen.
Absendetag: ....17. Mai........1955.
Frist : ....25. Mai.........1955.

Eingang [illegible] 17.5.55. 17 [illegible]
[illegible] 20
[Stempel:] Abgesandt 18. MAI 1955 [illegible] 8.30 [illegible]

3.) Absendestelle:
Je 1 Exemplar der gemäss Ziff. 1.) und 2.) vorbereiteten Vorlage ist am ..17. Mai.....1955.
jedem Kabinettsmitglied in dem für Kabinettssachen vorgeschriebenen Umschlag zu übersenden.
1 Exemplar ist dem Chef des Bundespräsidialamtes zu übermitteln.

4.) Wv.: ....26. Mai....1955.

I.A.
[Unterschrift]

[Paraphe] 17/5
[Paraphe] 16.5.

106

Bundesrepublik Deutschland
Der Bundeskanzler

6 - 65304 - 1577 / 55

Bonn, den 27 .5.1955

1.) An den
Herrn Präsidenten des Bundesrates
Bonn
Bundeshaus

Anbei übersende ich gemäss Art.76 Abs.2 des Grundgesetzes den von der Bundesregierung beschlossenen Entwurf eines

Achten Gesetzes zur Änderung des Zolltarifs (Schweineschmalz)

nebst Begründung.

Federführend ist der Bundesminister der Finanzen.

Der Stellvertreter des Bundeskanzlers

2.) Wv.n.Abg. b.Sachbearbeiter

(Blücher)

107

Der Staatssekretär
des Bundeskanzleramtes

Bonn, 28 Mai 1955

6-65304-1577/55

mit 1 Anl.

Vfg.

28. MAI 55

1) An den
Herrn Bundesminister der Finanzen
Bonn

Betr.: Entwurf eines Achten Gesetzes zur Änderung des Zolltarifs (Schweineschmalz)
Bezug: Ihr Schreiben an den Herrn Staatssekretär des Bundeskanzleramtes vom 12.5.55 - III B/5 - Z 2211-237/55 -

Anbei wird Abschrift eines Schreibens des Herrn Stellvertreters des Bundeskanzlers an den Herrn Präsidenten des Bundesrates vom 27. Mai 1955 mit der Bitte um Kenntnisnahme übersandt.

Im Auftrag

(Dr. Dossmann)

2) Wv. 28.6.55

108

DER PRÄSIDENT DES BUNDESRATES

BONN A. RH., 10. Juni 1955
TELEFON 20141

An den

Herrn Bundeskanzler

Bonn

Bundeskanzleramt

Mit Bezug auf das Schreiben vom 27. Mai 1955 - 6 - 65304 - 1577/55 - beehre ich mich mitzuteilen, daß der Bundesrat in seiner 142. Sitzung am 10. Juni 1955 gemäß Art. 76 Abs. 2 des Grundgesetzes beschlossen hat, gegen den Entwurf eines

Achten Gesetzes zur Änderung des Zolltarifs
(Schweineschmalz)

keine Einwendungen zu erheben.

6 - 65304 - 1577/55 II

109

Bundesrepublik Deutschland
Der Bundeskanzler
6 - 65304 - 1577 / 55 II

Bonn, den 14.6.1955

Mfg.

1.) An den
Herrn Präsidenten des Deutschen Bundestages
Bonn

Anbei übersende ich den Entwurf eines
Achten Gesetzes zur Änderung des Zolltarifs
(Schweineschmalz)
nebst Begründung mit der Bitte, die Beschlussfassung des Bundestages herbeizuführen.

ab mit Anl. Ra 14/6

Federführend ist der Bundesminister der Finanzen.

Der Bundesrat hat in seiner Sitzung am 10. Juni 1955 gemäss Artikel 76 Abs.2 des Grundgesetzes beschlossen, gegen den Gesetzentwurf keine Einwendungen zu erheben.

Der Stellvertreter des Bundeskanzlers
Blücher

2.) Wv.n.Abg.b.Sachbearbeiter

(Blücher)

14/6 13/6

110

Der Staatssekretär des BK

6 - 65304 - 1577/55 II

Bonn, den 15.6.1955

1.) An den
Herrn Bundesminister der Finanzen
Bonn

Betr.: Entwurf eines Achten Gesetzes zur Änderung des Zolltarifs (Schweineschmalz)

Bezug: Ihr Schreiben an den Herrn Staatssekretär des Bundeskanzleramtes vom 12.5.1955 - III B/5 - Z 2211 - 237/55 -.

Anbei werden je 1 Abschrift eines Schreibens des Herrn Stellvertreters des Bundeskanzlers vom 14.Juni 1955 an den Herrn Präsidenten des Deutschen Bundestages und des Herrn Präsidenten des Bundesrates vom 10.Juni 1955 an den Herrn Bundeskanzler mit der Bitte um Kenntnisnahme übersandt.

2 Anlagen

Im Auftrag

(Dr.Dossmann)

2.) Wv. 14.7.1955

wieder vorgelegt 14/7

Abgesandt 15. JUNI 1955

111

Deutscher Bundestag
Der Präsident

Bonn, den 15. Juli 1955

An den
Herrn Bundeskanzler
der Bundesrepublik Deutschland
B o n n

Bundeskanzleramt
Eing. 18. JUL. 1955
Anlagen:

Der Deutsche Bundestag hat in seiner 98. Sitzung am 14. Juli 1955 auf Grund des Schriftlichen Berichts des Ausschusses für Außenhandelsfragen (23.Ausschuß) den

Entwurf eines Achten Gesetzes zur
Änderung des Zolltarifs (Schweineschmalz)
- Drucksachen 1602, 1460 -

unverändert nach der Vorlage angenommen.

Gemäß Artikel 77 des Grundgesetzes habe ich heute diesen Beschluß dem Herrn Präsidenten des Bundesrates zugeleitet.

Gleichzeitig habe ich den Beschluß dem Herrn Bundesminister der Finanzen mitgeteilt.

VIZEPRÄSIDENT

1.) Brief Schwarzes Gesetzentwurf am 22.7.55.

2.) W.v. 25.7.55

Gesch.-Z. 6-65304-1577/55 III

112

DER PRÄSIDENT DES BUNDESRATES

BONN A. RH., 22. Juli 1955
TELEFON 20141

An den
Herrn Bundeskanzler

Bonn

Bundeskanzleramt

Vg. M. 23/7

Ich beehre mich mitzuteilen, dass der Bundesrat in seiner 145. Sitzung am 22. Juli 1955 beschlossen hat, hinsichtlich des vom Deutschen Bundestage am 14. Juli 1955 verabschiedeten

Achten Gesetzes zur Änderung des Zolltarifs
(Schweineschmalz)

einen Antrag gemäss Artikel 77 Abs. 2 des Grundgesetzes nicht zu stellen.

Arnold

Gesch.-Z. 6 - 65304 - 1577/55 II

113

Der Staatssekretär des BK   Bonn, den 27.7.1955

6 - 65304 - 1577/55 IV

Vfg.

1.) An den
Herrn Bundesminister der Finanzen
Bonn

abgesandt 27. JULI 1955

Betr.: Achtes Gesetz zur Änderung des Zolltarifs (Schweineschmalz
Bezug: Schreiben des Herrn Präsidenten des Deutschen Bundestages vom 15.Juli 1955

Anbei wird Abschrift eines Schreibens des Herrn Präsidenten des Bundesrates vom 22.Juli 1955 an den Herrn Bundeskanzler mit der Bitte um Kenntnisnahme übersandt.

Die vom Deutschen Bundestag am 14.Juli 1955 beschlossene Fassung des Gesetzes ist Ihnen laut Schreiben des Herrn Präsidenten des Deutschen Bundestages vom 15.Juli 1955 bereits unmittelbar zugegangen.

Es wird gebeten, die von Ihnen unterschriebene Ausfertigung des Gesetzes zur Gegenzeichnung durch den Herrn Bundeskanzler und Vollziehung durch den Herrn Bundespräsidenten vorzulegen.

Im Auftrag

2.) Wv. 26.8.1955

(Dr.Hornschu)

Referat 6 Bonn, den 15.August 1955 114

65304 - 1577/55 V

Betr.: Achtes Gesetz zur Änderung des Zolltarifs (Schweineschmalz)

Dem

Herrn Stellvertreter des Bundeskanzlers

vorzulegen

Es wird gebeten, das anliegende Gesetz zu unterzeichnen.

Hornschu i.V.

(Dr.Hornschu)

6 - 65304-1577/55 V   Bonn, den 17.8.1955   115

Betr.: Achtes Gesetz zur Änderung des Zolltarifs (Schweineschmalz)

1.) V e r m e r k :

Das vom Bundesrat in seiner Sitzung am 22. Juli 1955 beschlossene und vom Herrn Stellvertreter des Bundeskanzlers gegengezeichnete o.a. Gesetz ist heute dem Herrn Chef des Bundespräsidialamtes mit der Bitte zugeleitet worden, es dem Herrn Bundespräsidenten zur Ausfertigung vorzulegen.

2.) Wv. am 17. September 1955 ~~n.Abg.b.Sachbearbeiter~~

(Dr.Hornschu)

116

Der Bundesminister
der Justiz
Aktenzeichen - 182 - II - 55 -

Bonn, den 25. August 1955

An den
Herrn Staatssekretär
des Bundeskanzleramtes
Bonn

Betr.: ~~Gesetz~~ Achtes Gesetz zur Änderung des Zolltarifs
(Schweineschmalz).

Das vorstehend näher bezeichnete Gesetz ist vom Herrn Bundespräsidenten unter dem 19. August 1955 ausgefertigt und im Bundesgesetzblatt Teil I S. 531 verkündet worden.

Im Auftrag
(Dr. Lohr)

6-65304-1577/55

Bearbeitung eines Vorgangs mit Durchgang im Kabinett am Beispiel B 136/2619 Entwurf eines Getreidepreisgesetzes 1956/57

128

ER BUNDESMINISTER
JR ERNÄHRUNG, LANDWIRTSCHAFT
UND FORSTEN

III B 7 - 9311.6 - 192/55

Kab. Nr. 258/56

BONN 12, den 11. April 1956
Postfach
Fernruf: 30151
Fernschreiber: 089844
Telegrammanschrift: Bundesernähr Bn

Bundeskanzleramt
Eing. 13. APR. 1956
Anlagen: 2/13 x

Kabinettsache

Verteiler
3 Stück Vorzimmer St
1 " Reg.Dir. Dr. Praß
1 " O Reg.Rat Dr. Hornig
1 "
Rest in Reg.

An den
Herrn Staatssekretär
des Bundeskanzleramtes

Bonn

Betr.: Entwurf eines Getreidepreisgesetzes 1956/57

Anlagen

Den anliegenden Entwurf eines Getreidepreisgesetzes 1956/57 nebst Begründung beehre ich mich mit der Bitte zu übersenden, ihn wegen seiner Eilbedürftigkeit auf die Tagesordnung der nächsten Kabinettsitzung zu setzen.

Der Entwurf ist von dem Herrn Bundesminister der Justiz auf seine Rechtsförmigkeit geprüft und mit den beteiligten Herren Bundesministern abgestimmt worden. Auch der Herr Bundesminister der Finanzen hat von dem Entwurf Kenntnis erhalten; er hat wegen der Kosten, mit denen der Bundeshaushalt belastet wird, keinen Widerspruch erhoben. Um die Verabschiedung des Gesetzentwurfs durch das Bundeskabinett nicht zu verzögern, darf ich bitten, von einer Überweisung an den Kabinettsausschuß abzusehen.

12 Abdrucke dieses Schreibens und seiner Anlagen sind beigefügt.

Die Herren Bundesminister und der Herr Chef des Bundespräsidialamtes haben unmittelbar Abschriften dieses Schreibens und seiner Anlagen erhalten.

Lübke

ch-7 6 - 73100 - 1429/56

Entwurf

Gesetz über Preise für Getreide
inländischer Erzeugung für das Getreidewirtschaftsjahr 1956/57
sowie über besondere Maßnahmen in der Getreide- und Futtermittelwirtschaft (Getreidepreisgesetz 1956/57).

Vom . . . .

Der Bundestag hat mit Zustimmung des Bundesrates das folgende Gesetz beschlossen:

§ 1

Preise für Brotgetreide

(1) Für Brotgetreide (Roggen, Weizen) inländischer Erzeugung werden für die Monate Juli 1956 bis Juni 1957 die nachstehenden Erzeugerpreise in Deutsche Mark je tausend Kilogramm netto ausschließlich Sack festgesetzt, und zwar bei Übergabe frei Übergabeort, bei Versendung frei Verladestelle. Die Mindestbeträge dürfen nicht unterschritten, die Höchstbeträge nicht überschritten werden. Die Preise sind nach demjenigen Preisgebiet zu errechnen, in dem der Übergabeort oder die Verladestelle liegt.

I. R o g g e n

Preisgebiet	R I	R II	R III	R IV
Juli	361-381	365-385	367-387	369-389
August	361-381	365-385	367-387	369-389
September	363-381	367-385	369-387	371-389
Oktober	367-386	371-390	373-392	375-394
November	372-389	376-393	378-395	380-397
Dezember	378-393	382-397	384-399	386-401
Januar	383-397	387-401	389-403	391-405
Februar	386-397	390-401	392-403	394-405
März	388-397	392-401	394-403	396-405
April	388-397	392-401	394-403	396-405
Mai	388-397	392-401	394-403	396-405
Juni	388-397	392-401	394-403	396-405

II. W e i z e n

Preisgebiet	W I	W II	W III	W IV
Juli	401-421	405-425	407-427	409-429
August	401-421	405-425	407-427	409-429
September	403-421	407-425	409-427	411-429
Oktober	407-426	411-430	413-432	415-434
November	412-429	416-433	418-435	420-437
Dezember	418-433	422-437	424-439	426-441
Januar	423-437	427-441	429-443	431-445
Februar	426-437	430-441	432-443	434-445
März	428-437	432-441	434-443	436-445
April	428-437	432-441	434-443	436-445
Mai	428-437	432-441	434-443	436-445
Juni	428-437	432-441	434-443	436-445

(2) Als Weizen im Sinne dieses Gesetzes gilt auch Spelz (Dinkel, Fesen) mit der Maßgabe, daß sich die für Weizen festgesetzten Preise bei gegerbtem Spelz um 10 v.H. erhöhen, bei ungegerbtem Spelz um 25 v.H. ermässigen.

(3) Die Preise für Menggetreide und Mischfrucht dürfen die Mindestbeträge nicht unterschreiten und die Höchstbeträge nicht überschreiten, die sich unter Zugrundelegung der Preise des Absatzes 1 nach dem Mischungsverhältnis ergeben.

(4) Die Preisgebietseinteilung ergibt sich aus der Anlage. Sie wird von einer Änderung der Länder oder der staatlichen Verwaltungsbezirke nicht berührt. Zur Vermeidung von Ungleichheiten und Härten, die sich bei der Durchführung ergeben, kann der Bundesminister für Ernährung, Landwirtschaft und Forsten (Bundesminister) im Einvernehmen mit dem Bundesminister für Wirtschaft und mit Zustimmung des Bundesrates die Preisgebiete durch Rechtsverordnung anderweitig festsetzen.

§ 2

Preise für Futter- und Industriegetreide sowie für Braugerste

(1) Für Futter- und Industriegetreide sowie für Braugerste inländischer Erzeugung werden die nachstehenden Erzeugerpreise in Deutsche Mark je tausend Kilogramm netto ausschließlich Sack festgesetzt, und zwar bei Übergabe frei Übergabeort, bei Versendung frei Verladestelle. Die Mindestbeträge dürfen nicht unterschritten, die Höchstbeträge nicht überschritten werden.

Futtergerste	350 - 390
Industriegerste	375 - 400
Braugerste	410 - 440
Futterhafer	300 - 365
Industriehafer	315 - 375.

(2)Industriegerste ist Gerste, die ein Eigengewicht von mindestens 65 Kilogramm je Hektoliter hat und für Zwecke der industriellen Verarbeitung geeignet ist. Industriehafer ist Hafer, der ein Eigengewicht von mindestens 51 Kilogramm je Hektoliter hat und für Zwecke der industriellen Verarbeitung geeignet ist. Braugerste ist Gerste, die insbesondere nach Keimfähigkeit und Eiweißgehalt zur Herstellung von Braumalz geeignet ist. Gerste und Hafer, die diesen Mindestanforderungen nicht entsprechen, gelten als Futtergerste oder Futterhafer.

§ 3

Sicherung der Preise für Getreide

(1). Zur Sicherung der Mindestpreise dieses Gesetzes hat die Einfuhr- und Vorratsstelle für Getreide und Futtermittel (Einfuhr- und Vorratsstelle) ihr vom Erzeuger angebotenes Getreide, außer Saatgetreide, zum Mindestpreis zu übernehmen, soweit dieser Preis im freien Verkehr nicht erzielt werden kann. Kann dieser Preis in einem Gebiet außerhalb des Erzeugungsgebietes erzielt werden, so kann die Einfuhr- und Vorratsstelle unter Wegfall ihrer Übernahmeverpflichtung einen Beitrag zu den Kosten der Beförderung des Getreides ab Übergabeort oder Verladestelle des Erzeugers und den durch diese Beförderung entstehenden Nebenkosten zahlen, um den Absatz des Getreides zum Mindestpreis zu ermöglichen. Hierzu erläßt der Bundesminister für Ernährung, Landwirtschaft und Forsten Richtlinien im Einvernehmen mit dem Bundesminister für Wirtschaft und dem Bundesminister der Finanzen.

(2) Die Einfuhr- und Vorratsstelle hat Getreide, außer Saatgetreide, an Verarbeiter und Verbraucher zu den in diesem Gesetz festgesetzten Höchstpreisen zuzüglich üblicher Handelsspannen abzugeben, wenn eine Versorgung zu diesem Preis im freien Verkehr nicht möglich ist.

(3) Qualitätszu- und -abschläge sind sowohl bei der Aufnahme zu Mindestpreisen als auch bei der Abgabe zu Höchstpreisen zu berücksichtigen.

(4) Im allgemeinen hat die Einfuhr- und Vorratsstelle die Aufgabe, durch Aufnahme oder Abgabe von Getreide inländischer Erzeugung, außer Saatgetreide, durch Vorratshaltung oder Abgabe von Auslandsgetreide und durch sonstige geeignete Maßnahmen dafür zu sorgen, daß die durch dieses Gesetz festgesetzten Preisgrenzen innegehalten werden.

§ 4

§ 4

Preise für Saatgetreide

(1) Für anerkanntes Saatgut von Getreide darf der Verbraucherpreis nachstehende Grundpreise und Höchstzuschläge in Deutsche Mark je tausend Kilogramm netto ausschließlich Sack, und zwar bei Übergabe frei Übergabeort, bei Versendung frei Verladestelle, nicht übersteigen.

Getreideart	Grundpreis	Höchstzuschlag
Winterroggen (normal)	395	180
Liho-Futterroggen und Heßdorfer Johannesroggen	395	250
Winterroggen Tetra	395	230
Sommerroggen	395	230
Winterweizen	435	160
Sommerweizen	435	190
Spelz(Dinkel Fesen)	330	190
Wintergerste, 4-zeilig	400	160
Wintergerste, 2-zeilig, und Sommergerste	440	160
Weißhafer und Gelbhafer	375	180
Schwarzhafer	375	220.

Als anerkanntes Saatgut im Sinne dieses Gesetzes gilt auch mit Erfolg geprüftes Vorstufensaatgut.

(2) Soweit Handelssaatgut oder Behelfssaatgut von Getreide nach dem Saatgutgesetz vom 27. Juni 1953 (Bundesgesetzbl. I S. 450) in Verbindung mit den dazu ergangenen oder noch ergehenden Verordnungen zugelassen wird, darf der Abgabepreis des Herstellers die nachstehenden Grundpreise und Höchstzuschläge in Deutsche Mark je tausend Kilogramm netto ausschließlich Sack, und zwar bei Übergabe frei Übergabeort, bei Versendung frei Verladestelle, nicht übersteigen:

Getreideart	Grundpreis	Höchstzuschlag
Winterroggen	395	45
Sommerroggen, Liho-Futterroggen und Heßdorfer Johannesroggen	395	50
Winterweizen	435	45
Sommerweizen	435	50
Wintergerste, 4-zeilig	400	53
Wintergerste, 2-zeilig	440	55
Sommergerste	440	45
Weißhafer und Gelbhafer	375	50
Schwarzhafer	375	55

(3) Bei Abgabe in Mengen unter 75 Kilogramm dürfen die Zuschläge des Absatzes 1 höchstens um folgende Kleinmengenzuschläge erhöht werden:

bei Abgabe in Mengen bis 24,9 Kilogramm
3 Deutsche Pfennig je Kilogramm,

bei Abgabe in Mengen von 25 bis 49,9 Kilogramm
1,50 Deutsche Pfennig je Kilogramm,

bei Abgabe in Mengen von 50 bis 74,9 Kilogramm
0,75 Deutsche Pfennig je Kilogramm.

§ 5

Beschaffenheit des Getreides

(1) Die Preise der §§ 1, 2 und 4 gelten für gesundes, trockenes Getreide von durchschnittlicher Beschaffenheit.

(2) Für Getreide besserer oder geringerer Beschaffenheit können zu diesen Preisen entsprechend der Erhöhung oder Minderung des Nutzungswertes des Getreides bis zum Erlaß von Vorschriften nach § 6 Abs. 1 Nr. 2 Zu- oder Abschläge vereinbart werden.

§ 6

Qualitätsklassen, Zu- und Abschläge

(1) Der Bundesminister kann im Einvernehmen mit dem Bundesminister für Wirtschaft und mit Zustimmung des Bundesrates durch Rechtsverordnung Bestimmungen über

1.

1. Merkmale der durchschnittlichen, besseren und geringeren Beschaffenheit des Getreides sowie über die Art der Feststellung dieser Merkmale,
2. Höhe der Zu- und Abschläge für Getreide besserer und geringerer Beschaffenheit

treffen.

(2) Die Zu- und Abschläge dürfen den Wert nicht übersteigen, welcher der Erhöhung oder Minderung des Nutzungswertes von Getreide durchschnittlicher Beschaffenheit entspricht.

(3) Der Bundesminister kann im Einvernehmen mit dem Bundesminister für Wirtschaft und mit Zustimmung des Bundesrates durch Rechtsverordnung die in § 4 Abs. 1 geregelten Höchstzuschläge für anerkanntes Saatgut von Gerste erhöhen, wenn und insoweit diese Höchstzuschläge den gemäß Absatz 1 Nr. 2 für Braugerste festgesetzten Zuschlägen nicht mehr entsprechen.

§ 7

Schlußschein, Anbietungspflicht, Auflagen

(1) Zur Sicherung der Versorgung der Bevölkerung kann der Bundesminister

1. durch Rechtsverordnung mit Zustimmung des Bundesrates für jeden Verkauf von Roggen, Weizen oder Gemenge von Roggen und Weizen, von Gerste, Hafer und Futtermenggetreide die Ausstellung eines Schlußscheines durch den Käufer vorschreiben sowie Vorschriften über Form, Inhalt, Auswertung und Verbleib des Schlußscheines erlassen,
2. im Bedarfsfalle durch Rechtsverordnung mit Zustimmung des Bundesrates vorschreiben, daß und inwieweit in Verkehr gebrachte Erzeugnisse der in Nummer 1 genannten Art in verarbeitetem oder unverarbeitetem Zustand bestimmten Betrieben oder Stellen zum Kauf anzubieten sind,
3. im Bedarfsfalle durch Rechtsverordnung mit Zustimmung des Bundesrates Vorschriften für die Weiterlieferung, Verteilung und Verwendung der in Nummer 1 genannten Erzeugnisse durch ge-

gewerbliche Unternehmen erlassen. Der Bundesminister kann einzelnen gewerblichen Betrieben durch Verfügung Auflagen für die Weiterlieferung, Verteilung und Verwendung der genannten Erzeugnisse erteilen, sofern eine übergebietliche Regelung erforderlich ist; andernfalls können die Auflagen durch die oberste Landesbehörde erteilt werden.

(2) § 18 des Getreidegesetzes in der Fassung vom 24.November 1951 (Bundesgesetzbl. I S. 900) findet Anwendung.

§ 8

Lieferprämie für Roggen

(1) Um die Verwendung von Roggen als Brotgetreide oder Saatgut oder zur Herstellung von Nähr= oder Kaffeemitteln zu sichern, wird dem Erzeuger für Roggen, der zur Verwendung als Brotgetreide geeignet ist und den der Erzeuger an vom Bundesminister bestimmte Betriebe und Stellen liefert, eine Lieferprämie von 20 Deutsche Mark je tausend Kilogramm vom Bund gezahlt.

(2) Der Bundesminister wird ermächtigt, durch Rechtsverordnung mit Zustimmung des Bundesrates das Nähere über die Zahlung und Erstattung der Lieferprämien zu regeln. Die Erstattung der Lieferprämien an den Käufer kann von bestimmten Fristen abhängig gemacht werden, innerhalb derer er das Getreide weitergeliefert, übernommen oder seine Erstattungsansprüche angemeldet haben muß. Bei vom Bundesminister nach Absatz 1 bestimmten Verarbeitungsbetrieben, die nicht Mühlen sind, kann die Erstattung außerdem auf bestimmte Getreidemengen beschränkt werden.

(3) § 18 des Getreidegesetzes in der Fassung vom 24.November 1951 (Bundesgesetzbl. I S. 900) findet Anwendung.

§ 9

Strafbestimmungen

(1) Zuwiderhandlungen gegen §§ 1, 2, 4, 5, 8 Abs. 1 und gegen die auf Grund dieses Gesetzes erlassenen Bestimmungen, sofern diese ausdrücklich auf die Strafbestimmungen dieses Gesetzes

verweisen, werden nach den Vorschriften des Wirtschaftsstrafgesetzes in der jeweils geltenden Fassung geahndet.

(2) Zuwiderhandlungen gegen die auf Grund des § 7 Abs. 2 und § 8 Abs. 3 bestehende Auskunftspflicht werden nach § 21 Abs. 1 Nr. 3 und 4 des Getreidegesetzes in der Fassung vom 24.November 1951 (Bundesgesetzbl. I S. 900) geahndet.

§ 10

Geltung in Berlin

Dieses Gesetz gilt nach Maßgabe des § 13 Abs. 1 des Dritten Überleitungsgesetzes vom 4. Januar 1952 (Bundesgesetzbl. I S. 1) auch im Land Berlin. Verordnungen, die auf Grund dieses Gesetzes erlassen werden, gelten im Land Berlin nach § 14 des Dritten Überleitungsgesetzes.

§ 11

Inkrafttreten

Dieses Gesetz tritt am 1. Juli 1956 in Kraft. Es tritt ebenso wie die auf Grund der §§ 1, 6 und 7 erlassenen Rechtsverordnungen am 30. Juni 1957 außer Kraft; die auf Grund des § 8 erlassenen Rechtsverordnungen treten am 31. Juli 1957 außer Kraft.

Begründung

Durch den vorliegenden Gesetzentwurf sollen gemäß § 10 Abs.1 des Getreidegesetzes in der Fassung vom 24. November 1951 (BGBl. I S.901) die Preise für Getreide inländischer Erzeugung für das Getreidewirtschaftsjahr 1956/57 geregelt werden. Die Preise für Getreide ausländischer Erzeugung werden durch die Einfuhr- und Vorratsstelle für Getreide und Futtermittel festgesetzt, wobei der Bundesminister für Ernährung, Landwirtschaft und Forsten im Einvernehmen mit dem Bundesminister für Wirtschaft Bestimmungen für diese Preisfestsetzungen trifft (§ 8 Abs. 1, 3 und 4 des Getreidegesetzes).

Der Entwurf übernimmt im wesentlichen das vorjährige Getreidepreisgesetz, wie es der Bundestag im Sommer 1955 beschlossen hat. Um das bisherige Preisniveau auf diesem wichtigen Teilgebiet der Ernährungswirtschaft sowohl im Interesse der getreideerzeugenden Landwirtschaft als auch im Interesse der Verbraucher von Getreideerzeugnissen weitgehend aufrechtzuerhalten, ist gegenüber dem Vorjahre nur wenig geändert worden. Der Entwurf enthält daher wieder die Kernstücke der Getreidepreisgesetze der letzten Jahre, insbesondere des Wirtschaftsjahres 1955/56: das System der Mindest- und Höchstpreise (Von-Bis-Preise) nach Preisgebieten mit monatlichen Reports für Brotgetreide (§ 1), die Interventionspflicht der Einfuhr- und Vorratsstelle (§ 3) und die Lieferprämie für Roggen (§ 8). Ferner sind das Preissystem und das Preisniveau bei Futter- und Industriegetreide sowie bei Braugerste und Saatgetreide (§§ 2 und 4) beibehalten worden. Die Vorschriften über die Beschaffenheit des Getreides (§ 5) entsprechen ebenfalls der Regelung des Vorjahres, während die Vorschriften über Qualitätsklassen, Zu- und Abschläge dahin ergänzt wurden, daß auch Bestimmungen über die Art der Feststellung der Qualitätsmerkmale getroffen werden können (§ 6 Abs. 1 Nr. 1).

Die Frage der Reportsgestaltung ist eingehend geprüft worden. Es werden aber für das Getreidewirtschaftsjahr 1956/57 wieder die Getreidepreise des Wirtschaftsjahres 1955/56 vorgeschlagen. Es bleibt vorbehalten, die geltende Getreidepreisregelung später

einer

einer organischen Reform der Reports und der Preisgebiete zuzuführen.

Von den besonderen Maßnahmen des Getreidepreisgesetzes 1955/56 sind die Ermächtigungen, durch Rechtsverordnung die Ausstellung von Schlußscheinen vorzuschreiben, eine Anbietungspflicht einzuführen und Bestimmungen über Auflagen zu treffen, in den vorliegenden Gesetzentwurf übernommen worden (§ 7). Diese Vorschriften sollen vorsorglich sicherstellen, daß die aus der inländischen Ernte zur Verfügung stehenden Brot- und Futtergetreidemengen im Bedarfsfall in dem erforderlichen Umfang für die Versorgung eingesetzt werden können.

Die Lieferprämie für Roggen, der als Brotgetreide Verwendung findet (§ 8), soll beibehalten werden, um die notwendige Annäherung des Roggenpreisniveaus an die Weizenpreise sicherzustellen. Absatz 1 des § 8 wurde dahingehend geändert, daß die Lieferprämie nicht nur für Roggen der Ernte 1956, sondern für den gesamten im Wirtschaftsjahr 1956/57 an vom Bundesminister bestimmte Betriebe und Stellen gelieferten Roggen, der zur Verwendung als Brotgetreide geeignet ist, bezahlt wird; durch diese Änderung sollen sonst hinsichtlich der Lieferprämienerstattung durch die öffentliche Hand auftretende Schwierigkeiten und eine unberechtigte Inanspruchnahme der für die Lieferprämie bereitgestellten Bundesmittel vermieden werden.

Anlage 135
(zu § 1 Abs.4)

Roggen- und Weizenpreisgebiete für Inlandsgetreide nach Verwaltungsbezirken

Land Bayern

Reg.-Bezirk Oberbayern

Stadtkreise

Bad Reichenhall	R IV	W IV
Freising	R II	W III
Ingolstadt	R II	W III
Landsberg	R IV	W IV
München	R IV	W IV
Rosenheim	R IV	W IV
Traunstein	R IV	W IV

Landkreise

Aichach	R IV	W III
Altötting	R II	W III
Bad Aibling	R IV	W IV
Bad Tölz	R IV	W IV
Berchtesgaden	R IV	W IV
Dachau	R IV	W IV
Ebersberg	R II	W IV
Erding	R II	W III
Freising	R II	W III
Fürstenfeldbrack	R IV	W IV
Garmisch-Partenkirchen	R IV	W IV
Ingolstadt	R II	W III
Landsberg	R IV	W IV
Laufen	R IV	W IV
Miesbach	R IV	W IV
Mühldorf	R II	W III
München	R IV	W IV
Pfaffenhofen a.d.Ilm	R II	W III
Rosenheim	R IV	W IV
Schongau	R IV	W IV
Schrobenhausen	R II	W III
Starnberg	R IV	W IV
Traunstein	R IV	W IV
Wasserburg am Inn	R II	W III
Weilheim	R IV	W IV
Wolfratshausen	R IV	W IV

Reg.-Bezirk Niederbayern

Stadtkreise

Deggendorf	R I	W III
Landshut	R II	W III
Passau	R I	W III
Straubing	R I	W III

Landkreise

Bogen	R I	W III
Deggendorf	R I	W III
Dingolfing	R II	W III
Eggenfelden	R I	W III
Grafenau	R I	W III
Griesbach	R I	W III
Kelheim	R II	W III
Kötzting	R I	W III
Landau a.d.Isar	R I	W III
Landshut	R II	W III
Mainburg	R II	W III
Mallersdorf	R II	W III
Passau	R I	W III
Pfarrkirchen	R I	W III
Regen	R I	W III
Rottenburg	R II	W III
Straubing	R I	W III
Viechtach	R I	W III
Vilsbiburg	R II	W III
Vilshofen	R I	W III
Wegscheid	R I	W III
Wolfstein	R I	W III

Reg.-Bezirk Oberpfalz

Stadtkreise

Amberg	R I	W IV
Neumarkt/Opf.	R I	W III
Regensburg	R I	W III
Schwandorf/Bayern	R I	W III
Weiden	R I	W IV

Landkreise

Amberg	R I	W IV
Beilngries	R I	W III
Burglengenfeld	R I	W III
Cham	R I	W III
Eschenbach/Opf.	R I	W IV
Kemnath	R I	W IV
Nabburg	R I	W IV
Neumarkt/ Opf.	R I	W III

Neunburg vorm Wald	R I	W III
Neustadt a.d.Waldnaab	R I	W IV
Oberviechtach	R I	W IV
Parsberg	R I	W III
Regensburg	R I	W III
Riedenburg	R I	W III
Roding	R I	W III
Sulzbach-Rosenberg	R I	W IV
Tirschenreuth	R I	W IV
Vohenstrauß	R I	W IV
Waldmünchen	R I	W III

Reg.-Bezirk Oberfranken

Stadtkreise

Bamberg	R II	W IV
Bayreuth	R I	W IV
Coburg	R I	W IV
Forchheim	R II	W IV
Hof	R I	W IV
Kulmbach	R I	W IV
Marktredwitz	R I	W IV
Neustadt bei Coburg	R I	W IV
Selb	R I	W IV

Landkreise

Bamberg	R II	W IV
Bayreuth	R I	W IV
Coburg	R I	W IV
Ebermannstadt	R II	W IV
Forchheim	R II	W IV
Höchstadt a.d.Aisch	R II	W IV
Hof	R I	W IV
Kronach	R I	W IV
Kulmbach	R I	W IV
Lichtenfeld	R I	W IV
Münchberg	R I	W IV
Naila	R I	W IV
Pegnitz	R I	W IV
Rehau	R I	W IV
Stadtsteinach	R I	W IV
Staffelstein	R I	W IV
Wunsiedel	R I	W IV

Reg.-Bezirk Mittelfranken

Stadtkreise

Ansbach	R II	W IV
Eichstätt	R I	W IV
Erlangen	R II	W IV
Fürth	R II	W IV
Nürnberg	R II	W IV
Rothenburg o.d.T.	R II	W IV
Schwabach	R I	W IV
Weißenburg/Bayern	R I	W IV

Landkreise

Ansbach	R II	W IV
Dinkelsbühl	R II	W IV
Eichstätt	R I	W IV
Erlangen	R II	W IV
Feuchtwangen	R II	W IV
Fürth	R II	W IV
Gunzenhausen	R II	W IV
Hersbruck	R II	W IV
Hilpoltstein	R I	W IV
Lauf a.d.Pegnitz	R II	W IV
Neustadt a.d.Aisch	R II	W IV
Nürnberg	R II	W IV
Rothenburg o.d.T.	R II	W IV
Scheinfeld	R II	W IV
Schwabach	R I	W IV
Uffenheim	R II	W IV
Weißenburg/Bayern	R I	W IV

Reg.-Bezirk Unterfranken

Stadtkreise

Aschaffenburg	R II	W IV
Bad Kissingen	R I	W IV
Kitzingen	R II	W IV
Schweinfurt	R II	W IV
Würzburg	R II	W IV

Landkreise

Alzenau i.Unterfr.	R II	W IV
Aschaffenburg	R II	W IV
Bad Kissingen	R I	W IV
Bad Neustadt a.d. Saale	R I	W IV
Brückenau	R I	W IV
Ebern	R I	W IV
Gemünden	R II	W IV
Gerolzhofen	R II	W IV
Hammelburg	R II	W IV
Haßfurt	R II	W IV
Hofheim/Unterfr.	R I	W IV
Karlstadt	R II	W IV
Kitzingen	R II	W IV
Königshofen i.Grabfeld	R I	W IV
Lohr	R II	W IV
Marktheidenfeld	R II	W IV
Mellrichstadt	R I	W IV
Miltenberg	R II	W IV
Obernburg	R II	W IV
Ochsenfurt	R II	W IV
Schweinfurt	R II	W IV
Würzburg	R II	W IV

Reg.-Bezirk Schwaben

Stadtkreise

Augsburg	R IV	W IV
Dillingen a.d.Donau	R IV	W III

Günzburg	R IV	W IV
Kaufbeuren	R IV	W IV
Kempten/Allgäu	R IV	W IV
Memmingen	R IV	W IV
Neuburg a.d.Donau	R IV	W IV
Neu-Ulm	R IV	W IV
Nördlingen	R IV	W IV

Landkreise

Augsburg	R IV	W IV
Dillingen a.d.Donau	R IV	W III
Donauwörth	R IV	W IV
Friedberg	R IV	W IV
Füssen	R IV	W IV
Günzburg	R IV	W IV
Illertissen	R IV	W IV
Kaufbeuren	R IV	W IV
Kempten/Allgäu	R IV	W IV
Krumbach/Schwaben	R IV	W IV
Lindau	R IV	W IV
Markt Oberdorf	R IV	W IV
Memmingen	R IV	W IV
Mindelheim	R IV	W IV
Neuburg a.d.Donau	R IV	W IV
Neu-Ulm	R IV	W IV
Nördlingen	R IV	W IV
Schwabmünchen	R IV	W IV
Sonthofen	R IV	W IV
Wertingen	R IV	W III

Land Baden-Württemberg

Reg.-Bezirk
Nord-Württemberg

Stadtkreise

Stuttgart	R IV	W IV
Heilbronn	R IV	W IV
Ulm	R IV	W IV

Landkreise

Aalen	R IV	W IV
Backnang	R IV	W IV
Böblingen	R IV	W IV
Crailsheim	R IV	W IV
Eßlingen	R IV	W IV
Göppingen	R IV	W IV
Heidenheim	R IV	W IV
Heilbronn	R IV	W IV
Künzelsau	R IV	W IV
Leonberg	R IV	W IV
Ludwigsburg	R IV	W IV
Mergentheim	R IV	W IV
Nürtingen	R IV	W IV
Öhringen	R IV	W IV
Schwäbisch Gmünd	R IV	W IV
Schwäbisch Hall	R IV	W IV
Ulm	R IV	W IV
Vaihingen	R IV	W IV
Waiblingen	R IV	W IV

Reg.-Bezirk Nord-Baden

Stadtkreise

Karlsruhe	R IV	W IV
Heidelberg	R IV	W IV
Mannheim	R IV	W IV
Pforzheim	R IV	W IV

Landkreise

Bruchsal	R IV	W IV
Buchen	R IV	W IV
Heidelberg	R IV	W IV
Karlsruhe	R IV	W IV
Mannheim	R IV	W IV
Mosbach	R IV	W IV
Pforzheim	R IV	W IV
Sinsheim	R IV	W IV
Tauberbischofsheim	R IV	W IV

Reg.-Bezirk Süd-Baden

Stadtkreise

Baden-Baden	R IV	W IV
Freiburg	R IV	W IV
Konstanz	R IV	W IV

Landkreise

Bühl	R IV	W IV
Donaueschingen	R IV	W IV
Emmendingen	R IV	W IV
Freiburg	R IV	W IV
Kehl	R IV	W IV
Konstanz	R IV	W IV
Lahr	R IV	W IV
Lörrach	R IV	W IV
Müllheim	R IV	W IV
Neustadt	R IV	W IV
Offenburg	R IV	W IV
Rastatt	R IV	W IV
Säckingen	R IV	W IV
Stockach	R IV	W IV
Überlingen	R IV	W IV
Villingen	R IV	W IV
Waldshut	R IV	W IV
Wolfach	R IV	W IV

Reg.-Bezirk Süd-Württemberg
Hohenzollern

Landkreise

Balingen	R IV	W IV
Biberach	R IV	W IV

- 4 -

Calw	R IV	W IV
Ehingen	R IV	W IV
Freudenstadt	R IV	W IV
Hechingen	R IV	W IV
Horb	R IV	W IV
Münsingen	R IV	W IV
Ravensburg	R IV	W IV
Reutlingen	R IV	W IV
Rottweil	R IV	W IV
Saulgau	R IV	W IV
Sigmaringen	R IV	W IV
Tettnang	R IV	W IV
Tübingen	R IV	W IV
Tuttlingen	R IV	W IV
Wangen	R IV	W IV
Land Hessen		
Reg.-Bezirk Darmstadt		
Stadtkreise		
Darmstadt	R IV	W IV
Gießen	R II	W II
Offenbach	R IV	W IV
Landkreise		
Alsfeld	R I	W II
Bergstrasse	R IV	W IV
Büdingen	R II	W II
Darmstadt	R IV	W IV
Dieburg	R IV	W IV
Erbach	R IV	W IV
Friedberg	R II	W II
Gießen	R II	W II
Groß Gerau	R IV	W IV
Lauterbach	R I	W II
Offenbach	R IV	W IV
Reg.-Bezirk Kassel		
Stadtkreise		
Fulda	R I	W II
Kassel	R I	W I
Marburg	R I	W II
Landkreise		
Eschwege	R I	W I
Frankenberg	R I	W I
Fritzlar-Homberg	R I	W I
Fulda	R I	W II
Hersfeld	R I	W II
Hofgeismar	R I	W I
Hünfeld	R I	W II
Kassel	R I	W I
Marburg	R I	W II
Melsungen	R I	W I

Rotenburg	R I	W I
Waldeck	R I	W I
Witzenhausen	R I	W I
Wolfhagen	R I	W I
Ziegenhain	R I	W II
Reg.-Bezirk Wiesbaden		
Stadtkreise		
Frankfurt a.Main	R IV	W IV
Hanau	R IV	W IV
Wiesbaden	R IV	W IV
Landkreise		
Biedenkopf	R II	W II
Dillkreis	R II	W III
Gelnhausen	R II	W IV
Hanau	R IV	W IV
Limburg	R II	W II
Main-Taunus-Kreis	R IV	W IV
Oberlahnkreis	R II	W II
Obertaunuskreis	R IV	W IV
Rheingaukreis	R IV	W IV
Schlüchtern	R II	W IV
Untertaunuskreis	R IV	W IV
Usingen	R II	W II
Wetzlar	R II	W II
Land Rheinland-Pfalz		
Reg.-Bezirk Koblenz		
Stadtkreis		
Koblenz	R II	W III
Landkreise		
Ahrweiler	R II	W III
Altenkirchen	R IV	W IV
Birkenfeld	R IV	W IV
Cochem	R II	W III
Koblenz	R II	W III
Kreuznach	R IV	W IV
Mayen	R II	W III
Neuwied	R II	W III
St. Goar	R II	W III
Simmern	R II	W III
Zell	R II	W III
Reg.-Bezirk Trier		
Stadtkreis		
Trier	R IV	W IV
Landkreise		
Bernkastel	R II	W III
Bitburg	R II	W III
Daun	R II	W III

- 5 -

Prüm	R II	W III
Saarburg	R IV	W IV
Trier	R IV	W IV
Wittlich	R II	W III
Reg.-Bezirk Montabaur		
Landkreise		
Oberwesterwaldkreis	R II	W III
St. Goarshausen	R II	W III
Unterlahnkreis	R II	W III
Unterwesterwaldkreis	R II	W III
Reg.-Bezirk Rheinhessen		
Stadtkreise		
Mainz	R IV	W IV
Worms	R IV	W IV
Landkreise		
Alzey	R IV	W IV
Bingen	R IV	W IV
Mainz	R IV	W IV
Worms	R IV	W IV
Reg.-Bezirk Pfalz		
Stadtkreise		
Frankenthal	R IV	W IV
Kaiserslautern	R IV	W IV
Landau	R IV	W IV
Ludwigshafen	R IV	W IV
Neustadt	R IV	W IV
Pirmasens	R IV	W IV
Speyer	R IV	W IV
Zweibrücken	R IV	W IV
Landkreise		
Bergzabern	R IV	W IV
Frankenthal	R IV	W IV
Germersheim	R IV	W IV
Kaiserslautern	R IV	W IV
Kirchheimbolanden	R IV	W IV
Kusel	R IV	W IV
Landau	R IV	W IV
Ludwigshafen	R IV	W IV
Neustadt	R IV	W IV
Pirmasens	R IV	W IV
Rockenhausen	R IV	W IV
Speyer	R IV	W IV
Zweibrücken	R IV	W IV
Land Nordrhein-Westfalen		
Reg.-Bezirk Düsseldorf		
Stadtkreise		
Düsseldorf	R IV	W IV
Duisburg	R IV	W IV
Essen	R IV	W IV
Krefeld	R IV	W IV
Mülheim/Ruhr	R IV	W IV
Mönchen-Gladbach	R IV	W IV
Neuß	R IV	W IV
Oberhausen	R IV	W IV
Remscheid	R IV	W IV
Rheydt	R IV	W IV
Solingen	R IV	W IV
Viersen	R IV	W IV
Wuppertal	R IV	W IV
Landkreise		
Dinslaken	R IV	W IV
Düsseldorf-Mettmann	R IV	W IV
Geldern	R IV	W IV
Grevenbroich	R IV	W IV
Kempen-Krefeld	R IV	W IV
Kleve	R IV	W IV
Moers	R IV	W IV
Rees	R IV	W IV
Rhein-Wupper-Kreis	R IV	W IV
Reg.-Bezirk Köln		
Stadtkreise		
Bonn	R IV	W IV
Köln	R IV	W IV
Landkreise		
Bergheim/Erft	R IV	W IV
Bonn	R IV	W IV
Euskirchen	R IV	W IV
Köln	R IV	W IV
Oberbergischer Kreis	R IV	W IV
Rheinisch-Bergischer Kreis	R IV	W IV
Siegkreis	R IV	W IV
Reg.-Bezirk Aachen		
Stadtkreis		
Aachen	R II	W IV
Landkreise		
Aachen	R II	W IV
Düren	R II	W IV
Erkelenz	R II	W IV
Geilenkirchen-Heinsberg	R II	W IV
Jülich	R II	W IV
Monschau	R II	W IV
Schleiden	R II	W IV
Reg.-Bezirk Münster		
Stadtkreise		
Bocholt	R II	W IV
Bottrop	R IV	W IV
Gelsenkirchen	R IV	W IV

Gladbeck	R IV	W IV
Münster	R II	W IV
Recklinghausen	R IV	W IV

Landkreise

Ahaus	R II	W IV
Beckum	R II	W II
Borken	R II	W IV
Coesfeld	R II	W IV
Lüdinghausen	R II	W IV
Münster	R II	W IV
Recklinghausen	R IV	W IV
Steinfurt	R II	W IV
Tecklenburg	R II	W IV
Warendorf	R II	W II

Reg.-Bezirk Detmold

Stadtkreise

Bielefeld	R II	W II
Herford	R II	W II

Landkreise

Bielefeld	R II	W II
Büren	R I	W I
Detmold	R II	W I
Halle	R II	W II
Herford	R II	W II
Höxter	R I	W I
Lemgo	R II	W I
Lübbecke	R II	W II
Minden	R II	W I
Paderborn	R I	W I
Warburg	R I	W I
Wiedenbrück	R I	W I

Reg.-Bezirk Arnsberg

Stadtkreise

Bochum	R IV	W IV
Castrop-Rauxel	R IV	W IV
Dortmund	R IV	W IV
Hagen	R IV	W IV
Hamm	R II	W II
Herne	R IV	W IV
Iserlohn	R II	W II
Lüdenscheid	R II	W II
Lünen	R IV	W IV
Siegen	R IV	W II
Wanne-Eickel	R IV	W IV
Wattenscheid	R IV	W IV
Witten	R IV	W IV

Landkreise

Altena	R II	W II
Arnsberg	R II	W II
Brilon	R I	W I
Ennepe-Ruhr-Kreis	R IV	W IV
Iserlohn	R II	W II
Lippstadt	R I	W I
Meschede	R I	W I
Olpe	R II	W II
Siegen	R IV	W II
Soest	R II	W II
Unna	R II	W II
Wittgenstein	R II	W I

Land Niedersachsen

Reg.-Bezirk Hannover

Stadtkreise

Hameln	R II	W I
Hannover	R II	W I

Landkreise

Grafschaft Diepholz	R I	W III
Grafschaft Hoya	R I	W III
Grafschaft Schaumburg	R II	W I
Hameln-Pyrmont	R II	W I
Hannover-Land	R II	W I
Neustadt a.Rbge.	R I	W I
Nienburg/Weser	R I	W III
Springe	R II	W I
Schaumburg-Lippe	R II	W I

Reg.-Bezirk Hildesheim

Stadtkreise

Göttingen	R I	W I
Hildesheim	R II	W I

Landkreise

Alfeld	R II	W I
Duderstadt	R I	W I
Einbeck	R II	W I
Göttingen	R I	W I
Hildesheim-Marienburg	R II	W I
Holzminden	R II	W I
Münden-Hannover	R I	W I
Northeim	R II	W I
Osterode / Harz	R II	W I
Peine	R II	W I
Zellerfeld	R II	W I

Reg.-Bezirk Lüneburg

Stadtkreise

Celle	R I	W II
Lüneburg	R II	W II

Landkreise

Burgdorf	R I	W I
Celle / Land	R I	W II
Fallingbostel	R I	W III

Gifhorn	R I	W II
Harburg	R II	W II
Lüchow-Dannenberg	R I	W II
Lüneburg/Land	R II	W II
Soltau	R I	W II
Uelzen	R I	W II

Reg.-Bezirk Stade

Stadtkreis

Cuxhaven	R II	W II

Landkreise

Bremervörde	R II	W III
Land Hadeln	R II	W II
Osterholz	R II	W III
Rotenburg/Hann.	R II	W III
Stade/Hann.	R II	W II
Verden	R II	W III
Wesermünde	R II	W III

Reg.-Bezirk Osnabrück

Stadtkreis

Osnabrück	R II	W II

Landkreise

Aschendorf/Hümmling	R II	W III
Bersenbrück	R II	W III
Grafschaft Bentheim	R II	W III
Lingen	R II	W III
Melle	R II	W II
Meppen	R II	W III
Osnabrück/Land	R II	W II
Wittlage	R II	W II

Reg.-Bezirk Aurich

Stadtkreis

Emden	R II	W II

Landkreise

Aurich	R II	W II
Leer	R II	W II
Norden	R II	W II
Wittmund	R II	W II

Verw.-Bezirk Braunschweig

Stadtkreise

Braunschweig	R II	W I
Goslar	R II	W I
Watenstedt / Salzgitter	R II	W I

Landkreise

Braunschweig	R II	W I
Gandersheim	R II	W I
Goslar	R II	W I
Helmstedt	R I	W I
Wolfenbüttel	R II	W I
Blankenburg(Restkreis)	R II	W I

Verw.-Bezirk Oldenburg

Stadtkreise

Delmenhorst	R II	W III
Oldenburg/O.	R II	W III
Wilhelmshaven	R II	W II

Landkreise

Amerland	R II	W II
Cloppenburg	R II	W III
Friesland	R II	W II
Oldenburg	R II	W III
Vechta	R II	W III
Wesermarsch	R II	W II

Land Schleswig-Holstein

Stadtkreise

Flensburg	R II	W II
Kiel	R II	W III
Lübeck	R II	W III
Neumünster	R II	W II

Landkreise

Eckernförde	R II	W II
Eiderstadt	R II	W II
Eutin	R II	W II
Flensburg	R II	W II
Herzogtum Lauenburg	R II	W II
Husum	R II	W II
Norderdithmarschen	R II	W II
Oldenburg	R II	W II
Pinneberg	R II	W II
Plön	R II	W II
Rendsburg	R II	W II
Schleswig	R II	W II
Segeberg	R II	W II
Steinburg	R II	W II
Stormarn	R II	W II
Süderdithmarschen	R II	W II
Südtondern	R II	W II

Land Hamburg	R III	W III

Land Bremen

Stadtkreise

Bremen	R III	W III
Bremerhaven	R II	W II

Land Berlin

(Westsektor)	R II	W II

Für die Akten

139

Referat 6
6 - 73100 - 1429/56

Bonn, den April 1956

Vermerk für die Kabinettssitzung

Betr.: Entwurf eines Getreidepreisgesetzes 1956/57

Der Entwurf stimmt bis auf 2 Ergänzungen (§ 6 Abs. 1 Nr. 1, § 8 Abs. 1) mit dem vorjährigen Getreidepreisgesetz im Wortlaut überein. Er behält das System der Mindest- und Höchstpreise (Von-Bis-Preise) nach Preisgebieten mit monatlichen Reports für Brotgetreide, die Interventionspflicht der Einfuhr- und Vorratsstelle und die Lieferprämie für Roggen bei. Preissystem und Preisniveau bei Futter- und Industriegetreide sowie bei Braugerste und Saatgetreide sind unverändert übernommen. Sämtliche Preistabellen entsprechen den vorjährigen Tabellen.

Bei den 2 Ergänzungen der Vorjahrsregelung handelt es sich um folgendes:

1.) In § 6 Abs. 1 Nr. 1 sind die Vorschriften über Qualitätsklassen, Zu- und Abschläge dahin ergänzt worden, dass auch Bestimmungen über die Art der Feststellung der Qualitätsmerkmale getroffen werden können.

2.) In § 8 Abs. 1 sind die Bestimmungen dahin ergänzt worden, dass die Lieferprämie nicht nur für Roggen der Ernte 1956, sondern für den gesamten im Wirtschaftsjahr 1956/57 abgelieferten Roggen gezahlt wird. Als Verwendungszweck ist zusätzlich die Herstellung von Nähr- und Kaffeemitteln angegeben. Durch diese Änderungen sollen Schwierigkeiten bei der Lieferprämienerstattung ausgeschaltet werden.

Die Lieferprämie (ursprünglich Frühdruschprämie genannt) ist 1951 mit Rücksicht auf die damalige Verknappung an Roggen eingeführt worden. Bereits 1953 lagen die Voraussetzungen für ihre Beibehaltung nicht mehr vor. Die Prämie wurde jedoch 1953 (Bundestagswahl) und in den folgenden Jahren (Paritätsforderungen) aus politischen Gründen beibehalten. Der Bundesminister für Ernährung ist der Ansicht, dass man auch weiterhin aus politischen Erwägungen an ihr festhalten müsse. Er befürchtet, dass

- 2 -

der ersatzlose Wegfall der Lieferprämie als echte Senkung der Erzeugerpreise angesehen würde und geeignet wäre, die gegenwärtige Regelung mit der Landwirtschaft (Grüner Bericht) zu gefährden und die Bundestagswahl 1957 ungünstig zu beeinflussen.

Aus diesem Grunde haben die Bundesminister der Finanzen und für Wirtschaft ihre Bedenken gegen die weitere Beibehaltung der Lieferprämie zurückgestellt. Sie sind mit dem Gesetzentwurf einverstanden.

Sachliche Gründe für die Beibehaltung der Lieferprämie bestehen nicht mehr. Das Kabinett wird zu entscheiden haben, ob die Lieferprämie aus politischen Gründen beibehalten werden soll.

(Dr. P r a ß)

141

Referat 6 Bonn, den April 1956

6 - 73100 - 1429/56

Vermerk für die Kabinettssitzung

Betr.: Entwurf eines Getreidepreisgesetzes 1956/57

Der Entwurf stimmt bis auf 2 Ergänzungen (§ 6 Abs. 1 Nr. 1, § 8 Abs. 1) mit dem vorjährigen Getreidepreisgesetz im Wortlaut überein. Er behält das System der Mindest- und Höchstpreise (Von-Bis-Preise) nach Preisgebieten mit monatlichen Reports für Brotgetreide, die Interventionspflicht der Einfuhr- und Vorratsstelle und die Lieferprämie für Roggen bei. Preissystem und Preisniveau bei Futter- und Industriegetreide sowie bei Braugerste und Saatgetreide sind unverändert übernommen. Sämtliche Preistabellen entsprechen den vorjährigen Tabellen.

Bei den 2 Ergänzungen der Vorjahrsregelung handelt es sich um folgendes:

1.) In § 6 Abs. 1 Nr. 1 sind die Vorschriften über Qualitätsklassen, Zu- und Abschläge dahin ergänzt worden, dass auch Bestimmungen über die Art der Feststellung der Qualitätsmerkmale getroffen werden können.

2.) In § 8 Abs. 1 sind die Bestimmungen dahin ergänzt worden, dass die Lieferprämie nicht nur für Roggen der Ernte 1956, sondern für den gesamten im Wirtschaftsjahr 1956/57 abgelieferten Roggen gezahlt wird. Als Verwendungszweck ist zusätzlich die Herstellung von Nähr- und Kaffeemitteln angegeben. Durch diese Änderungen sollen Schwierigkeiten bei der Lieferprämienerstattung ausgeschaltet werden.

Die Lieferprämie (ursprünglich Frühdruschprämie genannt) ist 1951 mit Rücksicht auf die damalige Verknappung an Roggen eingeführt worden. Bereits 1953 lagen die Voraussetzungen für ihre Beibehaltung nicht mehr vor. Die Prämie wurde jedoch 1953 (Bundestagswahl) und in den folgenden Jahren (Paritätsforderungen) aus politischen Gründen beibehalten. Der Bundesminister für Ernährung ist der Ansicht, dass man auch weiterhin aus politischen Erwägungen an ihr festhalten müsse. Er befürchtet, dass

- 2 -

142

der ersatzlose Wegfall der Lieferprämie als echte Senkung der Erzeugerpreise angesehen würde und geeignet wäre, die gegenwärtige Regelung mit der Landwirtschaft (Grüner Bericht) zu gefährden und die Bundestagswahl 1957 ungünstig zu beeinflussen.

Aus diesem Grunde haben die Bundesminister der Finanzen und für Wirtschaft ihre Bedenken gegen die weitere Beibehaltung der Lieferprämie zurückgestellt. Sie sind mit dem Gesetzentwurf einverstanden.

Sachliche Gründe für die Beibehaltung der Lieferprämie bestehen nicht mehr. Das Kabinett wird zu entscheiden haben, ob die Lieferprämie aus politischen Gründen beibehalten werden soll.

Praß

(Dr. P r a ß)

Für den Herrn Staatssekretär 143

Referat 6 Bonn, den April 1956

6 - 73100 - 1429/56 Nachr. II

Vermerk für die Kabinettssitzung

Lu 17

Betr.: Entwurf eines Getreidepreisgesetzes 1956/57

Der Entwurf stimmt bis auf 2 Ergänzungen (§ 6 Abs. 1 Nr. 1, § 8 Abs. 1) mit dem vorjährigen Getreidepreisgesetz im Wortlaut überein. Er behält das System der Mindest- und Höchstpreise (Von-Bis-Preise) nach Preisgebieten mit monatlichen Reports für Brotgetreide, die Interventionspflicht der Einfuhr- und Vorratsstelle und die Lieferprämie für Roggen bei. Preissystem und Preisniveau bei Futter- und Industriegetreide sowie bei Braugerste und Saatgetreide sind unverändert übernommen. Sämtliche Preistabellen entsprechen den vorjährigen Tabellen.

Bei den 2 Ergänzungen der Vorjahrsregelung handelt es sich um folgendes:

1.) In § 6 Abs. 1 Nr. 1 sind die Vorschriften über Qualitätsklassen, Zu- und Abschläge dahin ergänzt worden, dass auch Bestimmungen über die Art der Feststellung der Qualitätsmerkmale getroffen werden können.

2.) In § 8 Abs. 1 sind die Bestimmungen dahin ergänzt worden, dass die Lieferprämie nicht nur für Roggen der Ernte 1956, sondern für den gesamten im Wirtschaftsjahr 1956/57 abgelieferten Roggen gezahlt wird. Als Verwendungszweck ist zusätzlich die Herstellung von Nähr- und Kaffeemitteln angegeben. Durch diese Änderungen sollen Schwierigkeiten bei der Lieferprämienerstattung ausgeschaltet werden.

Die Lieferprämie (ursprünglich Frühdruschprämie genannt) ist 1951 mit Rücksicht auf die damalige Verknappung an Roggen eingeführt worden. Bereits 1953 lagen die Voraussetzungen für ihre Beibehaltung nicht mehr vor. Die Prämie wurde jedoch 1953 (Bundestagswahl) und in den folgenden Jahren (Paritätsforderungen) aus politischen Gründen beibehalten. Der Bundesminister für Ernährung ist der Ansicht, dass man auch weiterhin aus politischen Erwägungen an ihr festhalten müsse. Er befürchtet, dass

- 2 -

- 2 -

144

der ersatzlose Wegfall der Lieferprämie als echte Senkung der Erzeugerpreise angesehen würde und geeignet wäre, die gegenwärtige Regelung mit der Landwirtschaft (Grüner Bericht) zu gefährden und die Bundestagswahl 1957 ungünstig zu beeinflussen.

Aus diesem Grunde haben die Bundesminister der Finanzen und für Wirtschaft ihre Bedenken gegen die weitere Beibehaltung der Lieferprämie zurückgestellt. Sie sind mit dem Gesetzentwurf einverstanden.

Sachliche Gründe für die Beibehaltung der Lieferprämie bestehen nicht mehr. Das Kabinett wird zu entscheiden haben, ob die Lieferprämie aus politischen Gründen beibehalten werden soll.

(Dr. P r a ß)

145

Bundesrepublik Deutschland
der Bundeskanzler

6 - 73100 - 1429/56

Bonn, den 20. April 1956

Vfg.

1.) An den
Herrn Präsidenten
des Bundesrates

Bonn
Bundeshaus

zu 1 ab
mit 1 Anl.

Anbei übersende ich gemäß Artikel 76 Abs.2 des Grundgesetzes den von der Bundesregierung beschlossenen Entwurf eines

Gesetzes über Preise für Getreide inländischer Erzeugung für das Getreidewirtschaftsjahr 1956/57 sowie über besondere Maßnahmen in der Getreide- und Futtermittelwirtschaft (Getreidepreisgesetz 1956/57)

nebst Begründung.

Federführend ist der Bundesminister für Ernährung, Landwirtschaft und Forsten.

Für den Bundeskanzler
Der Bundesminister der Finanzen

(Schäffer)

2.) Wv. n. Abg. b. Sachbearb.

Prot. v. 18.4.56

Zu Punkt 10 der T.O. - Entwurf eines Getreidepreisgesetzes 1956/57

Der Bundesminister für Ernährung, Landwirtschaft und Forsten erläutert den Gesetzentwurf und berichtet, daß der Bundesminister für Verkehr ihn gebeten habe, sein Haus bei dem Erlaß von Richtlinien gemäß § 3, Abs. 1 zu beteiligen. Hiermit sei er einverstanden. Der Bundesminister der Finanzen stellt fest, daß er der Weitergewährung der Lieferprämie nur mit großen Bedenken zugestimmt habe. Volkswirtschaftlich sei die Gewährung dieser Prämie nicht mehr zu vertreten. Er habe nur deshalb zugestimmt, weil der ersatzlose Wegfall der Lieferprämie im Bundestag politisch nicht durchgesetzt werden könne. Das Kabinett beschließt den Gesetzentwurf.

146

147

Der Staatssekretär des
Bundeskanzlers

Bonn, den 25. April 1956

6 - 73100 - 1429/56

Vfg.

1.) An den
Herrn Bundesminister für
Ernährung, Landwirtschaft
und Forsten

Bonn

m 1 Anl
Abgesandt
25. APR. 1956

Betr.: Entwurf eines Getreidepreisgesetzes 1956/57
Bezug: Ihr Schreiben vom 11. April 1956
- III B 7 - 9311.6 - 192/55

Anbei übersende ich Abschrift eines Schreibens vom 2o. April 1956 - 6 - 731oo - 1429/56 - an den Herrn Präsidenten des Bundesrates mit der Bitte um Kenntnisnahme.

Im Auftrag

(Dr. Hornschu)

2.) Wv. am 22. Mai 1956

148

DER PRÄSIDENT DES BUNDESRATES

BONN A. RH.,
TELEFON 20141
den 4.Mai 1956

An den
Herrn Bundeskanzler
B o n n
Bundeskanzleramt

Bundeskanzleramt
Eing. -4. MAI 1956
Anlagen: 3x

Vg. lb. 4/5 Lh 7/5

Auf das Schreiben vom 20.April 1956 - 6-73100-1429/56 - beehre ich mich mitzuteilen, daß der Bundesrat in seiner 158.Sitzung am 4.Mai 1956 gemäß Artikel 76 Abs.2 des Grundgesetzes beschlossen hat, gegen den Entwurf eines

Gesetzes über Preise für Getreide inländischer Erzeugung für das Getreidewirtschaftsjahr 1956/57 sowie über besondere Maßnahmen in der Getreide- und Futtermittelwirtschaft (Getreidepreisgesetz 1956/57)

keine Einwendungen zu erheben.

Wagner

Gesch.-Z.: 6-73100-1429/56 II

149

Bundesrepublik Deutschland
Der Bundeskanzler
6 - 73100 - 1429/56 II

Bonn, den 11. Mai 1956
He/Neg.

Vfg.

1) An den
Herrn Präsidenten
des Deutschen Bundestages

Bonn
Bundeshaus

ab mit 1 Anl.

Anbei übersende ich den Entwurf eines

Gesetzes über Preise für Getreide inländischer Erzeugung für das Getreidewirtschaftsjahr 1956/57 sowie über besondere Maßnahmen in der Getreide- und Futtermittelwirtschaft (Getreidepreisgesetz 1956/57)

nebst Begründung mit der Bitte, die Beschlußfassung des Bundestages herbeizuführen.

Federführend ist der Bundesminister für Ernährung, Landwirtschaft und Forsten.

Der Bundesrat hat in seiner 158. Sitzung am 4. Mai 1956 gemäß Artikel 76 Abs. 2 des Grundgesetzes beschlossen, gegen den Gesetzentwurf keine Einwendungen zu erheben.

Der Stellvertreter des Bundeskanzlers

Blücher

2) Wv. nach Abgang
bei Sachbearbeiter

(B l ü c h e r)

150

Der Staatssekretär des BK
6 - 73100 - 1429/56 II

Bonn, den 14. Mai 1956
He/Re

Vfg.

15. MAI 1956

1) An den
Herrn Bundesminister für Ernährung,
Landwirtschaft und Forsten

B o n n

Betr.: Entwurf eines Gesetzes über Preise für Getreide inländischer Erzeugung für das Getreidewirtschaftsjahr 1956/57 sowie über besondere Maßnahmen in der Getreide- und Futtermittelwirtschaft (Getreidepreisgesetz 1956/57)

Bezug: Ihr Schreiben vom 11. April 1956
- III B 7 - 9311.6 - 192/55 -

/ Anbei übersende ich Abschrift eines Schreibens des Herrn Stellvertreters des Bundeskanzlers vom 11. Mai 1956, Az.: 6 - 73100 - 1429/56 II, an den Herrn Präsidenten des Deutschen Bundestages mit der Bitte um Kenntnisnahme.

2) Wv. 10. Juli 1956

Im Auftrag

(Dr. Hornschu)

151

Deutscher Bundestag
2. Wahlperiode
1953

Drucksache **2381**

Bundesrepublik Deutschland
Der Bundeskanzler
6 — 73100 — 1429/56 II

Bonn, den 11. Mai 1956

An den Herrn
Präsidenten des Deutschen Bundestages

Anbei übersende ich den

Entwurf eines Gesetzes über Preise für Getreide inländischer Erzeugung für das Getreidewirtschaftsjahr 1956/57 sowie über besondere Maßnahmen in der Getreide- und Futtermittelwirtschaft (Getreidepreisgesetz 1956/57)

nebst Begründung mit der Bitte, die Beschlußfassung des Deutschen Bundestages herbeizuführen.

Federführend ist der Bundesminister für Ernährung, Landwirtschaft und Forsten.

Der Bundesrat hat in seiner 158. Sitzung am 4. Mai 1956 gemäß Artikel 76 Abs. 2 des Grundgesetzes beschlossen, gegen den Gesetzentwurf keine Einwendungen zu erheben.

Der Stellvertreter des Bundeskanzlers
Dr. h. c. Blücher

Reg.
Drucksache bitte zum Vorgang 6.73100-1429/56 nehmen. [illegible] Termin bleibt unverändert bestehen.
D. 11.6.

Druck: Bonner Universitäts-Buchdruckerei, Bonn
Alleinvertrieb: Dr. Hans Heger, Bad Godesberg, Rheinallee 20, Telefon 3551

Entwurf eines Gesetzes

über Preise für Getreide inländischer Erzeugung für das Getreidewirtschaftsjahr 1956/57 sowie über besondere Maßnahmen in der Getreide- und Futtermittelwirtschaft (Getreidepreisgesetz 1956/57)

Der Bundestag hat mit Zustimmung des Bundesrates das folgende Gesetz beschlossen:

§ 1

Preise für Brotgetreide

(1) Für Brotgetreide (Roggen, Weizen) inländischer Erzeugung werden für die Monate Juli 1956 bis Juni 1957 die nachstehenden Erzeugerpreise in Deutsche Mark je tausend Kilogramm netto ausschließlich Sack festgesetzt, und zwar bei Übergabe frei Übergabeort, bei Versendung frei Verladestelle. Die Mindestbeträge dürfen nicht unterschritten, die Höchstbeträge nicht überschritten werden. Die Preise sind nach demjenigen Preisgebiet zu errechnen, in dem der Übergabeort oder die Verladestelle liegt.

I. Roggen Preisgebiet	R I	R II	R III	R IV
Juli	361—381	365—385	367—387	369—389
August	361—381	365—385	367—387	369—389
September	363—381	367—385	369—387	371—389
Oktober	367—386	371—390	373—392	375—394
November	372—389	376—393	378—395	380—397
Dezember	378—393	382—397	384—399	386—401
Januar	383—397	387—401	389—403	391—405
Februar	386—397	390—401	392—403	394—405
März	388—397	392—401	394—403	396—405
April	388—397	392—401	394—403	396—405
Mai	388—397	392—401	394—403	396—405
Juni	388—397	392—401	394—403	396—405

II. Weizen Preisgebiet	W I	W II	W III	W IV
Juli	401—421	405—425	407—427	409—429
August	401—421	405—425	407—427	409—429
September	403—421	407—425	409—427	411—429
Oktober	407—426	411—430	413—432	415—434
November	412—429	416—433	418—435	420—437
Dezember	418—433	422—437	424—439	426—441
Januar	423—437	427—441	429—443	431—445
Februar	426—437	430—441	432—443	434—445
März	428—437	432—441	434—443	436—445
April	428—437	432—441	434—443	436—445
Mai	428—437	432—441	434—443	436—445
Juni	428—437	432—441	434—443	436—445

(2) Als Weizen im Sinne dieses Gesetzes gilt auch Spelz (Dinkel, Fesen) mit der Maßgabe, daß sich die für Weizen festgesetzten Preise bei gegerbtem Spelz um 10 v. H. erhöhen, bei ungegerbtem Spelz um 25 v. H. ermäßigen.

(3) Die Preise für Menggetreide und Mischfrucht dürfen die Mindestbeträge nicht unterschreiten und die Höchstbeträge nicht überschreiten, die sich unter Zugrundelegung der Preise des Absatzes 1 nach dem Mischungsverhältnis ergeben.

(4) Die Preisgebietseinteilung ergibt sich aus der Anlage. Sie wird von einer Änderung der Länder oder der staatlichen Verwaltungsbezirke nicht berührt. Zur Vermeidung von Ungleichheiten und Härten, die sich bei der Durchführung ergeben, kann der Bundesminister für Ernährung, Landwirtschaft und Forsten (Bundesminister) im Einvernehmen mit dem Bundesminister für Wirtschaft und mit Zustimmung des Bundesrates die Preisgebiete durch Rechtsverordnung anderweitig festsetzen.

§ 2

Preise für Futter- und Industriegetreide sowie für Braugerste

(1) Für Futter- und Industriegetreide sowie für Braugerste inländischer Erzeugung werden die nachstehenden Erzeugerpreise in Deutsche Mark je tausend Kilogramm netto ausschließlich Sack festgesetzt, und zwar bei Übergabe frei Übergabeort, bei Versendung frei Verladestelle. Die Mindestbeträge dürfen nicht unterschritten, die Höchstbeträge nicht überschritten werden.

Futtergerste	350 — 390
Industriegerste	375 — 400
Braugerste	410 — 440
Futterhafer	300 — 365
Industriehafer	315 — 375.

(2) Industriegerste ist Gerste, die ein Eigengewicht von mindestens 65 Kilogramm je Hektoliter hat und für Zwecke der industriellen Verarbeitung geeignet ist. Industriehafer ist Hafer, der ein Eigengewicht von mindestens 51 Kilogramm je Hektoliter hat und für Zwecke der industriellen Verarbeitung geeignet ist. Braugerste ist Gerste, die insbesondere nach Keimfähigkeit und Eiweißgehalt zur Herstellung von Braumalz geeignet ist. Gerste und Hafer, die diesen Mindestanforderungen nicht entsprechen, gelten als Futtergerste oder Futterhafer.

§ 3

Sicherung der Preise für Getreide

(1) Zur Sicherung der Mindestpreise dieses Gesetzes hat die Einfuhr- und Vorratsstelle für Getreide und Futtermittel (Einfuhr- und Vorratsstelle) ihr vom Erzeuger angebotenes Getreide, außer Saatgetreide, zum Mindestpreis zu übernehmen, soweit dieser Preis im freien Verkehr nicht erzielt werden kann. Kann dieser Preis in einem Gebiet außerhalb des Erzeugungsgebietes erzielt werden, so kann die Einfuhr- und Vorratsstelle unter Wegfall ihrer Übernahmeverpflichtung einen Beitrag zu den Kosten der Beförderung des Getreides ab Übergabeort oder Verladestelle des Erzeugers und den durch diese Beförderung entstehenden Nebenkosten zahlen, um den Absatz des Getreides zum Mindestpreis zu ermöglichen. Hierzu erläßt der Bundesminister Richtlinien im Einvernehmen mit dem Bundesminister für Wirtschaft und dem Bundesminister der Finanzen.

(2) Die Einfuhr- und Vorratsstelle hat Getreide, außer Saatgetreide, an Verarbeiter und Verbraucher zu den in diesem Gesetz festgesetzten Höchstpreisen zuzüglich üblicher Handelsspannen abzugeben, wenn eine Versorgung zu diesem Preis im freien Verkehr nicht möglich ist.

(3) Qualitätszu- und -abschläge sind sowohl bei der Aufnahme zu Mindestpreisen als auch bei der Abgabe zu Höchstpreisen zu berücksichtigen.

(4) Im allgemeinen hat die Einfuhr- und Vorratsstelle die Aufgabe, durch Aufnahme oder Abgabe von Getreide inländischer Erzeugung, außer Saatgetreide, durch Vorratshaltung oder Abgabe von Auslandsgetreide und durch sonstige geeignete Maßnahmen dafür zu sorgen, daß die durch dieses Gesetz festgesetzten Preisgrenzen innegehalten werden.

§ 4

Preise für Saatgetreide

(1) Für anerkanntes Saatgut von Getreide darf der Verbraucherpreis nachstehende Grundpreise und Höchstzuschläge in Deutsche Mark je tausend Kilogramm netto ausschließlich Sack, und zwar bei Übergabe frei Übergabeort, bei Versendung frei Verladestelle, nicht übersteigen.

Getreideart	Grundpreis	Höchstzuschlag
Winterroggen (normal)	395	180
Liho-Futterroggen und Heßdorfer Johannesroggen	395	250
Winterroggen Tetra	395	230
Sommerroggen	395	230
Winterweizen	435	160
Sommerweizen	435	190
Spelz (Dinkel, Fesen)	330	190
Wintergerste, 4zeilig	400	160
Wintergerste, 2zeilig, und Sommergerste	440	160
Weißhafer und Gelbhafer	375	180
Schwarzhafer	375	220.

Als anerkanntes Saatgut im Sinne dieses Gesetzes gilt auch mit Erfolg geprüftes Vorstufensaatgut.

(2) Soweit Handelssaatgut oder Behelfssaatgut von Getreide nach dem Saatgutgesetz vom 27. Juni 1953 (Bundesgesetzbl. I S. 450) in Verbindung mit den dazu ergangenen oder noch ergehenden Verordnungen zugelassen wird, darf der Abgabepreis des Herstellers die nachstehenden Grundpreise und Höchstzuschläge in Deutsche Mark je tausend Kilogramm netto ausschließlich Sack, und zwar bei Übergabe frei Übergabeort, bei Versendung frei Verladestelle, nicht übersteigen:

Getreideart	Grundpreis	Höchstzuschlag
Winterroggen	395	45
Sommerroggen, Liho-Futterroggen und Heßdorfer Johannesroggen	395	50
Winterweizen	435	45
Sommerweizen	435	50
Wintergerste, 4zeilig	400	55
Wintergerste, 2zeilig	440	55
Sommergerste	440	45
Weißhafer und Gelbhafer	375	50
Schwarzhafer	375	55

(3) Bei Abgabe in Mengen unter 75 Kilogramm dürfen die Zuschläge des Absatzes 1 höchstens um folgende Kleinmengenzuschläge erhöht werden:

bei Abgabe in Mengen bis 24,9 Kilogramm
3 Deutsche Pfennig je Kilogramm,

bei Abgabe in Mengen von 25 bis 49,9 Kilogramm
1,50 Deutsche Pfennig je Kilogramm,

bei Abgabe in Mengen von 50 bis 74,9 Kilogramm
0,75 Deutsche Pfennig je Kilogramm.

§ 5

Beschaffenheit des Getreides

(1) Die Preise der §§ 1, 2 und 4 gelten für gesundes, trockenes Getreide von durchschnittlicher Beschaffenheit.

(2) Für Getreide besserer oder geringerer Beschaffenheit können zu diesen Preisen entsprechend der Erhöhung oder Minderung des Nutzungswertes des Getreides bis zum Erlaß von Vorschriften nach § 6 Abs. 1 Nr. 2 Zu- oder Abschläge vereinbart werden.

§ 6

Qualitätsklassen, Zu- und Abschläge

(1) Der Bundesminister kann im Einvernehmen mit dem Bundesminister für Wirtschaft und mit Zustimmung des Bundesrates durch Rechtsverordnung Bestimmungen über

1. Merkmale der durchschnittlichen, besseren und geringeren Beschaffenheit des Getreides sowie über die Art der Feststellung dieser Merkmale,
2. Höhe der Zu- und Abschläge für Getreide besserer und geringerer Beschaffenheit

treffen.

(2) Die Zu- und Abschläge dürfen den Wert nicht übersteigen, welcher der Erhöhung oder Minderung des Nutzungswertes von Getreide durchschnittlicher Beschaffenheit entspricht.

(3) Der Bundesminister kann im Einvernehmen mit dem Bundesminister für Wirtschaft und mit Zustimmung des Bundesrates durch Rechtsverordnung die in § 4 Abs. 1 geregelten Höchstzuschläge für anerkanntes Saatgut von Gerste erhöhen, wenn und insoweit diese Höchstzuschläge den gemäß Absatz 1 Nr. 2 für Braugerste festgesetzten Zuschlägen nicht mehr entsprechen.

§ 7

Schlußschein, Anbietungspflicht, Auflagen

(1) Zur Sicherung der Versorgung der Bevölkerung kann der Bundesminister

1. durch Rechtsverordnung mit Zustimmung des Bundesrates für jeden Verkauf von Roggen, Weizen oder Gemenge von Roggen und Weizen, von Gerste, Hafer und Futtermenggetreide die Ausstellung eines

Schlußscheines durch den Käufer vorschreiben sowie Vorschriften über Form, Inhalt, Auswertung und Verbleib des Schlußscheines erlassen,

2. im Bedarfsfalle durch Rechtsverordnung mit Zustimmung des Bundesrates vorschreiben, daß und inwieweit in Verkehr gebrachte Erzeugnisse der in Nummer 1 genannten Art in verarbeitetem oder unverarbeitetem Zustand bestimmten Betrieben oder Stellen zum Kauf anzubieten sind,

3. im Bedarfsfalle durch Rechtsverordnung mit Zustimmung des Bundesrates Vorschriften für die Weiterlieferung, Verteilung und Verwendung der in Nummer 1 genannten Erzeugnisse durch gewerbliche Unternehmen erlassen. Der Bundesminister kann einzelnen gewerblichen Betrieben durch Verfügung Auflagen für die Weiterlieferung, Verteilung und Verwendung der genannten Erzeugnisse erteilen, sofern eine übergebietliche Regelung erforderlich ist; andernfalls können die Auflagen durch die oberste Landesbehörde erteilt werden.

(2) § 18 des Getreidegesetzes in der Fassung vom 24. November 1951 (Bundesgesetzbl. I S. 900) findet Anwendung.

§ 8

Lieferprämie für Roggen

(1) Um die Verwendung von Roggen als Brotgetreide oder Saatgut oder zur Herstellung von Nähr- oder Kaffeemitteln zu sichern, wird dem Erzeuger für Roggen, der zur Verwendung als Brotgetreide geeignet ist und den der Erzeuger an vom Bundesminister bestimmte Betriebe und Stellen liefert, eine Lieferprämie von 20 Deutsche Mark je tausend Kilogramm vom Bund gezahlt.

(2) Der Bundesminister wird ermächtigt, durch Rechtsverordnung mit Zustimmung des Bundesrates das Nähere über die Zahlung und Erstattung der Lieferprämien zu regeln. Die Erstattung der Lieferprämien an den Käufer kann von bestimmten Fristen abhängig gemacht werden, innerhalb derer er das Getreide weitergeliefert, übernommen oder seine Erstattungsansprüche angemeldet haben muß. Bei vom Bundesminister nach Absatz 1 bestimmten Verarbeitungsbetrieben, die nicht Mühlen sind, kann die Erstattung außerdem auf bestimmte Getreidemengen beschränkt werden.

(3) § 18 des Getreidegesetzes in der Fassung vom 24. November 1951 findet Anwendung.

§ 9

Strafbestimmungen

(1) Zuwiderhandlungen gegen §§ 1, 2, 4, 5, 8 Abs. 1 und gegen die auf Grund dieses Gesetzes erlassenen Bestimmungen, sofern diese ausdrücklich auf die Strafbestimmungen dieses Gesetzes verweisen, werden nach den Vorschriften des Wirtschaftsstrafgesetzes in der jeweils geltenden Fassung geahndet.

(2) Zuwiderhandlungen gegen die auf Grund des § 7 Abs 2 und § 8 Abs. 3 bestehende Auskunftspflicht werden nach § 21 Abs. 1 Nr. 3 und 4 des Getreidegesetzes in der Fassung vom 24. November 1951 geahndet.

§ 10

Geltung in Berlin

Dieses Gesetz gilt nach Maßgabe des § 13 Abs. 1 des Dritten Überleitungsgesetzes vom 4. Januar 1952 (Bundesgesetzbl. I S. 1) auch im Land Berlin. Rechtsverordnungen, die auf Grund dieses Gesetzes erlassen werden, gelten im Land Berlin nach § 14 des Dritten Überleitungsgesetzes.

§ 11

Inkrafttreten

Dieses Gesetz tritt am 1. Juli 1956 in Kraft. Es tritt ebenso wie die auf Grund der §§ 1, 6 und 7 erlassenen Rechtsverordnungen am 30. Juni 1957 außer Kraft; die auf Grund des § 8 erlassenen Rechtsverordnungen treten am 31. Juli 1957 außer Kraft.

Anlage zu § 1 Abs. 4

Roggen- und Weizenpreisgebiete für Inlandsgetreide nach Verwaltungsbezirken

LAND BAYERN

Reg.-Bezirk Oberbayern

Stadtkreise

Bad Reichenhall	R IV	W IV
Freising	R II	W III
Ingolstadt	R II	W III
Landsberg	R IV	W IV
München	R IV	W IV
Rosenheim	R IV	W IV
Traunstein	R IV	W IV

Landkreise

Aichach	R IV	W III
Altötting	R II	W III
Bad Aibling	R IV	W IV
Bad Tölz	R IV	W IV
Berchtesgaden	R IV	W IV
Dachau	R IV	W IV
Ebersberg	R II	W IV
Erding	R II	W III
Freising	R II	W III
Fürstenfeldbruck	R IV	W IV
Garmisch-Partenkirchen	R IV	W IV
Ingolstadt	R II	W III
Landsberg	R IV	W IV
Laufen	R IV	W IV
Miesbach	R IV	W IV
Mühldorf	R II	W III
München	R IV	W IV
Pfaffenhofen a. d. Ilm	R II	W III
Rosenheim	R IV	W IV
Schongau	R IV	W IV
Schrobenhausen	R II	W III
Starnberg	R IV	W IV
Traunstein	R IV	W IV
Wasserburg am Inn	R II	W III
Weilheim	R IV	W IV
Wolfratshausen	R IV	W IV

Reg.-Bezirk Niederbayern

Stadtkreise

Deggendorf	R I	W III
Landshut	R II	W III
Passau	R I	W III
Straubing	R I	W III

Landkreise

Bogen	R I	W III
Deggendorf	R I	W III
Dingolfing	R II	W III
Eggenfelden	R I	W III
Grafenau	R I	W III
Griesbach	R I	W III
Kelheim	R II	W III
Kötzting	R I	W III
Landau a. d. Isar	R I	W III
Landshut	R II	W III
Mainburg	R II	W III
Mallersdorf	R II	W III
Passau	R I	W III
Pfarrkirchen	R I	W III
Regen	R I	W III
Rottenburg	R II	W III
Straubing	R I	W III
Viechtach	R I	W III
Vilsbiburg	R II	W III
Vilshofen	R I	W III
Wegscheid	R I	W III
Wolfstein	R I	W III

Reg.-Bezirk Oberpfalz

Stadtkreise

Amberg	R I	W IV
Neumarkt/Opf.	R I	W III
Regensburg	R I	W III
Schwandorf/Bayern	R I	W III
Weiden	R I	W IV

Landkreise

Amberg	R I	W IV
Beilngries	R I	W III
Burglengenfeld	R I	W III
Cham	R I	W III
Eschenbach/Opf.	R I	W IV
Kemnath	R I	W IV
Nabburg	R I	W IV
Neumarkt/Opf.	R I	W III
Neunburg vorm Wald	R I	W III
Neustadt a. d. Waldnaab	R I	W IV
Oberviechtach	R I	W IV
Parsberg	R I	W III
Regensburg	R I	W III
Riedenburg	R I	W III
Roding	R I	W III
Sulzbach-Rosenberg	R I	W IV
Tirschenreuth	R I	W IV
Vohenstrauß	R I	W IV
Waldmünchen	R I	W III

Reg.-Bezirk Oberfranken

Stadtkreise

Bamberg	R II	W IV
Bayreuth	R I	W IV
Coburg	R I	W IV
Forchheim	R II	W IV
Hof	R I	W IV
Kulmbach	R I	W IV
Marktredwitz	R I	W IV
Neustadt bei Coburg	R I	W IV
Selb	R I	W IV

Landkreise

Bamberg	R II	W IV
Bayreuth	R I	W IV
Coburg	R I	W IV
Ebermannstadt	R II	W IV
Forchheim	R II	W IV
Höchstadt a. d. Aisch	R II	W IV
Hof	R I	W IV
Kronach	R I	W IV
Kulmbach	R I	W IV
Lichtenfeld	R I	W IV
Münchberg	R I	W IV
Naila	R I	W IV
Pegnitz	R I	W IV
Rehau	R I	W IV
Stadtsteinach	R I	W IV
Staffelstein	R I	W IV
Wunsiedel	R I	W IV

Reg.-Bezirk Mittelfranken

Stadtkreise

Ansbach	R II	W IV
Eichstätt	R I	W IV
Erlangen	R II	W IV
Fürth	R II	W IV
Nürnberg	R II	W IV
Rothenburg o. d. T.	R II	W IV
Schwabach	R I	W IV
Weißenburg/Bayern	R I	W IV

Landkreise

Ansbach	R II	W IV
Dinkelsbühl	R II	W IV
Eichstätt	R I	W IV
Erlangen	R II	W IV
Feuchtwangen	R II	W IV
Fürth	R II	W IV
Gunzenhausen	R II	W IV
Hersbruck	R II	W IV
Hilpoltstein	R I	W IV
Lauf a. d. Pegnitz	R II	W IV
Neustadt a. d. Aisch	R II	W IV
Nürnberg	R II	W IV
Rothenburg o. d. T.	R II	W IV
Scheinfeld	R II	W IV
Schwabach	R I	W IV
Uffenheim	R II	W IV
Weißenburg/Bayern	R I	W IV

Reg.-Bezirk Unterfranken

Stadtkreise

Aschaffenburg	R II	W IV
Bad Kissingen	R I	W IV
Kitzingen	R II	W IV
Schweinfurt	R II	W IV
Würzburg	R II	W IV

Landkreise

Alzenau i. Unterfr.	R II	W IV
Aschaffenburg	R II	W IV
Bad Kissingen	R I	W IV
Bad Neustadt a. d. Saale	R I	W IV
Brückenau	R I	W IV
Ebern	R I	W IV
Gemünden	R II	W IV
Gerolzhofen	R II	W IV
Hammelburg	R II	W IV
Haßfurt	R II	W IV
Hofheim/Unterfr.	R I	W IV
Karlstadt	R II	W IV
Kitzingen	R II	W IV
Königshofen i. Grabfeld	R I	W IV
Lohr	R II	W IV
Marktheidenfeld	R II	W IV
Mellrichstadt	R I	W IV
Miltenberg	R II	W IV
Obernburg	R II	W IV
Ochsenfurt	R II	W IV
Schweinfurt	R II	W IV
Würzburg	R II	W IV

Reg.-Bezirk Schwaben

Stadtkreise

Augsburg	R IV W IV
Dillingen a. d. Donau	R IV W III
Günzburg	R IV W IV
Kaufbeuren	R IV W IV
Kempten/Allgäu	R IV W IV
Memmingen	R IV W IV
Neuburg a. d. Donau	R IV W IV
Neu-Ulm	R IV W IV
Nördlingen	R IV W IV

Landkreise

Augsburg	R IV W IV
Dillingen a. d. Donau	R IV W III
Donauwörth	R IV W IV
Friedberg	R IV W IV
Füssen	R IV W IV
Günzburg	R IV W IV
Illertissen	R IV W IV
Kaufbeuren	R IV W IV
Kempten/Allgäu	R IV W IV
Krumbach/Schwaben	R IV W IV
Lindau	R IV W IV
Markt Oberdorf	R IV W IV
Memmingen	R IV W IV
Mindelheim	R IV W IV
Neuburg a. d. Donau	R IV W IV
Neu-Ulm	R IV W IV
Nördlingen	R IV W IV
Schwabmünchen	R IV W IV
Sonthofen	R IV W IV
Wertingen	R IV W III

LAND BADEN-WÜRTTEMBERG

Reg.-Bezirk Nord-Württemberg

Stadtkreise

Stuttgart	R IV W IV
Heilbronn	R IV W IV
Ulm	R IV W IV

Landkreise

Aalen	R IV W IV
Backnang	R IV W IV
Böblingen	R IV W IV
Crailsheim	R IV W IV
Eßlingen	R IV W IV
Göppingen	R IV W IV
Heidenheim	R IV W IV
Heilbronn	R IV W IV
Künzelsau	R IV W IV
Leonberg	R IV W IV
Ludwigsburg	R IV W IV
Mergentheim	R IV W IV
Nürtingen	R IV W IV
Öhringen	R IV W IV
Schwäbisch Gmünd	R IV W IV
Schwäbisch Hall	R IV W IV
Ulm	R IV W IV
Vaihingen	R IV W IV
Waiblingen	R IV W IV

Reg.-Bezirk Nord-Baden

Stadtkreise

Karlsruhe	R IV W IV
Heidelberg	R IV W IV
Mannheim	R IV W IV
Pforzheim	R IV W IV

Landkreise

Bruchsal	R IV W IV
Buchen	R IV W IV
Heidelberg	R IV W IV
Karlsruhe	R IV W IV
Mannheim	R IV W IV
Mosbach	R IV W IV
Pforzheim	R IV W IV
Sinsheim	R IV W IV
Tauberbischofsheim	R IV W IV

Reg.-Bezirk Süd-Baden

Stadtkreise

Baden-Baden	R IV W IV
Freiburg	R IV W IV
Konstanz	R IV W IV

Landkreise

Bühl	R IV W IV
Donaueschingen	R IV W IV
Emmendingen	R IV W IV
Freiburg	R IV W IV
Kehl	R IV W IV
Konstanz	R IV W IV
Lahr	R IV W IV
Lörrach	R IV W IV
Müllheim	R IV W IV
Neustadt	R IV W IV
Offenburg	R IV W IV
Rastatt	R IV W IV
Säckingen	R IV W IV
Stockach	R IV W IV
Überlingen	R IV W IV
Villingen	R IV W IV
Waldshut	R IV W IV
Wolfach	R IV W IV

Reg.-Bezirk Süd-Württemberg-Hohenzollern

Landkreise

Balingen	R IV W IV
Biberach	R IV W IV
Calw	R IV W IV
Ehingen	R IV W IV
Freudenstadt	R IV W IV
Hechingen	R IV W IV
Horb	R IV W IV
Münsingen	R IV W IV
Ravensburg	R IV W IV
Reutlingen	R IV W IV
Rottweil	R IV W IV
Saulgau	R IV W IV
Sigmaringen	R IV W IV
Tettnang	R IV W IV
Tübingen	R IV W IV
Tuttlingen	R IV W IV
Wangen	R IV W IV

LAND HESSEN

Reg.-Bezirk Darmstadt

Stadtkreise

Darmstadt	R IV W IV
Gießen	R II W II
Offenbach	R IV W IV

Landkreise

Alsfeld	R I W II
Bergstraße	R IV W IV
Büdingen	R II W II
Darmstadt	R IV W IV
Dieburg	R IV W IV
Erbach	R IV W IV
Friedberg	R II W II
Gießen	R II W II
Groß Gerau	R IV W IV
Lauterbach	R I W II
Offenbach	R IV W IV

Reg.-Bezirk Kassel

Stadtkreise

Fulda	R I W II
Kassel	R I W I
Marburg	R I W II

Landkreise

Eschwege	R I W I
Frankenberg	R I W I
Fritzlar-Homberg	R I W I
Fulda	R I W II
Hersfeld	R I W II
Hofgeismar	R I W I
Hünfeld	R I W II
Kassel	R I W I
Marburg	R I W II
Melsungen	R I W I
Rotenburg	R I W I
Waldeck	R I W I
Witzenhausen	R I W I
Wolfhagen	R I W I
Ziegenhain	R I W II

Reg.-Bezirk Wiesbaden

Stadtkreise

Frankfurt a. Main	R IV W IV
Hanau	R IV W IV
Wiesbaden	R IV W IV

Landkreise

Biedenkopf	R II W II
Dillkreis	R II W III
Gelnhausen	R II W IV
Hanau	R IV W IV
Limburg	R II W II
Main-Taunus-Kreis	R IV W IV
Oberlahnkreis	R II W II
Obertaunuskreis	R IV W IV
Rheingaukreis	R IV W IV
Schlüchtern	R II W IV
Untertaunuskreis	R IV W IV
Usingen	R II W II
Wetzlar	R II W II

LAND RHEINLAND-PFALZ

Reg.-Bezirk Koblenz

Stadtkreis

Koblenz	R II W III

Landkreise

Ahrweiler	R II W III
Altenkirchen	R IV W IV
Birkenfeld	R IV W IV
Cochem	R II W III
Koblenz	R II W III
Kreuznach	R IV W IV
Mayen	R II W III
Neuwied	R II W III
St. Goar	R II W III
Simmern	R II W III
Zell	R II W III

Reg.-Bezirk Trier

Stadtkreis

Trier	R IV W IV

Landkreise

Bernkastel	R II W III
Bitburg	R II W III
Daun	R II W III
Prüm	R II W III
Saarburg	R IV W IV
Trier	R IV W IV
Wittlich	R II W III

Reg.-Bezirk Montabaur

Landkreise

Oberwesterwaldkreis	R II W III
St. Goarshausen	R II W III
Unterlahnkreis	R II W III
Unterwesterwaldkreis	R II W III

Reg.-Bezirk Rheinhessen

Stadtkreise

Mainz	R IV W IV
Worms	R IV W IV

Landkreise

Alzey	R IV W IV
Bingen	R IV W IV
Mainz	R IV W IV
Worms	R IV W IV

Reg.-Bezirk Pfalz

Stadtkreise

Frankenthal	R IV W IV
Kaiserslautern	R IV W IV
Landau	R IV W IV
Ludwigshafen	R IV W IV
Neustadt	R IV W IV
Pirmasens	R IV W IV
Speyer	R IV W IV
Zweibrücken	R IV W IV

Landkreise

Bergzabern	R IV W IV
Frankenthal	R IV W IV
Germersheim	R IV W IV
Kaiserslautern	R IV W IV
Kirchheimbolanden	R IV W IV
Kusel	R IV W IV
Landau	R IV W IV
Ludwigshafen	R IV W IV
Neustadt	R IV W IV
Pirmasens	R IV W IV
Rockenhausen	R IV W IV
Speyer	R IV W IV
Zweibrücken	R IV W IV

LAND NORDRHEIN-WESTFALEN

Reg.-Bezirk Düsseldorf

Stadtkreise

Düsseldorf	R IV W IV
Duisburg	R IV W IV
Essen	R IV W IV
Krefeld	R IV W IV
Mülheim/Ruhr	R IV W IV
Mönchen-Gladbach	R IV W IV
Neuß	R IV W IV
Oberhausen	R IV W IV
Remscheid	R IV W IV
Rheydt	R IV W IV
Solingen	R IV W IV
Viersen	R IV W IV
Wuppertal	R IV W IV

Landkreise

Dinslaken	R IV W IV
Düsseldorf-Mettmann	R IV W IV
Geldern	R IV W IV
Grevenbroich	R IV W IV
Kempen-Krefeld	R IV W IV
Kleve	R IV W IV
Moers	R IV W IV
Rees	R IV W IV
Rhein-Wupper-Kreis	R IV W IV

Reg.-Bezirk Köln

Stadtkreise

Bonn	R IV W IV
Köln	R IV W IV

Landkreise

Bergheim/Erft	R IV W IV
Bonn	R IV W IV
Euskirchen	R IV W IV
Köln	R IV W IV
Oberbergischer Kreis	R IV W IV
Rheinisch-Bergischer Kreis	R IV W IV
Siegkreis	R IV W IV

Reg.-Bezirk Aachen

Stadtkreis

Aachen	R II W IV

Landkreise

Aachen	R II W IV
Düren	R II W IV
Erkelenz	R II W IV
Geilenkirchen-Heinsberg	R II W IV
Jülich	R II W IV
Monschau	R II W IV
Schleiden	R II W IV

Reg.-Bezirk Münster

Stadtkreise

Bocholt	R II W IV
Bottrop	R IV W IV
Gelsenkirchen	R IV W IV
Gladbeck	R IV W IV
Münster	R II W IV
Recklinghausen	R IV W IV

Landkreise

Ahaus	R II W IV
Beckum	R II W II
Borken	R II W IV
Coesfeld	R II W IV
Lüdinghausen	R II W IV
Münster	R II W IV
Recklinghausen	R IV W IV
Steinfurt	R II W IV
Tecklenburg	R II W IV
Warendorf	R II W II

Reg.-Bezirk Detmold

Stadtkreise

Bielefeld	R II W II
Herford	R II W II

Landkreise

Bielefeld	R II W II
Büren	R I W I
Detmold	R II W I
Halle	R II W II
Herford	R II W II
Höxter	R I W I
Lemgo	R II W I
Lübbecke	R II W II
Minden	R II W I
Paderborn	R I W I
Warburg	R I W I
Wiedenbrück	R I W I

Reg.-Bezirk Arnsberg

Stadtkreise

Bochum	R IV W IV
Castrop-Rauxel	R IV W IV
Dortmund	R IV W IV
Hagen	R IV W IV
Hamm	R II W II
Herne	R IV W IV
Iserlohn	R II W II
Lüdenscheid	R II W II
Lünen	R IV W IV
Siegen	R IV W II
Wanne-Eickel	R IV W IV
Wattenscheid	R IV W IV
Witten	R IV W IV

Landkreise

Altena	R II W II
Arnsberg	R II W II
Brilon	R I W I
Ennepe-Ruhr-Kreis	R IV W IV
Iserlohn	R II W II
Lippstadt	R I W I
Meschede	R I W I
Olpe	R II W II
Siegen	R IV W II
Soest	R II W II
Unna	R II W II
Wittgenstein	R II W I

LAND NIEDERSACHSEN

Reg.-Bezirk Hannover

Stadtkreise

Hameln	R II W I
Hannover	R II W I

Landkreise

Grafschaft Diepholz	R I W III
Grafschaft Hoya	R I W III
Grafschaft Schaumburg	R II W I
Hameln-Pyrmont	R II W I
Hannover-Land	R II W I
Neustadt a. Rbge.	R I W I
Nienburg/Weser	R I W III
Springe	R II W I
Schaumburg-Lippe	R II W I

Reg.-Bezirk Hildesheim

Stadtkreise

Göttingen	R I W I
Hildesheim	R II W I

Landkreise

Alfeld	R II W I
Duderstadt	R I W I
Einbeck	R II W I
Göttingen	R I W I
Hildesheim-Marienburg	R II W I
Holzminden	R II W I
Münden-Hannover	R I W I
Northeim	R II W I
Osterode/Harz	R II W I
Peine	R II W I
Zellerfeld	R II W I

Reg.-Bezirk Lüneburg

Stadtkreise	
Celle	R I W II
Lüneburg	R II W II
Landkreise	
Burgdorf	R I W I
Celle/Land	R I W II
Fallingbostel	R I W III
Gifhorn	R I W II
Harburg	R II W II
Lüchow-Dannenberg	R I W II
Lüneburg/Land	R II W II
Soltau	R I W II
Uelzen	R I W II

Reg.-Bezirk Stade

Stadtkreis	
Cuxhaven	R II W II
Landkreise	
Bremervörde	R II W III
Land Hadeln	R II W II
Osterholz	R II W III
Rotenburg/Hann.	R II W III
Stade/Hann.	R II W II
Verden	R II W III
Wesermünde	R II W III

Reg.-Bezirk Osnabrück

Stadtkreis	
Osnabrück	R II W II
Landkreise	
Aschendorf/Hümmling	R II W III
Bersenbrück	R II W III
Grafschaft Bentheim	R II W III
Lingen	R II W III
Melle	R II W II
Meppen	R II W III
Osnabrück/Land	R II W II
Wittlage	R II W II

Reg.-Bezirk Aurich

Stadtkreis	
Emden	R II W II
Landkreise	
Aurich	R II W II
Leer	R II W II
Norden	R II W II
Wittmund	R II W II

Verw.-Bezirk Braunschweig

Stadtkreise	
Braunschweig	R II W I
Goslar	R II W I
Wattenstedt/Salzgitter	R II W I
Landkreise	
Braunschweig	R II W I
Gandersheim	R II W I
Goslar	R II W I
Helmstedt	R I W I
Wolfenbüttel	R II W I
Blankenburg (Restkreis)	R II W I

Verw.-Bezirk Oldenburg

Stadtkreise	
Delmenhorst	R II W III
Oldenburg/O.	R II W III
Wilhelmshaven	R II W II
Landkreise	
Ammerland	R II W II
Cloppenburg	R II W III
Friesland	R II W II
Oldenburg	R II W III
Vechta	R II W III
Wesermarsch	R II W II

LAND SCHLESWIG-HOLSTEIN

Stadtkreise	
Flensburg	R II W II
Kiel	R II W III
Lübeck	R II W III
Neumünster	R II W II
Landkreise	
Eckernförde	R II W II
Eiderstadt	R II W II
Eutin	R II W II
Flensburg	R II W II
Herzogtum Lauenburg	R II W II
Husum	R II W II
Norderdithmarschen	R II W II
Oldenburg	R II W II
Pinneberg	R II W II
Plön	R II W II
Rendsburg	R II W II
Schleswig	R II W II
Segeberg	R II W II
Steinburg	R II W II
Stormarn	R II W II
Süderdithmarschen	R II W II
Südtondern	R II W II

LAND HAMBURG	R III W III

LAND BREMEN

Stadtkreise	
Bremen	R III W III
Bremerhaven	R II W II

LAND BERLIN (Westsektor)	R II W II

Begründung

Durch den vorliegenden Gesetzentwurf sollen gemäß § 10 Abs. 1 des Getreidegesetzes in der Fassung vom 24. November 1951 (BGBl. I S. 900) die Preise für Getreide inländischer Erzeugung für das Getreidewirtschaftsjahr 1956/57 geregelt werden. Die Preise für Getreide ausländischer Erzeugung werden durch die Einfuhr- und Vorratsstelle für Getreide und Futtermittel festgesetzt, wobei der Bundesminister für Ernährung, Landwirtschaft und Forsten im Einvernehmen mit dem Bundesminister für Wirtschaft Bestimmungen für diese Preisfestsetzungen trifft (§ 8 Abs. 1, 3 und 4 des Getreidegesetzes).

Der Entwurf übernimmt im wesentlichen das vorjährige Getreidepreisgesetz, wie es der Bundestag im Sommer 1955 beschlossen hat. Um das bisherige Preisniveau auf diesem wichtigen Teilgebiet der Ernährungswirtschaft sowohl im Interesse der getreideerzeugenden Landwirtschaft als auch im Interesse der Verbraucher von Getreideerzeugnissen weitgehend aufrechtzuerhalten, ist gegenüber dem Vorjahre nur wenig geändert worden. Der Entwurf enthält daher wieder die Kernstücke der Getreidepreisgesetze der letzten Jahre, insbesondere des Wirtschaftsjahres 1955/56: das System der Mindest- und Höchstpreise (Von-bis-Preise) nach Preisgebieten mit monatlichen Reports für Brotgetreide (§ 1), die Interventionspflicht der Einfuhr- und Vorratsstelle (§ 3) und die Lieferprämie für Roggen (§ 8). Ferner sind das Preissystem und das Preisniveau bei Futter- und Industriegetreide sowie bei Braugerste und Saatgetreide (§§ 2 und 4) beibehalten worden. Die Vorschriften über die Beschaffenheit des Getreides (§ 5) entsprechen ebenfalls der Regelung des Vorjahres, während die Vorschriften über Qualitätsklassen, Zu- und Abschläge dahin ergänzt wurden, daß auch Bestimmungen über die Art der Feststellung der Qualitätsmerkmale getroffen werden können (§ 6 Abs. 1 Nr. 1).

Die Frage der Reportsgestaltung ist eingehend geprüft worden. Es werden aber für das Getreidewirtschaftsjahr 1956/57 wieder die Getreidepreise des Wirtschaftsjahres 1955/56 vorgeschlagen. Es bleibt vorbehalten, die geltende Getreidepreisregelung später einer organischen Reform der Reports und der Preisgebiete zuzuführen.

Von den besonderen Maßnahmen des Getreidepreisgesetzes 1955/56 sind die Ermächtigungen, durch Rechtsverordnung die Ausstellung von Schlußscheinen vorzuschreiben, eine Anbietungspflicht einzuführen und Bestimmungen über Auflagen zu treffen, in den vorliegenden Gesetzentwurf übernommen worden (§ 7). Diese Vorschriften sollen vorsorglich sicherstellen, daß die aus der inländischen Ernte zur Verfügung stehenden Brot- und Futtergetreidemengen im Bedarfsfall in dem erforderlichen Umfang für die Versorgung eingesetzt werden können.

Die Lieferprämie für Roggen, der als Brotgetreide Verwendung findet (§ 8), soll beibehalten werden, um die notwendige Annäherung des Roggenpreisniveaus an die Weizenpreise sicherzustellen. Absatz 1 des § 8 wurde dahingehend geändert, daß die Lieferprämie nicht nur für Roggen der Ernte 1956, sondern für den gesamten im Wirtschaftsjahr 1956/57 an vom Bundesminister bestimmte Betriebe und Stellen gelieferten Roggen, der zur Verwendung als Brotgetreide geeignet ist, bezahlt wird; durch diese Änderung sollen sonst hinsichtlich der Lieferprämienerstattung durch die öffentliche Hand auftretende Schwierigkeiten und eine unberechtigte Inanspruchnahme der für die Lieferprämie bereitgestellten Bundesmittel vermieden werden.

158

Deutscher Bundestag
2. Wahlperiode
1953

Drucksache **2426**

Mündlicher Bericht

des Ausschusses für Ernährung, Landwirtschaft und Forsten
(26. Ausschuß)

über den Entwurf eines Gesetzes über Preise für Getreide inländischer Erzeugung für das Getreidewirtschaftsjahr 1956/57 sowie über besondere Maßnahmen in der Getreide- und Futtermittelwirtschaft (Getreidepreisgesetz 1956/57)

- Drucksache 2381 -

Berichterstatter:
Abgeordneter Dr. Horlacher

Antrag des Ausschusses:

Der Bundestag wolle beschließen,

den Gesetzentwurf — Drucksache 2381 — mit den aus der nachstehenden Zusammenstellung ersichtlichen Änderungen und den folgenden Änderungen der Anlage zu § 1 Abs. 4 —

a) unter Land Bayern, Reg.-Bezirk Oberfranken, Landkreise, ist „Lichtenfeld" zu ändern in „Lichtenfels",

b) unter Land Nordrhein-Westfalen, Reg.-Bezirk Düsseldorf, Stadtkreise, ist zwischen „Krefeld" und „Mülheim/Ruhr" einzufügen:
„Leverkusen R IV W IV" —,

im übrigen unverändert nach der Vorlage anzunehmen.

Bonn, den 6. Juni 1956

Drucksache bitte zum Vorgang nehmen.

Der Ausschuß für Ernährung, Landwirtschaft und Forsten

Bauknecht	Dr. Horlacher
Vorsitzender	Berichterstatter

Druck: Bonner Universitäts-Buchdruckerei, Bonn
Alleinvertrieb: Dr. Hans Heger, Bad Godesberg, Rheinallee 20, Telefon 3551

Zusammenstellung

des Entwurfs eines Gesetzes über Preise für Getreide inländischer Erzeugung für das Getreidewirtschaftsjahr 1956/57 sowie über besondere Maßnahmen in der Getreide- und Futtermittelwirtschaft (Getreidepreisgesetz 1956/57)

- Drucksache 2381 -

mit den Beschlüssen des Ausschusses für Ernährung, Landwirtschaft und Forsten

(26. Ausschuß)

Entwurf	Beschlüsse des 26. Ausschusses
§ 3 Sicherung der Preise für Getreide	§ 3 Sicherung der Preise für Getreide
(1) Zur Sicherung der Mindestpreise dieses Gesetzes hat die Einfuhr- und Vorratsstelle für Getreide und Futtermittel (Einfuhr- und Vorratsstelle) ihr vom Erzeuger angebotenes Getreide, außer Saatgetreide, zum Mindestpreis zu übernehmen, soweit dieser Preis im freien Verkehr nicht erzielt werden kann. Kann dieser Preis in einem Gebiet außerhalb des Erzeugungsgebietes erzielt werden, so kann die Einfuhr- und Vorratsstelle unter Wegfall ihrer Übernahmeverpflichtung einen Beitrag zu den Kosten der Beförderung des Getreides ab Übergabeort oder Verladestelle des Erzeugers und den durch diese Beförderung entstehenden Nebenkosten zahlen, um den Absatz des Getreides zum Mindestpreis zu ermöglichen. Hierzu erläßt der Bundesminister Richtlinien im Einvernehmen mit dem Bundesminister für Wirtschaft *und* dem Bundesminister der Finanzen.	(1) Zur Sicherung der Mindestpreise dieses Gesetzes hat die Einfuhr- und Vorratsstelle für Getreide und Futtermittel (Einfuhr- und Vorratsstelle) ihr vom Erzeuger angebotenes Getreide, außer Saatgetreide, zum Mindestpreis zu übernehmen, soweit dieser Preis im freien Verkehr nicht erzielt werden kann. Kann dieser Preis in einem Gebiet außerhalb des Erzeugungsgebietes erzielt werden, so kann die Einfuhr- und Vorratsstelle unter Wegfall ihrer Übernahmeverpflichtung einen Beitrag zu den Kosten der Beförderung des Getreides ab Übergabeort oder Verladestelle des Erzeugers und den durch diese Beförderung entstehenden Nebenkosten zahlen, um den Absatz des Getreides zum Mindestpreis zu ermöglichen. Hierzu erläßt der Bundesminister Richtlinien im Einvernehmen mit dem Bundesminister für Wirtschaft, dem Bundesminister der Finanzen **und dem Bundesminister für Verkehr.**

Entwurf

(2) Die Einfuhr- und Vorratsstelle hat Getreide, außer Saatgetreide, an Verarbeiter und Verbraucher zu den in diesem Gesetz festgesetzten Höchstpreisen zuzüglich üblicher Handelsspannen abzugeben, wenn eine Versorgung zu diesem Preis im freien Verkehr nicht möglich ist.

(3) Qualitätszu- und -abschläge sind sowohl bei der Aufnahme zu Mindestpreisen als auch bei der Abgabe zu Höchstpreisen zu berücksichtigen.

(4) Im allgemeinen hat die Einfuhr- und Vorratsstelle die Aufgabe, durch Aufnahme oder Abgabe von Getreide inländischer Erzeugung, außer Saatgetreide, durch Vorratshaltung oder Abgabe von Auslandsgetreide und durch sonstige geeignete Maßnahmen dafür zu sorgen, daß die durch dieses Gesetz festgesetzten Preisgrenzen innegehalten werden.

§ 6

Qualitätsklassen, Zu- und Abschläge

(1) Der Bundesminister kann im Einvernehmen mit dem Bundesminister für Wirtschaft und mit Zustimmung des Bundesrates durch Rechtsverordnung Bestimmungen über

1. Merkmale der durchschnittlichen, besseren und geringeren Beschaffenheit des Getreides sowie über *die* Art der Feststellung dieser Merkmale,
2. Höhe der Zu- und Abschläge für Getreide besserer und geringerer Beschaffenheit

treffen.

(2) Die Zu- und Abschläge dürfen den Wert nicht übersteigen, welcher der Erhöhung oder Minderung des Nutzungswertes von Getreide durchschnittlicher Beschaffenheit entspricht.

(3) Der Bundesminister kann im Einvernehmen mit dem Bundesminister für Wirtschaft und mit Zustimmung des Bundesrates durch Rechtsverordnung die in § 4 Abs. 1 geregelten Höchstzuschläge für anerkanntes Saatgut von Gerste erhöhen, wenn und soweit diese Höchstzuschläge den gemäß Absatz 1 Nr. 2 für Braugerste festgesetzten Zuschlägen nicht mehr entsprechen.

Beschlüsse des 26. Ausschusses

(2) unverändert

(3) unverändert

(4) unverändert

§ 6

Qualitätsklassen, Zu- und Abschläge

(1) Der Bundesminister kann im Einvernehmen mit dem Bundesminister für Wirtschaft und mit Zustimmung des Bundesrates durch Rechtsverordnung Bestimmungen über

1. Merkmale der durchschnittlichen, besseren und geringeren Beschaffenheit des Getreides sowie über Art **und Zeitpunkt** der Feststellung dieser Merkmale,
2. Höhe der Zu- und Abschläge für Getreide besserer und geringerer Beschaffenheit

treffen.

(2) unverändert

(3) unverändert

Entwurf

§ 8

Lieferprämie für Roggen

(1) Um die Verwendung von Roggen als Brotgetreide oder Saatgut oder zur Herstellung von Nähr- oder Kaffeemitteln zu sichern, wird dem Erzeuger für Roggen, der zur Verwendung als Brotgetreide geeignet ist und den der Erzeuger an vom Bundesminister bestimmte Betriebe und Stellen liefert, eine Lieferprämie von 20 Deutsche Mark je tausend Kilogramm vom Bund gezahlt.

(2) Der Bundesminister wird ermächtigt, durch Rechtsverordnung mit Zustimmung des Bundesrates das Nähere über die Zahlung *und* Erstattung der Lieferprämien zu regeln. Die Erstattung der Lieferprämien an den Käufer kann von bestimmten Fristen abhängig gemacht werden, innerhalb derer er das Getreide weitergeliefert, übernommen oder seine Erstattungsansprüche angemeldet haben muß. Bei vom Bundesminister nach Absatz 1 bestimmten Verarbeitungsbetrieben, die nicht Mühlen sind, kann die Erstattung außerdem auf bestimmte Getreidemengen beschränkt werden.

(3) § 18 des Getreidegesetzes in der Fassung vom 24. November 1951 findet Anwendung.

Beschlüsse des 26. Ausschusses

§ 8

Lieferprämie für Roggen

(1) unverändert

(2) Der Bundesminister wird ermächtigt, durch Rechtsverordnung mit Zustimmung des Bundesrates das Nähere über die Zahlung, Erstattung **und Rückzahlung** der Lieferprämien zu regeln. Die Erstattung der Lieferprämien an den Käufer kann von bestimmten Fristen abhängig gemacht werden, innerhalb derer er das Getreide weitergeliefert, übernommen oder seine Erstattungsansprüche angemeldet haben muß. Bei vom Bundesminister nach Absatz 1 bestimmten Verarbeitungsbetrieben, die nicht Mühlen sind, kann die Erstattung außerdem auf bestimmte Getreidemengen beschränkt werden.

(3) unverändert

160

Deutscher Bundestag
2.Wahlperiode
1953
- 26.Ausschuss -

Protokoll Nr.102

Kurzprotokoll

der 102.Sitzung

des Ausschusses für Ernährung, Landwirtschaft und Forsten

am Montag, dem 4.6.1956 - 15.00 Uhr - Bonn, Bundeshaus

Vorsitz: Abg.Bauknecht (CDU/CSU)

Anwesend

CDU/CSU:

Abg.Bauknecht
" Bauereisen
" Bauer
" Gibbert
" Dr.Horlacher
" Dr.Jochmus
" Knobloch
" Mensing
" Mühlenberg
" Schrader
" Struve
" Teriete
" Wehking
" Schwarz (f.Burgemeister)
" Schulze-Pellengahr (f.Dr.Siemer)
" Fuchs (f.Wacher)

SPD:

Abg.Kriedemann
" Höhne
" Müller (Worms)
" Dr.Schmidt
" Seither
" Strobel
" Frehsee (f.Dr.Baade)

FDP:

Abg.Frühwald
" Mauk

GB/BHE:

Abg.Elsner

DP:

Abg.Müller (Wehdel)

DA:

Abg.Hepp

weitere Abg.:

Meyer, Phil.; Richarts — CDU/CSU

Bundesrat:

MR Dr.Steiger
ORR Dr.Zitzmann
Ldw.Dir.Haas
RR Feldheim
RR Dr.Meyer-Arndt

Bundesregierung:

Staatssekretär Dr.Sonnemann
MinDir.Dr.Herren
und verschied.Vertreter des BML, BMF, BMJ, BMA

Tagesordnung:

1.) Bericht des BML über die Lage der Imker;

2.) Antrag der Abg.Dr.Horlacher und Genossen betr. Massnahmen nach dem Grünen Bericht - Drucksache 2320 -

-2-

DB 14281 - 6.56

3a) Getreidepreisgesetz 1956/57
- Drucksache 2381 -

b) Antrag der Fraktion der DP
betr. Qualitätsbestimmungen für Brotgetreide, Abzüge wegen Überfeuchtigkeit und Besatz
- Drucksache 2239 -

4.) Kartellgesetz - Drucksache 1158 -

5.) Antrag der Abg.Varelmann und Genossen: Entwurf eines Gesetzes zur Regelung von Heuerlingsverhältnissen - Drucksache 2049 -

----

Pkt.1: Lage der Imker

Reg.Dir. Dr.Rinecker (BML) gibt einen Bericht über die Lage der Imker und stellt dabei fest, dass diese in den letzten Jahren sehr ungünstig gewesen ist Witterungs- und sonstige ungünstige Verhältnisse haben zu einer erheblichen Verminderung der Bienenbestände geführt.
Es werden von ihm folgende Bestandszahlen angegeben:

1937/38	=	1 438 000
1953	=	1 600 000
1955	=	1 308 000

Zur Verbesserung der Leistung der Bienenzucht/sind in dem derzeitigen Haushalt 50 000 DM zur Vermehrung der Belegstellen eingesetzt worden. In den Jahren 1951 - 55 sind für etwa 70 000 DM Forschungsaufträge erteilt worden. Ausserdem ist die Umsatzsteuerfreiheit für Bienenzucker von 5 kg auf 7,5 kg erhöht worden. Bei einer Eigenerzeugung im Durchschnitt von etwa 10 - 13 000 t (50 - 60 Mill.DM) betrug die Einfuhr im Jahre 1955 = 30 000 t. Reg.Dir.Dr.Rinecker betont, dass der Hauptwert der Bienenzucht in der Befruchtung der Obstbäume und Grassämereien liege. Abschliessend stellt er fest, dass es die Imker in den letzten Jahren sehr schwer gehabt haben und eine vermehrte Hilfe durchaus gerechtfertigt sei.
In der Aussprache verweist Frau Abg.Strobel auf die Eingabe des Imkerbundes und stellt fest, dass die Imker eine Berücksichtigung im Grünen Plan erwartet hätten. Sie ist der Ansicht, dass eine grosszügige Hilfe notwendig ist, da die 50 000 DM im Haushalt keinesfalls ausreichen. Abg.Schulze-Pellengahr weist auf die Schädigung durch

die giftigen Spritzmittel hin. Der Vorsitzende betont, dass die vom Bund zur Verfügung gestellten Mittel in keinem Verhältnis zu dem grossen Nutzen der Bienen stehen. Man sollte prüfen, ob man nicht im nächsten Haushalt eine grössere Summe bereitstellen könnte und untersuchen, ob nicht Möglichkeiten im nächsten Grünen Bericht gegeben sind.

Staatssekretär Dr.Sonnemann weist darauf hin, dass über den volkswirtschaftlichen und landwirtschaftlichen Wert der Bienenzucht kein Zweifel bestehen könne und dass eine Förderung der Bienenzucht gerade im jetzigen Stadium notwendig sei.Mehr Haushaltsmittel im Etat bereitzustellen, sei gescheitert. Die 50 000 DM seien nur eine Art Merkposten. Das BML wird bemüht sein, im nächsten Haushalt mehr Mittel zur Förderung der Bienenzucht einzusetzen. Ausserdem sei zu überlegen, ob man nicht die Imker in den Obstbaugebieten oder die, die dort hinwandern, besonders unterstützt. Diese Frage soll mit den Imkern selbst nochmals geklärt werden. Das BML könnte dann darüber berichten.

Nachdem der Vorsitzende den einheitlichen Wunsch des Ausschusses dahingehend feststellt, dass künftighin für die Bienenzucht mehr getan werden sollte, erklärt Frau Abg.Strobel, dass die Möglichkeit bestünde, einen Antrag in der 2.Beratung des Haushaltsgesetzes zu stellen, um für dieses Jahr noch helfen zu können.

Pkt.2: Massnahmen nach dem Grünen Bericht - Drucksache 2320 -
Sicherung der Milcherzeugung - Drucksache 1971 -

Nach den erfolgten Beratungen vom 1.6.1956 steht zu obigem Antrag (Drucksache 2320)nur noch die Beschlussfassung aus.

Der Ausschuss beschliesst auf Vorschlag des Vorsitzenden, dem Antrag zuzustimmen und ihn der Bundesregierung zur Berücksichtigung zu übergeben.

Abg.Frühwald bittet den Ausschuss, anschliessend den Antrag betr. Sicherung der Milcherzeugung - Drucksache 1971 - zu behandeln und ihn gleichzeitig der Bundesregierung zur Berücksichtigung mit folgender Massgabe zu übergeben: Die Ziffern 1, 2, 3 und 5 seien durch den Grünen Bericht erledigt; Ziffer 4 solle die Berücksichtigung der Bundesregierung finden.

Der Vorsitzende stellt im Einverständnis des Ausschusses fest, dass er diesen Antrag auf die Tagesordnung des Ausschusses Ende Juni setzen werde und dass dabei das BML auch einen Bericht über die Auswirkungen der Umsatzsteuerbefreiung für Milch geben sollte. Desgleichen soll dabei der Antrag betr. Hilfsmassnahmen für die Landwirtschaft - Drucksache 1848 - zur Behandlung kommen.

Pkt.3a: Getreidepreisgesetz 1956/57 - Drucksache 2381 -

Nachdem die allgemeine Aussprache über das Gesetz am 7.5.1956 stattgefunden hat, tritt der Ausschuss in die Einzelberatungen ein:

§ 1 - Der Vorsitzende gibt auszugsweise das Schreiben des Zentralverbandes des Deutschen Getreidehandels vom 30.5.1956 bekannt, in dem dieser vorschlägt, dass, ausgehend von der Überlegung, dass die Lagerhaltung durch die Wirtschaft im September beginnt, für die Monate von September bis einschliesslich Januar die verfügbaren Gesamtreports auf die einzelnen Monate mit je 5,40 DM gleichmässig verteilt werden sollten.
Der Ausschuss beschliesst, im Augenblick keine Änderungen vorzunehmen, sondern verweist auf seinen Beschluss vom 7.5.1956, nach den Parlamentsferien den Gesamtkomplex der Getreidepolitik eingehend zu behandeln, um dabei evtl. zu neuen Wegen zu kommen. § 1 wird unverändert angenommen.

§ 2 - Abg.Dr.Horlacher stellt zur Erwägung, ob man den Mindestpreis für Futterhafer auf 310,-- und für Industriehafer auf 325,--DM festsetzen sollte. Da der Ausschuss aber durch diese Massnahme eine Belebung des Haferanbaues befürchtet, erfolgt keine Änderung dieses Paragraphen.

§ 3 - Hier wird auf Vorschlag des BML am Ende des Absatzes 1 angefügt: "und dem Bundesminister für Verkehr".
Im übrigen wird der Paragraph unverändert angenommen.

§§ 4, 5 - Unverändert angenommen.

§ 6 - Hier wird zur Klarstellung auf Wunsch der Wirtschaft im Absatz 1 Ziff.1 hinter dem Wort "Art" eingefügt: "und Zeitpunkt". Sonst unverändert angenommen.

§ 7 - Unverändert angenommen.

§ 8 - Auch hier wird auf Wunsch der Wirtschaft im Absatz 2 hinter dem Wort "Erstattung" eingefügt "und Rückzahlung".

§§ 9, 10, 11 - Unverändert angenommen.

In der Anlage zu § 1 Abs. 4 sind folgende redaktionelle Änderungen vorzunehmen:

a) unter Land Bayern, Reg.-Bezirk Oberfranken, Landkreise, ist "Lichtenfeld" zu ändern in "Lichtenfels",

b) unter Land Nordrhein-Westfalen, Reg.-Bezirk Düsseldorf, Stadtkreise, ist zwischen "Krefeld" und "Mülheim/Ruhr" einzufügen:

"Leverkusen R IV W IV".

Auf Vorschlag von Abg.Hepp beschliesst der Ausschuss, von einer Generaldebatte nach den Parlamentsferien abzusehen und den Gesamtkomplex der Getreidepolitik anhand der Vorlage des neuen Getreidepreisgesetzes im September zu behandeln. Dabei soll auch der Vorschlag der Abgeordneten Knobloch und Dr.Horlacher zur Diskussion gestellt werden, in § 5 Abs.2 anstatt "können" zu setzen "sind".

Abg.Dr.Horlacher gibt dem Ausschuss bekannt, dass er sich im Ältestenrat dafür einsetzen werde, dass die 2. und 3.Beratung des Gesetzes noch in dieser Woche stattfindet.

Pkt.3 b: Qualitätsbestimmung, Überfeuchtigkeit und Besatz von Getreide - Drucksache 2239 -

Berichterstatter im Plenum: Abg.Dr.Horlacher

Nach einer Begründung des Antrages durch Abg.Müller (Wehdel) berichtet MR Dr.Baath (BML), dass die 2.DVO in vier Hauptpunkten geändert werden wird. Die Änderungen sind folgende:

1. Besatz,
2. Hektolitergewicht,
3. Feuchtigkeitsgehalt,
4. Probenahme und Feststellung der Feuchtigkeit.

Nach Ausführung von MR Dr.Baath liegt der Durchschnittsfeuchtigkeitsgehalt bei 16,2 und 16,3%. Die normale Verwendung der Lagerfähigkeit (etwa 2 Monate zu lagern) liege bei 16%. Der Trocknungsgrad für die Einlagerung bei der EVSt müsse jedoch höher liegen. Nach Auffassung des BML sollte man unterscheiden in:

einfache Bearbeitung	-	16,5 - 17.4%
besondere Trocknung	-	ab 17,4%

Bei Zugrundelegung einer Menge von 1,5 Mill. im Jahre 1955/56 ergebe sich ein Abschlag von 46,37 Mill.DM. Bei Zugrundelegung derselben Menge würde der Abschlag nach der vom BML vorgesehenen Regelung (16,5 - 17,4%, ab 17,4%) 800.000 DM weniger betragen. Die Verhandlungen über das neue System sind mit dem BMF und BMW noch im Gange. Es bestehen noch einige unterschiedliche Auffassungen.

Den Mitgliedern des Ausschusses wird eine Zusammenstellung über die Festsetzung von Zu- und Abschlägen für geringeren und höheren Feuchtigkeitsgehalt je 100 kg Brotgetreide der Ernte 1956 übergeben und zwar der Vorschlag des BML mit Datum vom 30.5.1956 und der Vorschlag des Deutschen Bauernverbandes vom 17.3.1956.

Nach Vorschlag des Deutschen Bauernverbandes würden bei Zugrundelegung derselben Menge wie oben und derselben Feuchtigkeitsgrade wie 1955/56 die Abschläge 5 Mill. weniger betragen. Diese Summe müsste dann von den Mühlen oder der EVSt getragen werden.

Nach Angaben von ORR Dr.Klamser (BMF) hat die EVSt im letzten Jahr etwa 50,-- DM je t aufgenommenes Getreide zu tragen gehabt. Die Aufschlüsselung ist folgende:

Aufnahme und Absetzen	16,--
Vorfracht	10,--
Umlagerungsfracht..........	10,--
Ablauffracht	8,--
3 Monate Lagerungs- und Finanzierungskosten	12,--
Trocknungskosten	9,--
2% Schwund durch Trocknung .	8,--
	63,-- je t
	- 13,20 (durch Zuschläge)
	DM 49,80

Die Einlagerungsmenge betrug:

1950/51	192 000 t
1951/52	266 000 t
1952/53	639 000 t
1953/54	550 000 t
1954/55	1 391 000 t
1955/56	960 000 t

RR Dr.Mehlhaus (BMW) stellt fest, dass die Produktionskosten der Mühlen auf keinen Fall erhöht werden dürften.

In der Diskussion werden folgende Punkte besonders hervorgehoben:

a) Nach Steigerung der Kosten und Senkung der Erlöse dürfe man nicht mit 1,85 DM beginnen, sondern erheblich niedriger. (Abg.Schwarz)

b) Ist eine Brotpreiserhöhung zu erwarten? (Frau Abg.Strobel)

c) Es müsse verhindert werden, dass der Käufer die Erhöhung zu tragen hat. (Abg.Müller (Wehdel))

d) Die Untersuchungsmethoden müssen einheitlich sein. (Abg.Dr.Horlacher)

e) Man sollte bei 16,8% anfangen und staffeln. (Abg.Schrader)

f) Es wird die Frage nach zinsverbilligten Mitteln zur Errichtung von Lagerbauten gestellt. Träger sollten Handel und Genossenschaften sein. Abg.Richarts ist bereit, auf Anfrage von Staatssekretär Dr.Sonnemann entsprechende Vorschläge zu machen. (Abg.Richarts)

Staatssekretär Dr.Sonnemann betont, dass nach der neuen DVO die Beanstandungen bereits in der 1.Handelsstufe erfolgen sollen.

Der Ausschuss beschliesst, in der heutigen Sitzung noch nicht Stellung zu nehmen, sondern die angesprochenen Fragen in der nächsten Sitzung am 6.6.1956 abschliessend zu behandeln.

Pkt.4: Kartellgesetz - Drucksache 1158 -

Es wird beschlossen, das Gesetz als Pkt. 1 in der Sitzung am 6.6.56 zu behandeln. An den bisherigen Beschlüssen sollte man grundsätzlich nichts mehr ändern, höchstens eine neu aufgetretene Spezialfrage klären und die drei offengebliebenen Punkte (§§ 74, 75 Abs.4 und 5) beraten.

Ende der Sitzung: 18.20 Uhr

Bonn, den 6.6.1956 gez.Bauknecht

164

BUNDESRAT
Agrarausschuß
A 055/56

Bonn, den 7.Juni 1956

Niederschrift
über die 132.Sitzung des Agrarausschusses
des Bundesrates am 7.Juni 1956

- Tagesordnung -

1. Sechste Durchführungsverordnung zum Tierzuchtgesetz über die Körung von Bullen
   - BR.-Drucks.Nr.178/56 -

2. Preiserhöhungen für Grundnahrungsmittel
   - BR.-Drucks.Nr.202/56 -

3. Gesetz über die Liquidation der Deutschen Rentenbank und über weitere Maßnahmen zur Abwicklung der landwirtschaftlichen Entschuldung
   - BT.-Drucks.Nr.1870 und 2361 -

4. Bericht des Bundesministeriums für Ernährung, Landwirtschaft und Forsten über die Preiskonvention der Mühlen und über das Mühlenkartell

Außerhalb der Tagesordnung:

5. Entwurf eines Gesetzes über Preise für Getreide inländischer Erzeugung für das Getreidewirtschaftsjahr 1956/57 sowie über besondere Maßnahmen in der Getreide- und Futtermittelwirtschaft (Getreidepreisgesetz 1956/57)
   - BT.-Drucks.Nr.2381 -

6. Entwurf eines Achten Gesetzes zur Änderung des Lastenausgleichsgesetzes

- - - - -

Anwesend:

Mitglieder des Ausschusses bezw. deren Stellvertreter:

Ministerialrat Raidt	Baden-Württemberg
Regierungsdirektor Olearius	Bayern
Regierungsrat Feldheim	Berlin
Oberregierungsrat Dr. Korhammer	Bremen
Oberregierungsrat Dr. Weber	Hamburg
Regierungsdirektor Dr. Haas	Hessen
Oberregierungsrat Schulze	Niedersachsen
Ministerialdirigent Dr. Peren	Nordrhein-Westfalen
Ministerialrat Dr. Schneider	Rheinland-Pfalz
Oberregierungsrat Dr. Kunze	Schleswig-Holstein

- - - -

Vorsitz:

Ministerialdirigent Dr. P e r e n , Nordrhein-Westfalen

- - - - -

Punkt 1:

Sechste Durchführungsverordnung zum Tierzuchtgesetz über die Körung von Bullen - BR.-Drucks. Nr. 178/56 -

Nach eingehender Erörterung der vom Unterausschuß des Agrarausschusses vorgeschlagenen Änderungen und der sich hieraus ergebenden Fragen werden, vorbehaltlich der endgültigen Beschlußfassung in der nächsten Ausschuß-Sitzung, folgende Änderungen der Vorlage in Aussicht genommen:

1. Zu § 1:

   § 1 Satz 2 ist wie folgt zu ändern:

   "Bei Bullen der in § 4 genannten Rassen müssen außerdem das Muttertier und die Großmuttertiere mindestens die für die Leistungsklasse III vorgeschriebenen Leistungen aufweisen."

2. Zu § 2:

   § 2 ist zu streichen.

3. Zu § 3:

   In § 3 Abs.2 ist vor dem Wort:

   "...Zuchtwertklasse..."
   einzufügen:

   "...jeweilige...".

4. Zu § 4:

   a) § 4 ist wie folgt zu ändern:

   " § 4
   Leistungsklassen

   Die Leistungsklasse eines Bullen der nachstehend aufgeführten Rassen richtet sich nach der mittleren Lebensleistung seines Muttertieres und seiner Großmuttertiere. Die mittlere Lebensleistung ist die durchschnittliche Tagesleistung an Milch und Fett vom Tage des ersten Abkalbens an, die durch Vervielfältigung mit 365 auf einen Jahresdurchschnitt umgerechnet wird:

   .... (Tabelle wie im Regierungsentwurf)."

   b) § 4 Abs.2 ist zu streichen.

5. Zu § 5:

§ 5 ist wie folgt zu ändern:

" § 5

Einstufung in Leistungsklassen

(1) Bei der Einstufung in die Leistungsklasse ist, unbeschadet der Absätze 2 bis 4, die mittlere Lebensleistung des Mutter- oder des Großmuttertieres maßgebend, die der jeweils niedrigsten Leistungsklasse entspricht.

(2) Eine Einstufung in die Leistungsklasse II ist auch zulässig, wenn das Muttertier und ein Großmuttertier die Voraussetzungen der Leistungsklasse I, das andere Großmuttertier jedoch nur die der Leistungsklasse III erfüllt.

(3) Ein Bulle kann jedoch eingestuft werden

1. in die Leistungsklasse I, wenn das Muttertier und beide Großmuttertiere folgende Mindestleistungen und Abkalbungen aufweisen:
   .....(Tabelle wie im Regierungsentwurf),
2. in die Leistungsklasse II, wenn das Muttertier die in Nr.1 genannten Mindestleistungen und Abkalbungen aufweist und beide Großmuttertiere mindestens die Anforderungen der Leistungsklasse III erfüllen.

(4) Bullen des Höhenfleckviehs, des Roten, des Graubraunen und des Einfarbig gelben Höhenviehs, der Pinzgauer, der Vorderwälder und der Hinterwälder Rasse sind in die Leistungsklasse III einzustufen, wenn die Leistungen eines oder beider Großmuttertiere nicht zu ermitteln sind, das Muttertier jedoch

1. die in Absatz 3 Nr.1 genannten Mindestleistungen und Abkalbungen aufweist oder
2. mindestens die Anforderungen der Leistungsklasse II erfüllt."

6. Zu § 6:

a) Die Überschrift von § 6 ist wie folgt zu ändern:

"Berechnung der mittleren Lebensleistung".

b) § 6 Abs.1 und 2 sind zu streichen.

c) § 6 Abs.3, 4, 5, 6 und 8 sind wie folgt zu ändern:

"(3) Bei der Feststellung der mittleren Lebensleistung einer Erstlingskuh (Färse) ist bei Niederungsvieh ein Zuschlag von 10 vom Hundert und bei Höhenvieh von 20 vom Hundert zur tatsächlich erbrachten Milch- und Fettmenge hinzuzurechnen. Bei Kühen, die das ganze Jahr hindurch zu allen anfallenden Gespannarbeiten regelmäßig herangezogen worden sind (Arbeitskühe) und bei Kühen, die mindestens drei Monate im Jahr auf einer Alm gewesen sind (Almkühe) wird für das betreffende Jahr ein Zuschlag von 500 kg Milch und 20 kg Fett hinzugerechnet. Liegen die Voraussetzungen für beide Arten von Zuschlägen vor, ist der höhere Zuschlag maßgebend.

(4) Bei der Errechnung der mittleren Lebensleistung bleiben die Ergebnisse eines Kalenderjahres, die unter 60 vom Hundert der bisherigen mittleren Lebensleistung an Fettkilogramm liegen, außer Betracht, wenn die Minderleistung auf Verkalben, auf Maul- und Klauenseuche oder auf einer anderen schweren Erkrankung beruht; dies gilt nicht, wenn die Minderleistung nur durch Ausbleiben der Trächtigkeit bedingt ist. Beeinträchtigte Leistungen sind in den Körunterlagen besonders zu kennzeichnen.

(5) Ist die mittlere Lebensleistung eines oder beider Großmuttertiere nicht zu ermitteln, so ist, unbeschadet des § 5 Abs.4, jeweils die Leistung von dessen Muttertier zugrunde zu legen.

(6) Kann des vorzeitigen Todes des Muttertieres oder wegen veterinärpolizeilicher Sperrmaßnahmen die mittlere Lebensleistung des Muttertieres nicht ermittelt werden, so gilt die mittlere Lebensleistung seines Muttertieres als seine Leistung."

(7) unverändert wie im Regierungsentwurf.

(8) Bei Mutter- und Großmuttertieren, die mindestens die Anforderungen der Leistungsklasse III erfüllen, ist bei der Berechnung der mittleren Lebensleistung von der 5. bis 7. Abkalbung ein Zuschlag von 200 Milchkilogramm und 8 Fettkilogramm und von der 8. Abkalbung ab ein Zuschlag von 300 Milchkilogramm und 12 Fettkilogramm hinzuzurechnen."

7. Zu § 8:

§ 8 ist zu streichen.

8. Zu § 9:

§ 9 ist wie folgt zu ändern:

" § 9
Übergangsvorschriften

Für die Körung von Bullen, die vor dem 1.September 1956 geboren sind, sind bis zum 31.August 1960 die Vorschriften der Zweiten Durchführungsverordnung zum Tierzuchtgesetz vom 31.März 1951 (Bundesanzeiger Nr.68 vom 10.April 1951) und der Verordnung über Mindestleistungen bei der Körung von Bullen in Schleswig-Holstein vom 14.April 1953 (Bundesanzeiger Nr.74 vom 18.April 1953) anzuwenden."

9. Zu § 10:

a) § 10 ist zu streichen.

b) Hinter dem bisherigen § 10 ist folgender neuer § 10 a einzufügen:

" § 10 a

Verfahren bei der Ermittlung der Leistungen

Die Leistungen der weiblichen Vorfahren sind nach einem fachlich einwandfreien Verfahren zu ermitteln. Als solches gilt das von der Deutschen Landwirtschafts-Gesellschaft in ihrer Grundregel über die Durchführung von Milchleistungsprüfungen für Rinder niedergelegte und vom Bundesminister für Ernährung, Landwirtschaft und Forsten anerkannte Verfahren."

Zu § 4 Abs.1 schlägt der Vertreter des Landes Nordrhein-Westfalen vor, die für die Leistungsklasse des Bullen maßgebliche Milch- und Fettleistung seiner weiblichen Vorfahren als Jahresdurchschnittsleistung zu bezeichnen, wodurch sich an der vorgesehenen Methode ihrer Ermittlung (mittlere Lebensleistung) nichts ändern soll. Außerdem schlägt er die Ergänzung des § 9 durch eine weitere Überleitungsvorschrift vor, die den Tierzuchtverbänden seines Landes gestattet, die Leistungswerte für eine Übergangszeit alternativ nach der Methode mittlere Lebensleistung und der bisher angewandten Methode zu ermitteln.

Eine Abstimmung über diese Vorschläge wird bis zur nächsten Sitzung zurückgestellt.

Im Zusammenhang hiermit wird weiterhin beschlossen, durch die Fachreferenten der Länder feststellen zu lassen, ob die in der Tabelle des § 4 enthaltenen Leistungswerte auch bei ihrer Ermittlung nach der Methode mittlere Lebensleistung beibehalten werden können. Diesbezügliche Mitteilungen sollen dem Sekretariat des Ausschusses bis zum 11.Juni 1956 zugeleitet werden. Ebenso wird Nordrhein-Westfalen formulierte Anträge zu § 4 Abs.1 und zu § 9 dem Sekretariat beschleunigt einreichen.

Der Vertreter des Landes Schleswig-Holstein beantragt, in § 4 einen neuen Absatz 2 folgenden Inhalts aufzunehmen:

" (2) Im Lande Schleswig-Holstein müssen bei den Rassen des Schwarzbunten und des Rotbunten Niederungsviehes die mittlere Lebensleistung des Muttertieres und der Großmuttertiere folgende Mindestanforderungen erfüllen:

	Muttertier			Großmuttertiere		
	Fett kg	Milch kg	Fett v.H.	Fett kg	Milch kg	Fett v.H.
Leistungsklasse I	172	4300	4,0	140	3900	3,6
Leistungsklasse II	148	3900	3,8	126	3600	3,5
Leistungsklasse III	128	3500	3,6	112	3300	3,4. "

Nachdem festgestellt wird, daß dieser Antrag eine Annahme jedenfalls nur dann finden könnte, wenn die vorgeschlagenen höheren Leistungswerte für das Schwarzbunte und das Rotbunte Niederungsvieh allgemein und nicht nur für Schleswig-Holstein eingeführt werden (etwa in Form einer neuen Leistungsklasse S), wird die Abstimmung über diesen Antrag ebenfalls zurückgestellt. Diese Frage soll inzwischen in den Fachreferaten der betreffenden Länder geklärt werden. Der Vertreter des Landes Schleswig-Holstein behält sich eine Neuformulierung seines Antrages vor, die nicht nur eine Erhöhung des Fettgehalts sondern auch der Milchmengen vorsieht, um so die etwaige Leistungsklasse S noch stärker von der Leistungsklasse I abzusetzen; es wird von Schleswig-Holstein weiterhin festgestellt werden, ob bei Annahme seines modifizierten Vorschlags Änderungen in den übrigen Bestimmungen der Vorlage notwendig werden. Das Ergebnis dieser Feststellung und die Neuformulierung sollen möglichst bis zum 11.Juni dem Sekretariat des Ausschusses mitgeteilt werden.

Es wird weiter erwogen, ob die in § 5 Abs.4 (vorstehende Fassung) enthaltene Regelung, die eine Ausnahme von der grundsätzlichen Regelung für bestimmte Rassen vorsieht, nicht in eine (verhältnismäßig kurz befristete) Übergangsvorschrift umgewandelt werden soll. Die Vertreter der betroffenen Länder werden ihre Erklärungen hierzu in der nächsten Ausschußsitzung abgeben.

Von der (ursprünglich vorgesehenen) weiteren Sitzung des Unterausschusses wird abgesehen; die für diese Sitzung beabsichtigte Anhörung des Geschäftsführers der Arbeitsgemeinschaft Deutscher Tierzüchter zu den vorgenommenen Änderungen soll bis zur nächsten Ausschußsitzung durch den Sekretär vorgenommen werden.

Punkt 2:

Preiserhöhungen für Grundnahrungsmittel
- BR.-Drucks.Nr.202/56 -

Nach eingehender Erörterung der mit dem Schreiben des Bayerischen Ministerpräsidenten zusammenhängenden Fragen beschließt der Agrarausschuß einstimmig, die Ergebnisse der Agrarministerkonferenz am 12.Juni 1956 abzuwarten, da dort u. a. die Probleme der Konjunkturpolitik erörtert werden, und seine Beratungen in der nächsten Sitzung fortzusetzen.

Punkt 3:

Gesetz über die Liquidation der Deutschen Rentenbank und über weitere Maßnahmen zur Abwicklung der landwirtschaftlichen Entschuldung - BT.-Drucks.Nr.1870 und 2361 -

Einstimmiger Beschluß: Der Agrarausschuß empfiehlt dem Bundesrat, erneut (vgl.hierzu BR.-Drucks.Nr. 275/55(Beschluß), Abs.8 des Schreibens des Bundeskanzlers an den Präsidenten des Deutschen Bundestages vom 22.November 1955 - BT.-Drucks.Nr.1870 - und den schriftlichen Bericht vom 1.Juni 1956 - zu Drucks.Nr.2361 -) festzustellen, daß dieses Gesetz seiner Zustimmung bedarf,und mithin dem Gesetz gemäß Artikel 84 Abs.1 des Grundgesetzes zuzustimmen.

Punkt 4:

Bericht des Bundesministeriums für Ernährung, Landwirtschaft und Forsten über die Preiskonvention der Mühlen und über das Mühlenkartell

Der Agrarausschuß nimmt den Bericht des Vertreters des BML zur Kenntnis. Dieser teilt insbesondere mit, daß die Arbeitsgemeinschaft Deutscher Handelsmühlen am 7.April 1956 namens der Mühlenkonventionen und im Einvernehmen mit dem Deutschen Müllerbund um Zustimmung zu folgenden Preisanhebungen gebeten hat:

Für den jahresdurchschnittlichen Roggenmehlpreis (R 1370) im Bundesgebiet und für den jahresdurchschnittlichen Weizenmehlpreis (W 550) im Bereich der Hauptgebietskonventionen West und Süd wird eine Erhöhung um 1,50 DM/dz mit der Maßgabe beantragt, daß am 1.Mai 1956 eine Erhöhung um 1,- DM/dz, am 1.Oktober 1956 um weitere 0,25 DM/dz, und am 1.Januar 1957 um weitere 0,25 DM/dz erfolgt.

Für den jahresdurchschnittlichen Weizenmehlpreis (W 550) im Bereich der Hauptgebietskonvention Nord wird eine Erhöhung um 0,75 DM/dz mit der Maßgabe beantragt, daß am 1.Mai 1956 eine Erhöhung um 0,50 DM/dz und am 1.Oktober 1956 um weitere 0,25 DM/dz erfolgt.
(Für Bayern gilt diese Preiserhöhung für Weizenmehl mit der Maßgabe, daß das höchste Weizenmehlpreisgebiet - östliches Bayern - stabil gehalten und zwischen diesem und dem angehobenen Preisniveau am Oberrhein ein angemessenes Gefälle hergestellt wird.

Wegen der bezirklichen Auswirkung der Anhebung des Roggenmehlpreisniveaus südlich des Mains sind noch Einzelfeststellungen im Gange; auch hier soll ein organisches Preisgefälle hergestellt werden.)

Die beantragten Preisanhebungen basieren auf folgenden heute geltenden Preisen:

- 11 -

Für Roggenmehl (Type 1370)	
in den Gebieten Nord und West	DM 50,--,
im Gebiet Süd (außer Bayern)	DM 50,25.
Für Weizenmehl (Type 550)	
im Gebiet Nord	DM 59,75,
im Gebiet West	DM 59,--,
im Gebiet Süd (außer Bayern)	DM 59,25 bis DM 59,50.

Eine Entscheidung über den Antrag der Arbeitsgemeinschaft wurde bisher nicht getroffen, da zur Zeit von den Antragstellern noch Material beschafft wird, das der Unterstützung des Antrags dienen soll. Erst nach Abschluß dieser Bemühungen werden die evtl. Auswirkungen auf den Brotpreis geprüft und Verhandlungen mit dem Backgewerbe aufgenommen werden.

Außerhalb der Tagesordnung:

Punkt 5:

Entwurf eines Gesetzes über Preise für Getreide inländischer Erzeugung für das Getreidewirtschaftsjahr 1956/57 sowie über besondere Maßnahmen in der Getreide- und Futtermittelwirtschaft (Getreidepreisgesetz 1956/57) - BT.-Drucks.Nr.2381 -

Einstimmiger Beschluß: Der Agrarausschuß empfiehlt dem Bundesrat, dem Gesetz gemäß Artikel 84 Abs.1 des Grundgesetzes zuzustimmen.

Hierbei wird vorausgesetzt, daß der Deutsche Bundestag dieses Gesetz in der Fassung des Mündlichen Berichts des Ausschusses für Ernährung, Landwirtschaft und Forsten - BT.-Drucks.Nr. 2426 - verabschiedet +).

+) Dies ist am 7.Juni 1956 geschehen.

Punkt 6:

Entwurf eines Achten Gesetzes zur Änderung des Lastenausgleichggesetzes

Es wird festgestellt, daß voraussichtlich eine Mitberatung dieses Gesetzes durch den Agrarausschuß erforderlich werden wird. Eine Vorberatung durch den Unterausschuß Steuern des Agrarausschusses wird in Aussicht genommen. Nach Möglichkeit soll der Unterausschuß am 20.Juni 1956 während der Referentenbesprechung zusammentreten.

- - - - - - -

Protokollberichtigung

Betr.: Verordnung über eine Statistik der Arbeitskräfte in landwirtschaftlichen Betrieben -BR.-Drucks.146/56 -

In der Niederschrift über die 131.Sitzung des Agrarausschusses am 9.Mai 1956 (Punkt 4 der Tagesordnung) muß auf Seite 6 die Empfehlung unter A 1 Buchst.c wie folgt lauten:

" c) Die Spalten 7, 8, 10, 13 und 14 sind zu streichen."

- - - - - - -

Verteilte Unterlagen:

1. BT.-Drucks.Nr.2426 und 2381 zum Getreidepreisgesetz 1956/57
2. Zu BT.-Drucks.Nr.2361 zum Gesetz über die Liquidation der Detuschen Rentenbank und über weitere Maßnahmen zur Abwicklung der landwirtschaftlichen Entschuldung
3. Druckschrift : ALB-Mitteilungen, Heft Nr.4 und 5
4. Rundschreiben des Deutschen Bauernverbandes e.V. vom 23. April 1956 betr.Fortfall der Umsatzsteuer auf landwirtschaftliche Produkte
5. Abschrift des Schreibens des Hans v.Wacatko, Berlin, vom 15.April 1956 betr. Siebente VO zur Durchführung des Gesetzes zur Regelung der Rechtsverhältnisse der unter Artikel 131 GG fallenden Personen.

- - - - - - -

Dr. Steiger

(Dr.Steiger)

172

B U N D E S R A T
Direktor

BR-Drucks. Nr. 215/56
Bonn, den 8. Juni 1956
Eingegangen beim Bundesrat
am 8. Juni 1956
Zustimmungsgesetz gem. Art. 84
Abs. 1 GG
Fristablauf für Anrufung des Verm.-
Ausschusses: 22. Juni 1956

- A -

A b s c h r i f t

DEUTSCHER BUNDESTAG
Der Präsident

Reg. Bonn, den 8. Juni 1956

[illegible]

1429/56 - 177 [illegible]

An den
Herrn Präsidenten
des Bundesrates
B o n n

Der Deutsche Bundestag hat in seiner 148. Sitzung am 7. Juni 1956 auf Grund des Mündlichen Berichts des Ausschusses für Ernährung, Landwirtschaft und Forsten (26. Ausschuß) den

Entwurf eines Gesetzes über Preise für Getreide inländischer Erzeugung für das Getreidewirtschaftsjahr 1956/57 sowie über besondere Maßnahmen in der Getreide- und Futtermittelwirtschaft
(Getreidepreisgesetz 1956/57)
- Drucksachen 2426, 2381 -

in der anliegenden Fassung angenommen.

Anlage

gez. D. Dr. Gerstenmaier

- - -

An die
Vertretungen der Länder
mit der Bitte um Kenntnisnahme.
Die Anlage zu § 1 Abs. 4 entspricht der Anlage der BT-Drucksache 2381 mit der Maßgabe, daß

a) unter Land Bayern, Reg.-Bezirk Oberfranken, Landkreise, "Lichtenfeld" in "Lichtenfels" zu ändern ist,

b) unter Land Nordrhein-Westfalen, Reg.-Bezirk Düsseldorf, Stadtkreise, zwischen "Krefeld" und "Mühlheim/Ruhr" einzufügen ist "Leverkusen R IV W IV".

gez. Dr. P f i t z

BUNDESRAT

Beglaubigt:
[illegible]
Angestellte

173

BUNDESRAT
Direktor

BR-Drucks. Nr. 215/56
Bonn, den 8. Juni 1956
Eingegangen beim Bundesrat
am 8. Juni 1956
Zustimmungsgesetz gem. Art. 84
Abs. 1 GG
Fristablauf für Anrufung des Verm.-
Ausschusses: 22. Juni 1956

- A -

Gesetz

über Preise für Getreide inländischer Erzeugung für das Getreidewirtschaftsjahr 1956/57 sowie über besondere Maßnahmen in der Getreide- und Futtermittelwirtschaft (Getreidepreisgesetz 1956/57)

Der Bundestag hat mit Zustimmung des Bundesrates das folgende Gesetz beschlossen:

§ 1

Preise für Brotgetreide

(1) Für Brotgetreide (Roggen, Weizen) inländischer Erzeugung werden für die Monate Juli 1956 bis Juni 1957 die nachstehenden Erzeugerpreise in Deutsche Mark je tausend Kilogramm netto ausschließlich Sack festgesetzt, und zwar bei Übergabe frei Übergabeort, bei Versendung frei Verladestelle. Die Mindestbeträge dürfen nicht unterschritten, die Höchstbeträge nicht überschritten werden. Die Preise sind nach demjenigen Preisgebiet zu errechnen, in dem der Übergabeort oder die Verladestelle liegt.

I. Roggen Preisgebiet	R I	R II	R III	R IV
Juli	361-381	365-385	367-387	369-389
August	361-381	365-385	367-387	369-389
September	363-381	367-385	369-387	371-389
Oktober	367-386	371-390	373-392	375-394
November	372-389	376-393	378-395	380-397
Dezember	378-393	382-397	384-399	386-401
Januar	383-397	387-401	389-403	391-405
Februar	386-397	390-401	392-403	394-405
März	388-397	392-401	394-403	396-405
April	388-397	392-401	394-403	396-405
Mai	388-397	392-401	394-403	396-405
Juni	388-397	392-401	394-403	396-405

II. Weizen Preisgebiet	W I	W II	W III	W IV
Juli	401-421	405-425	407-427	409-429
August	401-421	405-425	407-427	409-429
September	403-421	407-425	409-427	411-429
Oktober	407-426	411-430	413-432	415-434
November	412-429	416-433	418-435	420-437
Dezember	418-433	422-437	424-439	426-441
Januar	423-437	427-441	429-443	431-445
Februar	426-437	430-441	432-443	434-445
März	428-437	432-441	434-443	436-445
April	428-437	432-441	434-443	436-445
Mai	428-437	432-441	434-443	436-445
Juni	428-437	432-441	434-443	436-445

(2) Als Weizen im Sinne dieses Gesetzes gilt auch Spelz (Dinkel, Fesen) mit der Maßgabe, daß sich die für Weizen festgesetzten Preise bei gegerbtem Spelz um 10 v.H. erhöhen, bei ungegerbtem Spelz um 25. v.H. ermässigen.

(3) Die Preise für Menggetreide und Mischfrucht dürfen die Mindestbeträge nicht unterschreiten und die Höchstbeträge nicht überschreiten, die sich unter Zugrundelegung der Preise des Absatzes 1 nach dem Mischungsverhältnis ergeben.

(4) Die Preisgebietseinteilung ergibt sich aus der Anlage. Sie wird von einer Änderung der Länder oder der staatlichen Verwaltungsbezirke nicht berührt. Zur Vermeidung von Ungleichheiten und Härten, die sich bei der Durchführung ergeben, kann der Bundesminister für . Ernährung, Landwirtschaft und Forsten (Bundesminister) im Einvernehmen mit dem Bundesminister für Wirtschaft und mit Zustimmung des Bundesrates die Preisgebiete durch Rechtsverordnung anderweitig festsetzen.

§ 2

Preise für Futter- und Industriegetreide
sowie für Braugerste

(1) Für Futter- und Industriegetreide sowie für Braugerste inländischer Erzeugung werden die nachstehenden Erzeugerpreise in Deutsche Mark je tausend Kilogramm netto ausschließlich Sack festgesetzt, und zwar bei Übergabe frei Übergabeort, bei Versendung frei Verladestelle. Die Mindestbeträge dürfen nicht unterschritten, die Höchstbeträge nicht überschritten werden.

Futtergerste	350 - 390
Industriegerste	375 - 400
Braugerste	410 - 440
Futterhafer	300 - 365
Industriehafer	315 - 375.

(2) Industriegerste ist Gerste, die ein Eigengewicht von mindestens 65 Kilogramm je Hektoliter hat und für Zwecke der industriellen Verarbeitung geeignet ist. Industriehafer ist Hafer, der ein Eigengewicht von mindestens 51 Kilogramm je Hektoliter hat und für Zwecke der industriellen Verarbeitung geeignet ist. Braugerste ist Gerste, die insbesondere nach Keimfähigkeit und Eiweißgehalt zur Herstellung von Braumalz geeignet ist. Gerste und Hafer, die diesen Mindestanforderungen nicht entsprechen, gelten als Futtergerste oder Futterhafer.

§ 3

Sicherung der Preise für Getreide

(1) Zur Sicherung der Mindestpreise dieses Gesetzes hat die Einfuhr- und Vorratsstelle für Getreide und Futtermittel (Einfuhr- und Vorratsstelle) ihr vom Erzeuger angebotenes Getreide, außer Saatgetreide, zum Mindestpreis zu übernehmen, soweit dieser Preis im freien Verkehr nicht erzielt werden kann. Kann dieser Preis in einem Gebiet außerhalb des Erzeugungsgebietes

erzielt werden, so kann die Einfuhr- und Vorratsstelle unter Wegfall ihrer Übernahmeverpflichtung einen Beitrag zu den Kosten der Beförderung des Getreides ab Übergabeort oder Verladestelle des Erzeugers und den durch diese Beförderung entstehenden Nebenkosten zahlen, um den Absatz des Getreides zum Mindestpreis zu ermöglichen. Hierzu erläßt der Bundesminister Richtlinien im Einvernehmen mit dem Bundesminister für Wirtschaft, dem Bundesminister der Finanzen und dem Bundesminister für Verkehr.

(2) Die Einfuhr- und Vorratsstelle hat Getreide, außer Saatgetreide, an Verarbeiter und Verbraucher zu den in diesem Gesetz festgesetzten Höchstpreisen zuzüglich üblicher Handelsspannen abzugeben, wenn eine Versorgung zu diesem Preis im freien Verkehr nicht möglich ist.

(3) Qualitätszu- und -abschläge sind sowohl bei der Aufnahme zu Mindestpreisen als auch bei der Abgabe zu Höchstpreisen zu berücksichtigen.

(4) Im allgemeinen hat die Einfuhr- und Vorratsstelle die Aufgabe, durch Aufnahme oder Abgabe von Getreide inländischer Erzeugung, außer Saatgetreide, durch Vorratshaltung oder Abgabe von Auslandsgetreide und durch sonstige geeignete Maßnahmen dafür zu sorgen, daß die durch dieses Gesetz festgesetzten Preisgrenzen innegehalten werden.

§ 4

Preise für Saatgetreide

(1) Für anerkanntes Saatgut von Getreide darf der Verbraucherpreis nachstehende Grundpreise und Höchstzuschläge in Deutsche Mark je tausend Kilogramm netto ausschließlich Sack, und zwar bei Übergabe frei Übergabeort, bei Versendung frei Verladestelle, nicht übersteigen.

Getreideart	Grund-preis	Höchst-zuschlag
Winterroggen (normal)	395	180
Liho-Futterroggen und Heßdorfer Johannesroggen	395	250
Winterroggen Tetra	395	230
Sommerroggen	395	230
Winterweizen	435	160
Sommerweizen	435	190
Spelz (Dinkel, Fesen)	330	190
Wintergerste, 4zeilig	400	160
Wintergerste, 2zeilig, und Sommergerste	440	160
Weißhafer und Gelbhafer	375	180
Schwarzhafer	375	220.

Als anerkanntes Saatgut im Sinne dieses Gesetzes gilt auch mit Erfolg geprüftes Vorstufensaatgut.

(2) Soweit Handelssaatgut oder Behelfssaatgut von Getreide nach dem Saatgutgesetz vom 27. Juni 1953 (Bundesgesetzbl. I S. 450) in Verbindung mit den dazu ergangenen oder noch ergehenden Verordnungen zugelassen wird, darf der Abgabepreis des Herstellers die nachstehenden Grundpreise und Höchstzuschläge in Deutsche Mark je tausend Kilogramm netto ausschließlich Sack, und zwar bei Übergabe frei Übergabeort, bei Versendung frei Verladestelle, nicht übersteigen:

Getreideart	Grundpreis	Höchstzuschlag
Winterroggen	395	45
Sommerroggen, Liho-Futterroggen und Heßdorfer Johannesroggen	395	50
Winterweizen	435	45
Sommerweizen	435	50
Wintergerste, 4zeilig	400	55
Wintergerste, 2zeilig	440	55
Sommergerste	440	45
Weißhafer und Gelbhafer	375	50
Schwarzhafer	375	55

(3) Bei Abgabe in Mengen unter 75 Kilogramm dürfen die Zuschläge des Absatzes 1 höchstens um folgende Kleinmengenzuschläge erhöht werden:

bei Abgabe in Mengen bis 24,9 Kilogramm
3 Deutsche Pfennig je Kilogramm

bei Abgabe in Mengen von 25 bis 49,9 Kilogramm
1,50 Deutsche Pfennig je Kilogramm,

bei Abgabe in Mengen von 50 bis 74,9 Kilogramm
0,75 Deutsche Pfennig je Kilogramm.

§ 5

Beschaffenheit des Getreides

(1) Die Preise der §§ 1, 2 und 4 gelten für gesundes, trockenes Getreide von durchschnittlicher Beschaffenheit.

(2) Für Getreide besserer oder geringerer Beschaffenheit können zu diesen Preisen entsprechend der Erhöhung oder Minderung des Nutzungswertes des Getreides bis zum Erlaß von Vorschriften nach § 6 Abs. 1 Nr. 2 Zu- oder Abschläge vereinbart werden.

§ 6

Qualitätsklassen, Zu- und Abschläge

(1) Der Bundesminister kann im Einvernehmen mit dem Bundesminister für Wirtschaft und mit Zustimmung des Bundesrates durch Rechtsverordnung Bestimmungen über

1. Merkmale der durchschnittlichen, besseren und geringeren Beschaffenheit des Getreides sowie über Art und Zeitpunkt der Feststellung dieser Merkmale,
2. Höhe der Zu- und Abschläge für Getreide besserer und geringerer Beschaffenheit

treffen.

(2) Die Zu- und Abschläge dürfen den Wert nicht übersteigen, welcher der Erhöhung oder Minderung des Nutzungswertes von Getreide durchschnittlicher Beschaffenheit entspricht.

(3) Der Bundesminister kann im Einvernehmen mit dem Bundesminister für Wirtschaft und mit Zustimmung des Bundesrates durch Rechtsverordnung die in § 4 Abs. 1 geregelten Höchstzuschläge für anerkanntes Saatgut von Gerste erhöhen, wenn und insoweit diese Höchstzuschläge den gemäß Absatz 1 Nr. 2 für Braugerste festgesetzten Zuschlägen nicht mehr entsprechen.

§ 7

Schlußschein, Anbietungspflicht, Auflagen

(1) Zur Sicherung der Versorgung der Bevölkerung kann der Bundesminister

1. durch Rechtsverordnung mit Zustimmung des Bundesrates für jeden Verkauf von Roggen, Weizen oder Gemenge von Roggen und Weizen, von Gerste, Hafer und Futtermenggetreide die Ausstellung eines Schlußscheines durch den Käufer vorschreiben sowie Vorschriften über Form, Inhalt, Auswertung und Verbleib des Schlußscheines erlassen,
2. im Bedarfsfalle durch Rechtsverordnung mit Zustimmung des Bundesrates vorschreiben, daß und inwieweit in Verkehr gebrachte Erzeugnisse der in Nummer 1 genannten Art in verarbeitetem oder unverarbeitetem Zustand bestimmten Betrieben oder Stellen zum Kauf anzubieten sind,
3. im Bedarfsfalle durch Rechtsverordnung mit Zustimmung des Bundesrates Vorschriften für die Weiterlieferung, Verteilung und Verwendung der in Nummer 1 genannten Erzeugnisse durch gewerbliche Unternehmen erlassen. Der Bundesminister kann einzelnen gewerblichen Betrieben durch Verfügung Auflagen für die Weiterlieferung, Verteilung und Verwendung der genannten Erzeugnisse erteilen, sofern eine übergebietliche Regelung erforderlich ist; andernfalls können die Auflagen durch die oberste Landesbehörde erteilt werden.

(2) § 18 des Getreidegesetzes in der Fassung vom 24. November 1951 (Bundesgesetzbl. I S. 900) findet Anwendung.

§ 8

Lieferprämie für Roggen

(1) Um die Verwendung von Roggen als Brotgetreide oder Saatgut oder zur Herstellung von Nähr- oder Kaffeemitteln zu sichern, wird dem Erzeuger für Roggen, der zur Verwendung als Brotgetreide geeignet ist und den der Erzeuger an vom Bundesminister bestimmte Betriebe und Stellen liefert, eine Lieferprämie von 20 Deutsche Mark je tausend Kilogramm vom Bund gezahlt.

(2) Der Bundesminister wird ermächtigt, durch Rechtsverordnung mit Zustimmung des Bundesrates das Nähere über die Zahlung, Erstattung und Rückzahlung der Lieferprämien zu regeln. Die Erstattung der Lieferprämien an den Käufer kann von bestimmten Fristen abhängig gemacht werden, innerhalb derer er das Getreide weitergeliefert, übernommen oder seine Erstattungsansprüche angemeldet haben muß. Bei vom Bundesminister nach Absatz 1 bestimmten Verarbeitungsbetrieben, die nicht Mühlen sind, kann die Erstattung außerdem auf bestimmte Getreidemengen beschränkt werden.

(3) § 18 des Getreidegesetzes in der Fassung vom 24. November 1951 findet Anwendung.

§ 9

Strafbestimmungen

(1) Zuwiderhandlungen gegen §§ 1, 2, 4, 5, 8 Abs. 1 und gegen die auf Grund dieses Gesetzes erlassenen Bestimmungen, sofern diese ausdrücklich auf die Strafbestimmungen dieses Gesetzes verweisen, werden nach den Vorschriften des Wirtschaftsstrafgesetzes in der jeweils geltenden Fassung geahndet.

(2) Zuwiderhandlungen gegen die auf Grund des § 7 Abs. 2 und § 8 Abs. 3 bestehende Auskunftspflicht werden nach § 21 Abs. 1 Nr. 3 und 4 des Getreidegesetzes in der Fassung vom 24. November 1951 geahndet.

§ 10

Geltung in Berlin

Dieses Gesetz gilt nach Maßgabe des § 13 Abs. 1 des Dritten Überleitungsgesetzes vom 4. Januar 1952 (Bundesgesetzbl. I S. 1) auch im Land Berlin. Rechtsverordnungen, die auf Grund dieses Gesetzes erlassen werden, gelten im Land Berlin nach § 14 des Dritten Überleitungsgesetzes.

§ 11

Inkrafttreten

Dieses Gesetz tritt am 1. Juli 1956 in Kraft. Es tritt ebenso wie die auf Grund der §§ 1, 6 und 7 erlassenen Rechtsverordnungen am 30. Juni 1957 außer Kraft; die auf Grund des § 8 erlassenen Rechtsverordnungen treten am 31. Juli 1957 außer Kraft.

Bonn, den 8. Juni 1956

DER PRÄSIDENT
gez. D.Dr. Gerstenmaier

179

DEUTSCHER BUNDESTAG
DER PRÄSIDENT

BONN, 8. Juni 1956

Bundeskanzleramt
Eing. 11. JUNI 1956
Anlagen: 3

Vg. Ab. Ra 11/6

An den

Herrn Bundeskanzler
der Bundesrepublik Deutschland

B o n n

Der Deutsche Bundestag hat in seiner 148. Sitzung am 7. Juni 1956 auf Grund des Mündlichen Berichts des Ausschusses für Ernährung, Landwirtschaft und Forsten (26. Ausschuß) den

Entwurf eines Gesetzes über Preise für Getreide inländischer Erzeugung für das Getreidewirtschaftsjahr 1956/57 sowie über besondere Maßnahmen in der Getreide- und Futtermittelwirtschaft (Getreidepreisgesetz 1956/57)
- Drucksachen 2426, 2381 -

in der anliegenden Fassung angenommen.

Gemäß Artikel 77 des Grundgesetzes habe ich heute das Gesetz dem Herrn Präsidenten des Bundesrates zugeleitet.

Gleichzeitig habe ich eine Ausfertigung des Gesetzes dem Herrn Bundesminister für Ernährung, Landwirtschaft und Forsten übersandt.

Gerstenmaier

Reg.

Anlage

Vermerk. Der Gesetzentwurf soll lt. Tagesordnung in der Plenarsitzung des Bundesrates am 15. Juni 1956 im zweiten Durchgang beraten werden.
Kab.-Termin am 10. Juli 1956 bleibt unverändert bestehen.

d. 4. 6.

6 - 73100 - 1429/56 III

G e s e t z

über Preise für Getreide inländischer Erzeugung für das Getreidewirtschaftsjahr 1956/57 sowie über besondere Maßnahmen in der Getreide- und Futtermittelwirtschaft (Getreidepreisgesetz 1956/57)

Der Bundestag hat mit Zustimmung des Bundesrates das folgende Gesetz beschlossen:

§ 1

Preise für Brotgetreide

(1) Für Brotgetreide (Roggen, Weizen) inländischer Erzeugung werden für die Monate Juli 1956 bis Juni 1957 die nachstehenden Erzeugerpreise in Deutsche Mark je tausend Kilogramm netto ausschließlich Sack festgesetzt, und zwar bei Übergabe frei Übergabeort, bei Versendung frei Verladestelle. Die Mindestbeträge dürfen nicht unterschritten, die Höchstbeträge nicht überschritten werden. Die Preise sind nach dem jeweiligen Preisgebiet zu errechnen, in dem der Übergabeort oder die Verladestelle liegt.

I. Roggen Preisgebiet	R I	R II	R III	R IV
Juli	361-381	365-385	367-387	369-389
August	361-381	365-385	367-387	369-389
September	363-381	367-385	369-387	371-389
Oktober	367-386	371-390	373-392	375-394
November	372-389	376-393	378-395	380-397
Dezember	378-393	382-397	384-399	386-401
Januar	383-397	387-401	389-403	391-405
Februar	386-397	390-401	392-403	394-405
März	388-397	392-401	394-403	396-405
April	388-397	392-401	394-403	396-405
Mai	388-397	392-401	394-403	396-405
Juni	388-397	392-401	394-403	396-405

II. Weizen Preisgebiet	W I	W II	W III	W IV
Juli	401-421	405-425	407-427	409-429
August	401-421	405-425	407-427	409-429
September	403-421	407-425	409-427	411-429
Oktober	407-426	411-430	413-432	415-434
November	412-429	416-433	418-435	420-437
Dezember	418-433	422-437	424-439	426-441
Januar	423-437	427-441	429-443	431-445
Februar	426-437	430-441	432-443	434-445
März	428-437	432-441	434-443	436-445
April	428-437	432-441	434-443	436-445
Mai	428-437	432-441	434-443	436-445
Juni	428-437	432-441	434-443	436-445

(2) Als Weizen im Sinne dieses Gesetzes gilt auch Spelz (Dinkel, Fesen) mit der Maßgabe, daß sich die für Weizen festgesetzten Preise bei gegerbtem Spelz um 10 v.H. erhöhen, bei ungegerbtem Spelz um 25. v.H. ermässigen.

(3) Die Preise für Menggetreide und Mischfrucht dürfen die Mindestbeträge nicht unterschreiten und die Höchstbeträge nicht überschreiten, die sich unter Zugrundelegung der Preise des Absatzes 1 nach dem Mischungsverhältnis ergeben.

(4) Die Preisgebietseinteilung ergibt sich aus der Anlage. Sie wird von einer Änderung der Länder oder der staatlichen Verwaltungsbezirke nicht berührt. Zur Vermeidung von Ungleichheiten und Härten, die sich bei der Durchführung ergeben, kann der Bundesminister für . Ernährung, Landwirtschaft und Forsten (Bundesminister) im Einvernehmen mit dem Bundesminister für Wirtschaft und mit Zustimmung des Bundesrates die Preisgebiete durch Rechtsverordnung anderweitig festsetzen.

§ 2

Preise für Futter- und Industriegetreide
sowie für Braugerste

(1) Für Futter- und Industriegetreide sowie für Braugerste inländischer Erzeugung werden die nachstehenden Erzeugerpreise in Deutsche Mark je tausend Kilogramm netto ausschließlich Sack festgesetzt, und zwar bei Übergabe frei Übergabeort, bei Versendung frei Verladestelle. Die Mindestbeträge dürfen nicht unterschritten, die Höchstbeträge nicht überschritten werden.

Futtergerste	350 - 390
Industriegerste	375 - 400
Braugerste	410 - 440
Futterhafer	300 - 365
Industriehafer	315 - 375.

(2) Industriegerste ist Gerste, die ein Eigengewicht von mindestens 65 Kilogramm je Hektoliter hat und für Zwecke der industriellen Verarbeitung geeignet ist. Industriehafer ist Hafer, der ein Eigengewicht von mindestens 51 Kilogramm je Hektoliter hat und für Zwecke der industriellen Verarbeitung geeignet ist. Braugerste ist Gerste, die insbesondere nach Keimfähigkeit und Eiweißgehalt zur Herstellung von Braumalz geeignet ist. Gerste und Hafer, die diesen Mindestanforderungen nicht entsprechen, gelten als Futtergerste oder Futterhafer.

§ 3

Sicherung der Preise für Getreide

(1) Zur Sicherung der Mindestpreise dieses Gesetzes hat die Einfuhr- und Vorratsstelle für Getreide und Futtermittel (Einfuhr- und Vorratsstelle) ihr vom Erzeuger angebotenes Getreide, außer Saatgetreide, zum Mindestpreis zu übernehmen, soweit dieser Preis im freien Verkehr nicht erzielt werden kann. Kann dieser Preis in einem Gebiet außerhalb des Erzeugungsgebietes

erzielt werden, so kann die Einfuhr- und Vorratsstelle unter Wegfall ihrer Übernahmeverpflichtung einen Beitrag zu den Kosten der Beförderung des Getreides ab Übergabeort oder Verladestelle des Erzeugers und den durch diese Beförderung entstehenden Nebenkosten zahlen, um den Absatz des Getreides zum Mindestpreis zu ermöglichen. Hierzu erläßt der Bundesminister Richtlinien im Einvernehmen mit dem Bundesminister für Wirtschaft, dem Bundesminister der Finanzen und dem Bundesminister für Verkehr.

(2) Die Einfuhr- und Vorratsstelle hat Getreide, außer Saatgetreide, an Verarbeiter und Verbraucher zu den in diesem Gesetz festgesetzten Höchstpreisen zuzüglich üblicher Handelsspannen abzugeben, wenn eine Versorgung zu diesem Preis im freien Verkehr nicht möglich ist.

(3) Qualitätszu- und -abschläge sind sowohl bei der Aufnahme zu Mindestpreisen als auch bei der Abgabe zu Höchstpreisen zu berücksichtigen.

(4) Im allgemeinen hat die Einfuhr- und Vorratsstelle die Aufgabe, durch Aufnahme oder Abgabe von Getreide inländischer Erzeugung, außer Saatgetreide, durch Vorratshaltung oder Abgabe von Auslandsgetreide und durch sonstige geeignete Maßnahmen dafür zu sorgen, daß die durch dieses Gesetz festgesetzten Preisgrenzen innegehalten werden.

§ 4

Preise für Saatgetreide

(1) Für anerkanntes Saatgut von Getreide darf der Verbraucherpreis nachstehende Grundpreise und Höchstzuschläge in Deutsche Mark je tausend Kilogramm netto ausschließlich Sack, und zwar bei Übergabe frei Übergabeort, bei Versendung frei Verladestelle, nicht übersteigen.

Getreideart	Grundpreis	Höchstzuschlag
Winterroggen (normal)	395	180
Liho-Futterroggen und Heßdorfer Johannesroggen	395	250
Winterroggen Tetra	395	230
Sommerroggen	395	230
Winterweizen	435	160
Sommerweizen	435	190
Spelz (Dinkel, Fesen)	330	190
Wintergerste, 4zeilig	400	160
Wintergerste, 2zeilig, und Sommergerste	440	160
Weißhafer und Gelbhafer	375	180
Schwarzhafer	375	220.

Als anerkanntes Saatgut im Sinne dieses Gesetzes gilt auch mit Erfolg geprüftes Vorstufensaatgut.

(2) Soweit Handelssaatgut oder Behelfssaatgut von Getreide nach dem Saatgutgesetz vom 27. Juni 1953 (Bundesgesetzbl. I S. 450) in Verbindung mit den dazu ergangenen oder noch ergehenden Verordnungen zugelassen wird, darf der Abgabepreis des Herstellers die nachstehenden Grundpreise und Höchstzuschläge in Deutsche Mark je tausend Kilogramm netto ausschließlich Sack, und zwar bei Übergabe frei Übergabeort, bei Versendung frei Verladestelle, nicht übersteigen:

Getreideart	Grund-preis	Höchst-zuschlag
Winterroggen	395	45
Sommerroggen, Liho-Futterroggen und Heßdorfer Johannesroggen	395	50
Winterweizen	435	45
Sommerweizen	435	50
Wintergerste, 4zeilig	400	55
Wintergerste, 2zeilig	440	55
Sommergerste	440	45
Weißhafer und Gelbhafer	375	50
Schwarzhafer	375	55

(3) Bei Abgabe in Mengen unter 75 Kilogramm dürfen die Zuschläge des Absatzes 1 höchstens um folgende Kleinmengenzuschläge erhöht werden:

bei Abgabe in Mengen bis 24,9 Kilogramm
3 Deutsche Pfennig je Kilogramm

bei Abgabe in Mengen von 25 bis 49,9 Kilogramm
1,50 Deutsche Pfennig je Kilogramm.

bei Abgabe in Mengen von 50 bis 74,9 Kilogramm
0,75 Deutsche Pfennig je Kilogramm.

§ 5

Beschaffenheit des Getreides

(1) Die Preise der §§ 1, 2 und 4 gelten für gesundes, trockenes Getreide von durchschnittlicher Beschaffenheit.

§ 7

Schlußschein, Anbietungspflicht, Auflagen

(1) Zur Sicherung der Versorgung der Bevölkerung kann der Bundesminister

1. durch Rechtsverordnung mit Zustimmung des Bundesrates für jeden Verkauf von Roggen, Weizen oder Gemenge von Roggen und Weizen, von Gerste, Hafer und Futtermenggetreide die Ausstellung eines Schlußscheines durch den Käufer vorschreiben sowie Vorschriften über Form, Inhalt, Auswertung und Verbleib des Schlußscheines erlassen,
2. im Bedarfsfalle durch Rechtsverordnung mit Zustimmung des Bundesrates vorschreiben, daß und inwieweit in Verkehr gebrachte Erzeugnisse der in Nummer 1 genannten Art in verarbeitetem oder unverarbeitetem Zustand bestimmten Betrieben oder Stellen zum Kauf anzubieten sind,
3. im Bedarfsfalle durch Rechtsverordnung mit Zustimmung des Bundesrates Vorschriften für die Weiterlieferung, Verteilung und Verwendung der in Nummer 1 genannten Erzeugnisse durch gewerbliche Unternehmen erlassen. Der Bundesminister kann einzelnen gewerblichen Betrieben durch Verfügung Auflagen für die Weiterlieferung, Verteilung und Verwendung der genannten Erzeugnisse erteilen, sofern eine übergebietliche Regelung erforderlich ist; andernfalls können die Auflagen durch die oberste Landesbehörde erteilt werden.

(2) § 18 des Getreidegesetzes in der Fassung vom 24. November 1951 (Bundesgesetzbl. I S. 900) findet Anwendung.

§ 7

Schlußschein, Anbietungspflicht, Auflagen

(1) Zur Sicherung der Versorgung der Bevölkerung kann der Bundesminister

1. durch Rechtsverordnung mit Zustimmung des Bundesrates für jeden Verkauf von Roggen, Weizen oder Gemenge von Roggen und Weizen, von Gerste, Hafer und Futtermenggetreide die Ausstellung eines Schlußscheines durch den Käufer vorschreiben sowie Vorschriften über Form, Inhalt, Auswertung und Verbleib des Schlußscheines erlassen,

2. im Bedarfsfalle durch Rechtsverordnung mit Zustimmung des Bundesrates vorschreiben, daß und inwieweit in Verkehr gebrachte Erzeugnisse der in Nummer 1 genannten Art in verarbeitetem oder unverarbeitetem Zustand bestimmten Betrieben oder Stellen zum Kauf anzubieten sind,

3. im Bedarfsfalle durch Rechtsverordnung mit Zustimmung des Bundesrates Vorschriften für die Weiterlieferung, Verteilung und Verwendung der in Nummer 1 genannten Erzeugnisse durch gewerbliche Unternehmen erlassen. Der Bundesminister kann einzelnen gewerblichen Betrieben durch Verfügung Auflagen für die Weiterlieferung, Verteilung und Verwendung der genannten Erzeugnisse erteilen, sofern eine übergebietliche Regelung erforderlich ist; andernfalls können die Auflagen durch die oberste Landesbehörde erteilt werden.

(2) § 18 des Getreidegesetzes in der Fassung vom 24. November 1951 (Bundesgesetzbl. I S. 900) findet Anwendung.

§ 8

Lieferprämie für Roggen

(1) Um die Verwendung von Roggen als Brotgetreide oder Saatgut oder zur Herstellung von Nähr- oder Kaffeemitteln zu sichern, wird dem Erzeuger für Roggen, der zur Verwendung als Brotgetreide geeignet ist und den der Erzeuger an vom Bundesminister bestimmte Betriebe und Stellen liefert, eine Lieferprämie von 20 Deutsche Mark je tausend Kilogramm vom Bund gezahlt.

(2) Der Bundesminister wird ermächtigt, durch Rechtsverordnung mit Zustimmung des Bundesrates das Nähere über die Zahlung, Erstattung und Rückzahlung der Lieferprämien zu regeln. Die Erstattung der Lieferprämien an den Käufer kann von bestimmten Fristen abhängig gemacht werden, innerhalb derer er das Getreide weitergeliefert, übernommen oder seine Erstattungsansprüche angemeldet haben muß. Bei vom Bundesminister nach Absatz 1 bestimmten Verarbeitungsbetrieben, die nicht Mühlen sind, kann die Erstattung außerdem auf bestimmte Getreidemengen beschränkt werden.

(3) § 18 des Getreidegesetzes in der Fassung vom 24. November 1951 findet Anwendung.

§ 9

Strafbestimmungen

(1) Zuwiderhandlungen gegen §§ 1, 2, 4, 5, 8 Abs. 1 und gegen die auf Grund dieses Gesetzes erlassenen Bestimmungen, sofern diese ausdrücklich auf die Strafbestimmungen dieses Gesetzes verweisen, werden nach den Vorschriften des Wirtschaftsstrafgesetzes in der jeweils geltenden Fassung geahndet.

(2) Zuwiderhandlungen gegen die auf Grund des § 7 Abs. 2 und § 8 Abs. 3 bestehende Auskunftspflicht werden nach § 21 Abs. 1 Nr. 3 und 4 des Getreidegesetzes in der Fassung vom 24. November 1951 geahndet.

§ 10

Geltung in Berlin

Dieses Gesetz gilt nach Maßgabe des § 13 Abs. 1 des Dritten Überleitungsgesetzes vom 4. Januar 1952 (Bundesgesetzbl. I S. 1) auch im Land Berlin. Rechtsverordnungen, die auf Grund dieses Gesetzes erlassen werden, gelten im Land Berlin nach § 14 des Dritten Überleitungsgesetzes.

§ 11

Inkrafttreten

Dieses Gesetz tritt am 1. Juli 1956 in Kraft. Es tritt ebenso wie die auf Grund der §§ 1, 6 und 7 erlassenen Rechtsverordnungen am 30. Juni 1957 außer Kraft, die auf Grund des § 8 erlassenen Rechtsverordnungen treten am 31. Juli 1957 außer Kraft.

Bonn, den 8. Juni 1956

DER PRÄSIDENT

Ehlers [signature]

Reg.-Bezirk Lüneburg

Stadtkreise	
Celle	R I W II
Lüneburg	R II W II
Landkreise	
Burgdorf	R I W I
Celle/Land	R I W II
Fallingbostel	R I W III
Gifhorn	R I W II
Harburg	R II W II
Lüchow-Dannenberg	R I W II
Lüneburg/Land	R II W II
Soltau	R I W II
Uelzen	R I W II

Reg.-Bezirk Stade

Stadtkreis	
Cuxhaven	R II W II
Landkreise	
Bremervörde	R II W III
Land Hadeln	R II W II
Osterholz	R II W III
Rotenburg/Hann.	R II W III
Stade/Hann.	R II W II
Verden	R II W III
Wesermünde	R II W III

Reg.-Bezirk Osnabrück

Stadtkreis	
Osnabrück	R II W II
Landkreise	
Aschendorf/Hümmling	R II W III
Bersenbrück	R II W III
Grafschaft Bentheim	R II W III
Lingen	R II W III
Melle	R II W II
Meppen	R II W III
Osnabrück/Land	R II W II
Wittlage	R II W II

Reg.-Bezirk Aurich

Stadtkreis	
Emden	R II W II
Landkreise	
Aurich	R II W II
Leer	R II W II
Norden	R II W II
Wittmund	R II W II

Verw.-Bezirk Braunschweig

Stadtkreise	
Braunschweig	R II W I
Goslar	R II W I
Wattenstedt/Salzgitter	R II W I
Landkreise	
Braunschweig	R II W I
Gandersheim	R II W I
Goslar	R II W I
Helmstedt	R I W I
Wolfenbüttel	R II W I
Blankenburg (Restkreis)	R II W I

Verw.-Bezirk Oldenburg

Stadtkreise	
Delmenhorst	R II W III
Oldenburg/O.	R II W III
Wilhelmshaven	R II W II
Landkreise	
Ammerland	R II W II
Cloppenburg	R II W III
Friesland	R II W II
Oldenburg	R II W III
Vechta	R II W III
Wesermarsch	R II W II

LAND SCHLESWIG-HOLSTEIN

Stadtkreise	
Flensburg	R II W II
Kiel	R II W III
Lübeck	R II W III
Neumünster	R II W II
Landkreise	
Eckernförde	R II W II
Eiderstadt	R II W II
Eutin	R II W II
Flensburg	R II W II
Herzogtum Lauenburg	R II W II
Husum	R II W II
Norderdithmarschen	R II W II
Oldenburg	R II W II
Pinneberg	R II W II
Plön	R II W II
Rendsburg	R II W II
Schleswig	R II W II
Segeberg	R II W II
Steinburg	R II W II
Stormarn	R II W II
Süderdithmarschen	R II W II
Südtondern	R II W II

LAND HAMBURG	R III W III
LAND BREMEN	
Stadtkreise	
Bremen	R III W III
Bremerhaven	R II W II
LAND BERLIN (Westsektor)	R II W II

Reg.-Bezirk Süd-Württemberg-Hohenzollern

Landkreise

Balingen	R IV W IV
Biberach	R IV W IV
Calw	R IV W IV
Ehingen	R IV W IV
Freudenstadt	R IV W IV
Hechingen	R IV W IV
Horb	R IV W IV
Münsingen	R IV W IV
Ravensburg	R IV W IV
Reutlingen	R IV W IV
Rottweil	R IV W IV
Saulgau	R IV W IV
Sigmaringen	R IV W IV
Tettnang	R IV W IV
Tübingen	R IV W IV
Tuttlingen	R IV W IV
Wangen	R IV W IV

LAND HESSEN

Reg.-Bezirk Darmstadt

Stadtkreise

Darmstadt	R IV W IV
Gießen	R II W II
Offenbach	R IV W IV

Landkreise

Alsfeld	R I W II
Bergstraße	R IV W IV
Büdingen	R II W II
Darmstadt	R IV W IV
Dieburg	R IV W IV
Erbach	R IV W IV
Friedberg	R II W II
Gießen	R II W II
Groß Gerau	R IV W IV
Lauterbach	R I W II
Offenbach	R IV W IV

Reg.-Bezirk Kassel

Stadtkreise

Fulda	R I W II
Kassel	R I W I
Marburg	R I W II

Landkreise

Eschwege	R I W I
Frankenberg	R I W I
Fritzlar-Homberg	R I W I
Fulda	R I W II
Hersfeld	R I W II
Hofgeismar	R I W I
Hünfeld	R I W II
Kassel	R I W I
Marburg	R I W II
Melsungen	R I W I
Rotenburg	R I W I
Waldeck	R I W I
Witzenhausen	R I W I
Wolfhagen	R I W I
Ziegenhain	R I W II

Reg.-Bezirk Wiesbaden

Stadtkreise

Frankfurt a. Main	R IV W IV
Hanau	R IV W IV
Wiesbaden	R IV W IV

Landkreise

Biedenkopf	R II W II
Dillkreis	R II W III
Gelnhausen	R II W IV
Hanau	R IV W IV
Limburg	R II W II
Main-Taunus-Kreis	R IV W IV
Oberlahnkreis	R II W II
Obertaunuskreis	R IV W IV
Rheingaukreis	R IV W IV
Schlüchtern	R II W IV
Untertaunuskreis	R IV W IV
Usingen	R II W II
Wetzlar	R II W II

LAND RHEINLAND-PFALZ

Reg.-Bezirk Koblenz

Stadtkreis

Koblenz	R II W III

Landkreise

Ahrweiler	R II W III
Altenkirchen	R IV W IV
Birkenfeld	R IV W IV
Cochem	R II W III
Koblenz	R II W III
Kreuznach	R IV W IV
Mayen	R II W III
Neuwied	R II W III
St. Goar	R II W III
Simmern	R II W III
Zell	R II W III

Reg.-Bezirk Schwaben

Stadtkreise

Augsburg	R IV W IV
Dillingen a. d. Donau	R IV W III
Günzburg	R IV W IV
Kaufbeuren	R IV W IV
Kempten/Allgäu	R IV W IV
Memmingen	R IV W IV
Neuburg a. d. Donau	R IV W IV
Neu-Ulm	R IV W IV
Nördlingen	R IV W IV

Landkreise

Augsburg	R IV W IV
Dillingen a. d. Donau	R IV W III
Donauwörth	R IV W IV
Friedberg	R IV W IV
Füssen	R IV W IV
Günzburg	R IV W IV
Illertissen	R IV W IV
Kaufbeuren	R IV W IV
Kempten/Allgäu	R IV W IV
Krumbach/Schwaben	R IV W IV
Lindau	R IV W IV
Markt Oberdorf	R IV W IV
Memmingen	R IV W IV
Mindelheim	R IV W IV
Neuburg a. d. Donau	R IV W IV
Neu-Ulm	R IV W IV
Nördlingen	R IV W IV
Schwabmünchen	R IV W IV
Sonthofen	R IV W IV
Wertingen	R IV W III

LAND BADEN-WÜRTTEMBERG

Reg.-Bezirk Nord-Württemberg

Stadtkreise

Stuttgart	R IV W IV
Heilbronn	R IV W IV
Ulm	R IV W IV

Landkreise

Aalen	R IV W IV
Backnang	R IV W IV
Böblingen	R IV W IV
Crailsheim	R IV W IV
Eßlingen	R IV W IV
Göppingen	R IV W IV
Heidenheim	R IV W IV
Heilbronn	R IV W IV
Künzelsau	R IV W IV
Leonberg	R IV W IV
Ludwigsburg	R IV W IV
Mergentheim	R IV W IV
Nürtingen	R IV W IV
Öhringen	R IV W IV
Schwäbisch Gmünd	R IV W IV
Schwäbisch Hall	R IV W IV
Ulm	R IV W IV
Vaihingen	R IV W IV
Waiblingen	R IV W IV

Reg.-Bezirk Nord-Baden

Stadtkreise

Karlsruhe	R IV W IV
Heidelberg	R IV W IV
Mannheim	R IV W IV
Pforzheim	R IV W IV

Landkreise

Bruchsal	R IV W IV
Buchen	R IV W IV
Heidelberg	R IV W IV
Karlsruhe	R IV W IV
Mannheim	R IV W IV
Mosbach	R IV W IV
Pforzheim	R IV W IV
Sinsheim	R IV W IV
Tauberbischofsheim	R IV W IV

Reg.-Bezirk Süd-Baden

Stadtkreise

Baden-Baden	R IV W IV
Freiburg	R IV W IV
Konstanz	R IV W IV

Landkreise

Bühl	R IV W IV
Donaueschingen	R IV W IV
Emmendingen	R IV W IV
Freiburg	R IV W IV
Kehl	R IV W IV
Konstanz	R IV W IV
Lahr	R IV W IV
Lörrach	R IV W IV
Müllheim	R IV W IV
Neustadt	R IV W IV
Offenburg	R IV W IV
Rastatt	R IV W IV
Säckingen	R IV W IV
Stockach	R IV W IV
Überlingen	R IV W IV
Villingen	R IV W IV
Waldshut	R IV W IV
Wolfach	R IV W IV

Landkreise

Amberg	R I	W IV
Beilngries	R I	W III
Burglengenfeld	R I	W III
Cham	R I	W III
Eschenbach/Opf.	R I	W IV
Kemnath	R I	W IV
Nabburg	R I	W IV
Neumarkt/Opf.	R I	W III
Neunburg vorm Wald	R I	W III
Neustadt a. d. Waldnaab	R I	W IV
Oberviechtach	R I	W IV
Parsberg	R I	W III
Regensburg	R I	W III
Riedenburg	R I	W III
Roding	R I	W III
Sulzbach-Rosenberg	R I	W IV
Tirschenreuth	R I	W IV
Vohenstrauß	R I	W IV
Waldmünchen	R I	W III

Reg.-Bezirk Oberfranken

Stadtkreise

Bamberg	R II	W IV
Bayreuth	R I	W IV
Coburg	R I	W IV
Forchheim	R II	W IV
Hof	R I	W IV
Kulmbach	R I	W IV
Marktredwitz	R I	W IV
Neustadt bei Coburg	R I	W IV
Selb	R I	W IV

Landkreise

Bamberg	R II	W IV
Bayreuth	R I	W IV
Coburg	R I	W IV
Ebermannstadt	R II	W IV
Forchheim	R II	W IV
Höchstadt a. d. Aisch	R II	W IV
Hof	R I	W IV
Kronach	R I	W IV
Kulmbach	R I	W IV
Lichtenfels	R I	W IV
Münchberg	R I	W IV
Naila	R I	W IV
Pegnitz	R I	W IV
Rehau	R I	W IV
Stadtsteinach	R I	W IV
Staffelstein	R I	W IV
Wunsiedel	R I	W IV

Reg.-Bezirk Mittelfranken

Stadtkreise

Ansbach	R II	W IV
Eichstätt	R I	W IV
Erlangen	R II	W IV
Fürth	R II	W IV
Nürnberg	R II	W IV
Rothenburg o. d. T.	R II	W IV
Schwabach	R I	W IV
Weißenburg/Bayern	R I	W IV

Landkreise

Ansbach	R II	W IV
Dinkelsbühl	R II	W IV
Eichstätt	R I	W IV
Erlangen	R II	W IV
Feuchtwangen	R II	W IV
Fürth	R II	W IV
Gunzenhausen	R II	W IV
Hersbruck	R II	W IV
Hilpoltstein	R I	W IV
Lauf a. d. Pegnitz	R II	W IV
Neustadt a. d. Aisch	R II	W IV
Nürnberg	R II	W IV
Rothenburg o. d. T.	R II	W IV
Scheinfeld	R II	W IV
Schwabach	R I	W IV
Uffenheim	R II	W IV
Weißenburg/Bayern	R I	W IV

Reg.-Bezirk Unterfranken

Stadtkreise

Aschaffenburg	R II	W IV
Bad Kissingen	R I	W IV
Kitzingen	R II	W IV
Schweinfurt	R II	W IV
Würzburg	R II	W IV

Landkreise

Alzenau i. Unterfr.	R II	W IV
Aschaffenburg	R II	W IV
Bad Kissingen	R I	W IV
Bad Neustadt a. d. Saale	R I	W IV
Brückenau	R I	W IV
Ebern	R I	W IV
Gemünden	R II	W IV
Gerolzhofen	R II	W IV
Hammelburg	R II	W IV
Haßfurt	R II	W IV
Hofheim/Unterfr.	R I	W IV
Karlstadt	R II	W IV
Kitzingen	R II	W IV
Königshofen i. Grabfeld	R I	W IV
Lohr	R II	W IV
Marktheidenfeld	R II	W IV
Mellrichstadt	R I	W IV
Miltenberg	R II	W IV
Obernburg	R II	W IV
Ochsenfurt	R II	W IV
Schweinfurt	R II	W IV
Würzburg	R II	W IV

Schlußscheines durch den Käufer vorschreiben sowie Vorschriften über Form, Inhalt, Auswertung und Verbleib des Schlußscheines erlassen,

2. im Bedarfsfalle durch Rechtsverordnung mit Zustimmung des Bundesrates vorschreiben, daß und inwieweit in Verkehr gebrachte Erzeugnisse der in Nummer 1 genannten Art in verarbeitetem oder unverarbeitetem Zustand bestimmten Betrieben oder Stellen zum Kauf anzubieten sind,

3. im Bedarfsfalle durch Rechtsverordnung mit Zustimmung des Bundesrates Vorschriften für die Weiterlieferung, Verteilung und Verwendung der in Nummer 1 genannten Erzeugnisse durch gewerbliche Unternehmen erlassen. Der Bundesminister kann einzelnen gewerblichen Betrieben durch Verfügung Auflagen für die Weiterlieferung, Verteilung und Verwendung der genannten Erzeugnisse erteilen, sofern eine übergebietliche Regelung erforderlich ist; andernfalls können die Auflagen durch die oberste Landesbehörde erteilt werden.

(2) § 18 des Getreidegesetzes in der Fassung vom 24. November 1951 (Bundesgesetzbl. I S. 900) findet Anwendung.

§ 8

Lieferprämie für Roggen

(1) Um die Verwendung von Roggen als Brotgetreide oder Saatgut oder zur Herstellung von Nähr- oder Kaffeemitteln zu sichern, wird dem Erzeuger für Roggen, der zur Verwendung als Brotgetreide geeignet ist und den der Erzeuger an vom Bundesminister bestimmte Betriebe und Stellen liefert, eine Lieferprämie von 20 Deutsche Mark je tausend Kilogramm vom Bund gezahlt.

(2) Der Bundesminister wird ermächtigt, durch Rechtsverordnung mit Zustimmung des Bundesrates das Nähere über die Zahlung und Erstattung der Lieferprämien zu regeln. Die Erstattung der Lieferprämien an den Käufer kann von bestimmten Fristen abhängig gemacht werden, innerhalb derer er das Getreide weitergeliefert, übernommen oder seine Erstattungsansprüche angemeldet haben muß. Bei vom Bundesminister nach Absatz 1 bestimmten Verarbeitungsbetrieben, die nicht Mühlen sind, kann die Erstattung außerdem auf bestimmte Getreidemengen beschränkt werden.

(3) § 18 des Getreidegesetzes in der Fassung vom 24. November 1951 findet Anwendung.

§ 9

Strafbestimmungen

(1) Zuwiderhandlungen gegen §§ 1, 2, 4, 5, 8 Abs. 1 und gegen die auf Grund dieses Gesetzes erlassenen Bestimmungen, sofern diese ausdrücklich auf die Strafbestimmungen dieses Gesetzes verweisen, werden nach den Vorschriften des Wirtschaftsstrafgesetzes in der jeweils geltenden Fassung geahndet.

(2) Zuwiderhandlungen gegen die auf Grund des § 7 Abs 2 und § 8 Abs. 3 bestehende Auskunftspflicht werden nach § 21 Abs. 1 Nr. 3 und 4 des Getreidegesetzes in der Fassung vom 24. November 1951 geahndet.

§ 10

Geltung in Berlin

Dieses Gesetz gilt nach Maßgabe des § 13 Abs. 1 des Dritten Überleitungsgesetzes vom 4. Januar 1952 (Bundesgesetzbl. I S. 1) auch im Land Berlin. Rechtsverordnungen, die auf Grund dieses Gesetzes erlassen werden, gelten im Land Berlin nach § 14 des Dritten Überleitungsgesetzes.

§ 11

Inkrafttreten

Dieses Gesetz tritt am 1. Juli 1956 in Kraft. Es tritt ebenso wie die auf Grund der §§ 1, 6 und 7 erlassenen Rechtsverordnungen am 30. Juni 1957 außer Kraft; die auf Grund des § 8 erlassenen Rechtsverordnungen treten am 31. Juli 1957 außer Kraft.

Anlage zu § 1 Abs. 4

Roggen- und Weizenpreisgebiete für Inlandsgetreide nach Verwaltungsbezirken

LAND BAYERN

Reg.-Bezirk Oberbayern

Stadtkreise

Bad Reichenhall	R IV	W IV
Freising	R II	W III
Ingolstadt	R II	W III
Landsberg	R IV	W IV
München	R IV	W IV
Rosenheim	R IV	W IV
Traunstein	R IV	W IV

Landkreise

Aichach	R IV	W III
Altötting	R II	W III
Bad Aibling	R IV	W IV
Bad Tölz	R IV	W IV
Berchtesgaden	R IV	W IV
Dachau	R IV	W IV
Ebersberg	R II	W IV
Erding	R II	W III
Freising	R II	W III
Fürstenfeldbruck	R IV	W IV
Garmisch-Partenkirchen	R IV	W IV
Ingolstadt	R II	W III
Landsberg	R IV	W IV
Laufen	R IV	W IV
Miesbach	R IV	W IV
Mühldorf	R II	W III
München	R IV	W IV
Pfaffenhofen a. d. Ilm	R II	W III
Rosenheim	R IV	W IV
Schongau	R IV	W IV
Schrobenhausen	R II	W III
Starnberg	R IV	W IV
Traunstein	R IV	W IV
Wasserburg am Inn	R II	W III
Weilheim	R IV	W IV
Wolfratshausen	R IV	W IV

Reg.-Bezirk Niederbayern

Stadtkreise

Deggendorf	R I	W III
Landshut	R II	W III
Passau	R I	W III
Straubing	R I	W III

Landkreise

Bogen	R I	W III
Deggendorf	R I	W III
Dingolfing	R II	W III
Eggenfelden	R I	W III
Grafenau	R I	W III
Griesbach	R I	W III
Kelheim	R II	W III
Kötzting	R I	W III
Landau a. d. Isar	R I	W III
Landshut	R II	W III
Mainburg	R II	W III
Mallersdorf	R II	W III
Passau	R I	W III
Pfarrkirchen	R I	W III
Regen	R I	W III
Rottenburg	R II	W III
Straubing	R I	W III
Viechtach	R I	W III
Vilsbiburg	R II	W III
Vilshofen	R I	W III
Wegscheid	R I	W III
Wolfstein	R I	W III

Reg.-Bezirk Oberpfalz

Stadtkreise

Amberg	R I	W IV
Neumarkt/Opf.	R I	W III
Regensburg	R I	W III
Schwandorf/Bayern	R I	W III
Weiden	R I	W IV

195

DER PRÄSIDENT DES BUNDESRATES

BONN A. RH.,
TELEFON 20141

den 15.Juni 1956

An den
Herrn Bundeskanzler
B o n n
Bundeskanzleramt

Ich beehre mich mitzuteilen, daß der Bundesrat in seiner 160.Sitzung am 15.Juni 1956 beschlossen hat, dem vom Deutschen Bundestag am 7.Juni 1956 verabschiedeten

Gesetz über Preise für Getreide inländischer Erzeugung für das Getreidewirtschaftsjahr 1956/57 sowie über besondere Maßnahmen in der Getreide- und Futtermittelwirtschaft (Getreidepreisgesetz 1956/57)

gemäß Artikel 84 Abs.1 des Grundgesetzes zuzustimmen.

v.Hassel

6- 73100 - 1429/56 IV

196

BR-Drucks.Nr. 215/56 (Beschluß)

Abschrift

DER PRÄSIDENT DES BUNDESRATES

Bonn, den 15. Juni 1956

An den
Herrn Bundeskanzler

Bonn
Bundeskanzleramt

Ich beehre mich mitzuteilen, daß der Bundesrat in seiner 160. Sitzung am 15. Juni 1956 beschlossen hat, dem vom Deutschen Bundestag am 7. Juni 1956 verabschiedeten

Gesetz über Preise für Getreide inländischer Erzeugung für das Getreidewirtschaftsjahr 1956/57 sowie über besondere Maßnahmen in der Getreide- und Futtermittelwirtschaft (Getreidepreisgesetz 1956/57)

gemäß Artikel 84 Abs. 1 des Grundgesetzes zuzustimmen.

gez. von Hassel

- - - - - - -

BUNDESRAT
Agrarausschuß

Bonn, den 16. Juni 1956

An die
Vertretungen der Länder

mit der Bitte um Kenntnisnahme.
Der Herr Präsident des Deutschen Bundestages hat Abschrift dieses Schreibens erhalten.

Im Auftrag
gez. Dr. Steiger

Beglaubigt:
Fahrbach,
Angestellte

BUNDESRAT

197

Der Staatssekretär
des Bundeskanzleramtes
6 - 73100 - 1429/56

Bonn, den 19. Juni 1956
Do./Gr.

1 Anl.

Abgesandt 20. JUNI 1956

Vfg.

1) An den
Herrn Bundesminister für Ernährung,
Landwirtschaft und Forsten

Bonn

Betr.: Gesetz über Preise für Getreide inländischer Erzeugung für das Getreidewirtschaftsjahr 1956/57 sowie über besondere Maßnahmen in der Getreide- und Futtermittelwirtschaft (Getreidepreisgesetz 1956/57).

Bezug: Mein Schreiben vom 14. Mai 1956 - 6-73100-1429/56 II -

Hiermit übersende ich Abschrift eines Schreibens des Herrn Präsidenten des Bundesrates vom 15. Juni 1956 an den Herrn Bundeskanzler mit der Bitte um Kenntnisnahme.

Die vom Bundestag in seiner Sitzung am 7. Juni 1956 beschlossene Fassung des Gesetzes ist Ihnen laut Schreiben des Herrn Präsidenten des Deutschen Bundestages vom 8. Juni 1956 bereits unmittelbar zugegangen.

Ich bitte, mir die von Ihnen unterschriebene Ausfertigung des Gesetzes zur Gegenzeichnung durch den Herrn Bundeskanzler und Vollziehung durch den Herrn Bundespräsidenten vorzulegen.

Im Auftrag

2) Wv. 19.7.1956

(Kalisch)

198

Referat 6

6 - 73100 - 1429 / 56

Bonn, den 19. Juni 1956

Dem

Herrn Stellvertreter des Bundeskanzlers

vorzulegen.

Betr.: Gesetz über Preise für Getreide inländischer Erzeugung für das Getreidewirtschaftsjahr 1956/57 sowie über besondere Maßnahmen in der Getreide- und Futtermittelwirtschaft (Getreidepreisgesetz 1956/57)

Es wird gebeten, die anliegende Ausfertigung des Gesetzes gegenzuzeichnen.

(Dr. Praß)

zurück erhalten 21/6

199

Referat 6

6 - 73100 - 1429 / 56

Bonn, den 19. Juni 1956

Dem

Herrn Stellvertreter des Bundeskanzlers

vorzulegen.

Betr.: Gesetz über Preise für Getreide inländischer Erzeugung für das Getreidewirtschaftsjahr 1956/57 sowie über besondere Maßnahmen in der Getreide- und Futtermittelwirtschaft (Getreidepreisgesetz 1956/57)

Es wird gebeten, die anliegende Ausfertigung des Gesetzes gegenzuzeichnen.

(Dr. Praß)

200

zu 1. ab mit 1 Anl.

Referat 6

6 - 73100 - 1429 / 56

Bonn, den 19. Juni 1956

Vfg.

1) Vermerk

Die Reinschrift des Gesetzes über Preise für Getreide inländischer Erzeugung für das Getreidewirtschaftsjahr 1956/57 sowie über besondere Maßnahmen in der Getreide- und Futtermittelwirtschaft (Getreidepreisgesetz 1956/57) ist dem Bundespräsidialamt zur Ausfertigung durch den Herrn Bundespräsidenten und Verkündung übersandt worden.

Im Auftrag

(Kalisch)

2) Wv. 21.7.1956

Bonn, den 30. Juni 1956

Zu den Akten

201

Der Bundesminister
der Justiz
Aktenzeichen - 278-II-56 -

Bonn, den 28.Juni 1956.

An den
Herrn Staatssekretär
des Bundeskanzleramtes
Bonn

Bundeskanzleramt
30 JUNI 1956
Anlagen

Vg. Ab.
30/6

Betr.: Gesetz über Preise für Getreide inländischer Erzeugung für das Getreidewirtschaftsjahr 1956/57 sowie über besondere Maßnahmen in der Getreide- und Futtermittelwirtschaft (Getreidepreisgesetz 1956/57).

Das vorstehend näher bezeichnete Gesetz ist vom Herrn Bundespräsidenten unter dem 22.Juni 1956 ausgefertigt und im Bundesgesetzblatt Teil I S. 511 verkündet worden.

Im Auftrag

Mfg. Bonn, den 30. Juni 1956

Zu den Akten

Im Auftrag

6-73100-1429/56 VII

Findbücher zu Beständen des Bundesarchivs

Bd 1: Liberale Parteien: I. Nationalliberale Partei, II. Deutsche Volkspartei, III. Deutsche Demokratische Partei / Deutsche Staatspartei (Bestandsgruppe R 45), Bearb. von Hans Booms und Elisabeth Kinder, 1970. Nachdruck 1985. 54 S. - € 4,- (F) (ISBN 3-89192-000-8)

Bd 2: Stellvertreter des Reichskanzlers (Vizekanzlei von Papen - Bestand R 53). Bearb. von Thomas Trumpp. 1970. Nachdruck 1985. 62 S. - € 4,- (F)

Bd 3: Persönliche Adjutantur des Führers und Reichskanzlers (Bestand NS 10). Bearb. von Friedrich P. Kahlenberg. 1970. Neubearb. Nachdruck 1986. 162 S. - € 7,50 (F) (ISBN 3-89192-002-4)

Bd 4: Nachlaß Maximilian Harden (Bestand NL 62). Bearb. von Wolfgang Mommsen. 1970. Neubearb. Nachdruck 1985. 132 S. - € 8,- (F)

Bd 5: Nachlaß Max Bauer (Bestand NL 22). Bearb. von Eberhard v. Vietsch. 1970. Nachdruck 1984. 35 S.- € 3,50 (F)

Bd 6: Nachlaß Erich Koch-Weser (Bestand NL 12). Bearb. von Wolfgang Mommsen. 1970. 2. neubearb. Auflage 1984. 47 S. - € 4,- (F)

Bd 7: Nachlaß Georg Gothein (Bestand NL 6). Bearb. von Elisabeth Kinder. 1970. 29 S. - € 2,- **(vergriffen)** (F)

Bd 8: Wochenschauen und Dokumentarfilme 1895 - 1950 im Bundesarchiv-Filmarchiv (16 mm-Verleihkopien). Neubearb. von Peter Bucher. 1984 (Nachdruck 2000). 504 S. - € 10,- (ISBN 3-89192-090-3) **(vergriffen)**

Bd 9: Akademie für Deutsches Recht (Bestand R 61). Bearb. von Walter Werhan, ergänzt von Elsa Fensch. 2. Auflage 1976. 110 S. - € 8,50 (F) **(vergriffen)**

Bd 10: Verein Deutscher Eisen- und Stahlindustrieller / Wirtschaftsgruppe Eisenschaffende Industrie (Bestand R 13 I). Bearb. von Hans Booms. 1972. Nachdruck 1985. 214 S. - € 13,- (F)

Bd 11: Nachlaß Eduard Dingeldey (Bestand NL 2). Bearb. von Hanne Marschall. 1974. 63 S. - € 1,50 (F) **(vergriffen)**

Bd 12: Deutscher Industrie- und Handelstag / Reichswirtschaftskammer (Bestand R 11). Bearb. von Friedrich Facius u. Thomas Trumpp. 1976. Nachdruck 1993. 616 S. - € 22,- (F) (ISBN 3-89192-042-3)

Bd 13: Reichskanzlei (Bestand R 43). Analytisches Inventar. Bearb. von Gregor Verlande und Wolfram Werner, 2. neubearb. Auflage in vier Teilbänden. 1984. LXII, 2198 S. - € 30,- (F) (ISBN 3-89192-001-6)

Bd 14: Reichsministerium für Ernährung und Landwirtschaft (Bestand R 14). Bearb. von Wilhelm Lenz. 1978. 93 S. - € 2,50,- (F)

Bd 15: Reichsministerium für Volksaufklärung und Propaganda (Bestand R 55). Bearb. von Wolfram Werner, 2. neubearb. Auflage 1996. XL, 591 S. - € 7,50 (F)

Bd 16: Reichskunstwart (Bestand R 32). Bearb. von Gregor Verlande und Irmtraut Eder-Stein. 1979. 201 S. - € 5,- (F)

Bd 17: Nachlaß Kurt von Schleicher (Bestand N 42). Bearb. von Gerhard Granier. 1980. 208 S. - € 4,- (F)

Bd 18: Vorparlament, Fünfzigerausschuß und Deutsche Nationalversammlung 1848/49 (Bestände DB 50/DB 51). Bearb. von Rüdiger Moldenhauer und Hans Schenk. 1980. 205 S. - € 4,-

Bd 19: Nachlaß Hans von Seeckt (Bestand N 247). Bearb. von Kurt Bertram und Gerhard Granier. 1981. 131 S. - € 2,50 (F) **(vergriffen)**

Bd 20: Südosteuropa-Gesellschaft (Bestand R 63). Bearb. von Brün Meyer. 1981. 186 S. - € 4,50 (F)

Bd 21: Nachlaß Magnus von Levetzow (Bestand N 239). Bearb. von Gerhard Granier. 1982, 104 S. - € 4,50 (F)

Bd 22: Reichssicherheitshauptamt (Bestand R 58). Bearb. von Heinz Boberach. 1982. Nachdruck 2000. 667 S. - € 19,50 (F) (ISBN 3-89192-089-X)

Bd 23: Partei-Kanzlei der NSDAP (Bestand NS 6). Bearb. von Josef Henke.
Teil 1: Bestandsverzeichnis. 1984. L, 344 S. - € 13,- (F)
Teil 2: Parteiverlautbarungen. 1991. XVII, 483 S. - € 15,50 (F) (ISBN 3-89192-030-X)

Bd 24: Reichsministerien der Provisorischen Zentralgewalt (Bestände DB 52-59).
Teil I. Bearb. von Hans Schenk. 1986. XXVIII, 204 S. - € 5,- (ISBN 3-89192-004-0)
Teil II: Bestände DB 56-59. Bearb. von Hans Schenk unter Mitwirkung von Philip Möckel. 2001. XII; 200 S. - € 10,- (ISBN 3-89192-071-67)

Bd 25: General-Inspektion des Militär-Verkehrswesens (Bestand PH 9 V). Inspektion des Militär-Luft- und Kraftfahrwesens (Bestand PH 9 XX). Bearb. von Hans-Heinrich Fleischer. 1986. XV, 89 S. - € 3,50 (F) (ISBN 3-89192-005-9)

Bd 26: Reichsministerium für die besetzten Ostgebiete (Bestand R 6). Bearb. von Hartmut Hagner. 1987. XIII, 265 S. - € 6,50 (F) (ISBN 3-89192-008-3)

Bd 27: Familienarchiv der Freiherren von Gagern (Bestand FN 7). Bearb. von Hans Schenk. 1987. XIV, 414 S. - € 10,- (ISBN 3-89192-012-1)

Bd 28: Kaiserliches Marinekabinett (Bestand RM 2). Bearb. von Hans-Heinrich Fleischer, Beatrix Jaenicke, Gert Sandhofer. 1987. XVII, 217 S. - € 7,- (F) (ISBN 3-89192-011-3)

Bd 29: Reichswirtschaftsministerium (Bestand R 7). Bearb. von Wilhelm Lenz u. Hedwig Singer. 1991. XLIII, 511 S. - € 17,- (F) (ISBN 3-89192-031-8)

Bd 30: Nachlaß Wilhelm Groener (Bestand N 46). Bearb. von Klaus-Volker Gießler. 1986. X, 170 S. - € 4,50 (F) (ISBN 3-89192-006-7)

Bd 31: Reichskulturkammer und ihre Einzelkammern (Bestand R 56). Bearb. von Wolfram Werner. 1987. 179 S. - € 4,50 (F) (ISBN 3-89192-009-1)

Bd 32: Reichsversicherungsamt (Bestand R 89). Bearb. von Hans-Dieter Kreikamp.
Teil 1: Zentralbüro. 1990. III, 323 S. - € 13,- (ISBN 3-89192-026-1)
Teil 2: Unfallversicherung. 1987. V, 725 S. - € 15,50 (ISBN 3-89192-010-5)
Teil 3: Kranken- und Invalidenversicherung. 1988. VII, 337 S. - € 7,50 (ISBN 3-89192-017-2)
Teil 4: Angestellten-, Knappschafts- und Arbeitslosenversicherung. 1990. V, 179 S. - € 6,40 (ISBN 3-89192-022-9)

Bd 33: Oberkommando des Heeres / Generalstab des Heeres (Bestand RH 2). Teil 1-4. Bearb. von Werner Loos. 1988. CLXIX, 1614 S. - € 30,50 (F) (ISBN 3-89192-013-X)

Bd 34: Nachlaß Hermann Dietrich (Bestand NL 4). Bearb. von Wolfgang Mommsen, ergänzt von Marianne Loenartz. 1988. XV, 171 S. - € 5,- (ISBN 3-89192-014-8)

Bd 35: Der Parlamentarische Rat (Bestand Z 5). Bearb. von Wolfram Werner. 2. erw. Aufl. 1994. 127 S. - € 5,50 (F) (ISBN 3-89192-047-4)

Bd 36: Reichsarbeitsministerium (Bestand R 41). Bearb. von Ute Simon. 1991. 624 S. - € 13,50 (F) (ISBN 3-89192-025-3)

Bd 37: Nachlaß Kurt Rheindorf (Bestand NL 263). Bearb. von Josef Henke. 1990. V, 204 S. - € 7,50 (F) (ISBN 3-89192-027-X)

Bd 38: Bundespräsidialamt (Amtszeit Prof. Dr. Theodor Heuss) (Bestand B 122). Bearb. von Mechthild Brandes. 1990. XV, 220 S. - € 7,50 (F) (ISBN 3-89192-028-8)

Bd 39: Nachlaß Bernhard Schwertfeger (Bestand NL 15). Bearb. von Gerhard Granier. 1990. VII, 204 S. - € 7,50 (ISBN 3-89192-029-6)

Bd 40: Dienststellen zur Vorbereitung des westdeutschen Verteidigungsbeitrages 1950 - 1955 (Bestand BW 9). Bearb. von Dieter Krüger. 1992. 2 Teile, CXXII, 762 S. - € 20,50 (F) (ISBN 3-89192-033-4)

Bd 41: Nachlaß Martin Spahn (Bestand N 1324). Bearb. von Edgar Büttner. 1993. X, 124 S. - € 5,50 (ISBN 3-89192-037-7)

Bd 42: Deutsches Büro für Friedensfragen (Bestand Z 35). Bearb. von Gerhard Johann. 1993. XIV, 127 S. - € 5,50 (ISBN 3-89192-038-5)

Bd 43: Reichsorganisationsleiter der NSDAP (Bestand NS 22). Bearb. von Gregor Verlande. 1993. XVI, 292 S. - € 5,50 (ISBN 3-89192-039-3)

Bd 44: Bundesforschungsamt für Naturschutz und Landschaftsökologie (Bestand B 245). Teilfindbuch Reichsstelle für Naturschutz / Zentralstelle für Naturschutz und Landschaftspflege / Bundesanstalt für Naturschutz und Landschaftspflege. Bearb. von Michael Wettengel. 1993. XIII, 87 S. - € 5,50 (F) (ISBN 3-89192-040-7)

Bd 45: Nachlaß Jakob Kaiser (Bestand N 1018). Bearb. von Hanne Marschall-Reiser und Marianne Loenartz. 1993. 79 S. - € 5,50 (F) (ISBN 3-89192-041-5)

Bd 46: Reichskammergericht (Bestand AR 1). Prozeßakten. Bearb. von Ursula Hüllbüsch und Hans Schenk. 1994. XVIII, 532 S. - € 15,50 (ISBN 3-89192-043-1)

Bd 47: Deutsches Ausland-Institut (Bestand Bild 137). Teil 1-4. Bearb. von Rainer Hofmann unter Mitarbeit von Friedhelm Flesche. 1994. 2380 S. - € 34,- (ISBN 3-89192-044-X) **(vergriffen)**

Bd 48: Nachlaß Oskar Messter (Bestand N 1275). Bearb. von Babett Stach. 1994. 150 S. - € 7,50 (ISBN 3-89192-048-2)

Bd 49: Nachlaß Max Skladanowsky (Bestand N 1435). Bearb. von Undine Völschow. 1995. 82 S. - € 5,- (F) (ISBN 3-89192-049-0)

Bd 50: Nachlaß Theodor Heuss (Bestand N 1221). Bearb. von Frauke Laufhütte und Jürgen Real. 1994. 246 S. - € 10,- (F) (ISBN 3-89192-051-2)

Bd 51: Publizistische Quellen zur Geschichte der Revolution von 1848 und ihrer Folgen. Bearb. von Heinz Boberach und Horst Zimmermann. 1996. 623 S. – € 15,50 (ISBN 3-89192-053-9)

Bd 52: Reichskammergericht (Bestand AR 1). Urteilsbücher. Bearb. von Hans Schenk u. Mitarb. von Ernst Ludwig Brust, Claudia Helm u. Michael Hollmann. 1995. 30 S. u. 6 Disketten. - € 13,- (ISBN 3-89192-052-0)

Bd 53: Hauptverwaltung für Ausbildung und Hauptverwaltung für Ausbildung - Dienststellen. (Bestände DVH 1 und DVH 2). Bearb. von Albrecht Kästner. 1995. 249 S. - € 10,- (ISBN 3-89192-054-7)

Bd 54: Reichsministerium des Innern (Bestand R 1501) Teil 2 in 3 Teilbänden. Bearb. von Josef Henke und Gregor Verlande. 1996. 900 S. - € 23,- (ISBN 3-89192-056-3)

Bd 55: Nachlaß Friedrich Naumann (Bestand N 3001). Bearb. von Ursula Krey und Thomas Trumpp. 1996. 184 S. - € 10,- (F) (ISBN 3-89192-057-1)

Bd 56: Bundesministerium für Gesundheitswesen (Bestand B 142). Bearb. von Hans-Dieter Kreikamp. 1996. 270 S. - € 10,- (ISBN 3-89192-059-8)

Bd 57: Persönlicher Stab Reichsführer-SS (Bestand NS 19). 2 Teilbände. Bearb. von Josef Henke. 1997. 1083 S. - € 23,- (F) (ISBN 3-89192-062-8)

Bd 58: Kommando der Volksmarine (Bestand DVM 10). Teil 1 Chef der Voksmarine, Militärrat, Havariekommissar. Bearb. von Werner Liebknecht. 1997. 236 S. - € 10,- (ISBN 3-89192-063-6)

Bd 59: Mikrofiche-Edition der Protokolle des Zentralsekretariats der Sozialistischen Einheitspartei Deutschlands (1946 bis 1949). Bearb. von Konrad Reiser und Simone Walther. 1997. 230 S. - € 10,- (ISBN 3-89192-065-2)

Bd 60: Volkskammer der DDR. (Bestand DA 1)
Teil 1: Deutscher Volksrat. Bearb. von Roswitha Schröder. 1997. 92 S. - € 5,- (ISBN 3-89192-064-4)
Teil 2: Volkskammer der DDR: 10. Wahlperiode 1990. Bearb. von Roswitha Schröder. 2001. 178 S. € 10,- (F) (ISBN 3-89192-102-0)

Bd 61: Kommando der Landstreitkräfte der Nationalen Volksarmee (Bestand DVH 7). Bearb. von Marianne Glatza. 1997. 405 S. - € 13,- (ISBN 3-89192-066-0)

Bd 62: Bundesministerium für Arbeit und Sozialordnung (Bestand B 149)
Teil 1: Arbeitsmarktpolitik, Arbeitsvermittlung, Arbeitslosenversicherung, Berufsberatung (1949-1974). Bearb. von Kerstin Oldenhage. 1998. 174 S. – € 10,- (ISBN 3-89192-067-9)
Teil 2: Sozialversicherung, Kriegsopferversorgung, Generalsekretariat für die Sozialreform (1949-1979). Bearb. von Axel Schmidt. 1998. 310 S. - € 10,- (ISBN 3-89192-068-7)
Teil 3: Arbeitsrecht, Lohn-, Tarif- und Schlichtungswesen, Arbeitsschutz (1949-1982). Bearb. von Kerstin Oldenhage. 1998. 445 S. - € 13,- (ISBN 3-89192-069-5)
Teil 4: Kriegsopferversorgung, Sozial- und Arbeitsmedizin (1949-1974). Bearb. von Axel Schmidt. 1999. 153 S. - € 7,50 (ISBN 3-89192-077-6)
Teil 5: Allgemeine Verwaltung, Versorgungs- und sozialärztliche Angelegenheiten, Internationale Sozialpolitik (1949-1979). Bearb. von Kerstin Oldenhage. 1999. 99 S. - € 5,- (ISBN 3-89192-078-4)

Bd 63: Nachlaß Walter Hallstein (Bestand N 1266). Bearb. von Brigitta Schenke unter Mitarbeit von Gregor Pickro. 1998. 707 S. - € 18,- (F) (ISBN 3-89192-070-9)

Bd 64: Verzeichnis der Bestände der Abteilung DDR. Bearb. von Doris Boissier, Beate Friedrich, Margret Fruth, Evelyn Grünspek, Gisela Haker, Michael Müller. Gesamtredaktion: Hermann Schreyer. 1998. 191 S. - € 10,- (ISBN 3-89192-073-3)

Bd 65: Nachlaß Alfred von Tirpitz (Bestand N 253). Bearb. von Klaus-Volker Gießler. 1998. 305 S. - € 10,- (F) (ISBN 3-89192-074-1)

Bd 66: Kasernierte Volkspolizei/Stab (Bestand DVH 3). Bearb. von Albrecht Kästner und Gertrud Roschlau. 1998. 505 S. - € 13,- (ISBN 3-89192-075-X)

Bd 67: Nachlaß Hermann Louis Brill (Bestand N 1086). Bearb. von Sabine Herrmann und Friedrich P. Kahlenberg. 1999. 311 S. - € 10,- (ISBN-3-89192-076-8)

Bd 68: Reichsministerium für kirchliche Angelegenheiten (Bestand R 5101). Bearb. von Sabine Gresens, Maike Maerten und Kerstin Oldenhage. 2000. 429 S. € 13,- (F) (ISBN-3-89192-079-2)

Bd 69: Bundesministerium der Justiz (Bestand B 141) (F)
- Teil 1: Strafrecht (1949-1970). Bearb. von Vera Hübel. 1999. 614 S. € 15,50 (ISBN-3-89192-080-6)
- Teil 2: Zivilrecht (1946-) 1949-1974 (-1997). Zwei Teilbände. Bearb. von Reinhold Bauer. 2004. 932 S. - € 34,50 (ISBN 3-86509-146-6)
- Teil 3: Land- und Forstwirtschaft (1948-2001). Bearb. von Reinhold Bauer. 2006. 85 S. € 8,50 (ISBN 3-86509-547-X)
- Teil 4: Rechts- und Dienstverhältnisse der Staatsbediensteten. 1949-1999 (-2004). Bearb. von Reinhold Bauer. 2006. 177 S. € 11,50 (ISBN 3-86509-548-8)

Bd 70: Ministerium für Kultur (Bestand DR 1).
- Teil 1: Staatliche Kommission für Kunstangelegenheiten (Juli 1951 - Januar 1954). Bearb. von Johanna Marschall-Reiser. 1999. 234 S. - € 10,- (F) (ISBN-3-89192-081-4)
- Teil 2: Sekretariat des Ministers Johannes R. Becher (1954 - 1958). Bearb. von Johanna Marschall-Reiser. 2005. 168 S. - € 11,- (ISBN 3-86509-288-8)

Bd 71: Mikrofiche-Edition der Protokolle des Politbüros des Zentralkomitees der Sozialistischen Einheitspartei Deutschlands. Bearb. von Elrun Dolatowski, Konrad Reiser und Simone Walther
- Teil 1: 1949 bis 1952. 1999. 310 S. - € 10,- (F) (ISBN 3-89192-082-2)
- Teil 2: 1953 bis 1960. 2001. 504 S. - € 16,- (F) (ISBN 3-89192-109-8)

Bd 72: Deutsche Trickfilme (1909-1945). Bestandsnachweis. Bearb. von Manfred Lichtenstein und Doris Hackbarth. 1999. 132 S. - € 7,50 (ISBN 3-89192-085-7)

Bd 73: Außenpolitisches Amt der NSDAP (Bestand NS 43). Bearb. von Thomas Marschner. 1999. 113 S. - € 7,50 (ISBN 3-89192-087-3)

Bd 74: Bundespräsidialamt. Amtszeit Heinrich Lübke. 1959-1969 (Bestand B 122). Bearb. von Wolfram Werner. 2000. 258 S. - € 11,- (F) (ISBN 3-89192-091-1)

Bd 75: Bundesministerium für Post und Telekommunikation (Bestand B 257).
Teil 1: Aktenplanhauptgruppe 2 Postwesen. (1945) 1949-1979. Bearb. von Sabine Herrmann. 2000. 411 S. - € 13,- (ISBN 3-89192-092-X)
Teil 2: Aktenplanhauptgruppe 1 Verfassung. (1944-) 1949-1979 (-1989). Bearb. von Philip Möckel. 2003. 288 S. € 10,- (F) (ISBN 3-89192-128-4)

Bd 76: Bundesministerium für Jugend, Familie, Frauen und Gesundheit und Funktionsnachfolger (1950) 1969-1991 (1994) (Bestand B 189). Zwei Teilbände. Bearb. von Axel Schmidt. 2000. 839 S. - € 20,50 (ISBN 3-89192-093-8)

Bd 77: Bundesanstalt für Arbeit (Bestand B 119). Bearb. von Kerstin Oldenhage und Axel Schmidt. 2000. 447 S. - € 13,- (ISBN 3-89192-099-7)

Bd 78: Bundesministerium für Ernährung, Landwirtschaft und Forsten (Bestand B 116)
Teil 1: Leitung, Aktenplanhauptgruppe 1 Zentralabteilung. Bearb. von Kerstin Schenke. 2000. 258 S. - € 11,- (ISBN 3-89192-095-4)
Teil 2: Aktenplanhauptgruppe 2 Landwirtschaftliche Erzeugung/Ernährungspolitik. Bearb. von Kerstin Schenke. 2002. 339 S. € 10,- (ISBN 3-89192-116-0)

Bd 79: Deutsche Welle. Amtszeit des Intendanten Hans Otto Wesemann (1961-1967) (Bestand B 187). Bearb. von Thomas Marschner. 2000. 182 S. € 10,- (ISBN 3-89192-094-6)

Bd 80: Vorläufer der Volksmarine (1949-1956) (Bestände DVM 1 bis DVM 4). Bearb. von Albrecht Kästner. 2000. 96 S. - € 7,50 (ISBN 3-89192-096-2)

Bd 81: Zentralkomitee der Sozialistischen Einheitspartei Deutschlands (Bestand DY 30)
Büro Erich Honecker (1957-1989). Bearb. von Sylvia Gräfe. 2000. 240 S. € 11,- (F) (ISBN 3-89192-097-0)
Büro Walter Ulbricht (1945-1972). Bearb. von Sylvia Gräfe. 2002. 189 S. € 10,- (F) (ISBN 3-89192-119-5)
Büro Günter Mittag (1962-1989). Berb. von Bernd Schlüter.2007. 420 S. € 18,50 (ISBN 978-3-86509-772-9)

Bd 82: Deutsche Gewerkschaften von den Anfängen bis 1933 (Bestände RY 23 bis RY 54, RY 62). Bearb. von Andreas Grunwald. 2001. 217 S. - € 10,- (ISBN 3-89192-103-9)

Bd 83: Ministerium für Post- und Fernmeldewesen (Bestand DM 3)
Teil 1: Postwertzeichen. Bearb. von Evelyn Grünspek. 2001. 210 S. - € 10,-. (ISBN 3-89192-104-7)

Bd 84: Bundesministerium der Finanzen (Bestand B 126)
- Teil 1: Zölle (1949-1962). Bearb. von Kerstin Oldenhage. 2001. 180 S. € 10,- (ISBN 3 89192-105-5)
- Teil 2: Besatzungslasten (1949-1971). Bearb. von Kerstin Oldenhage. 2001. 144 S. € 7,50 (ISBN 3-89192-106-3)
- Teil 3: Lastenausgleich (1948-1990). Bearb. von Kerstin Oldenhage. 2002. 188 S. € 10,- (ISBN 3-89192-114-4)
- Teil 4: Banken, Internationale Finanzierungsfragen (1946-1990). Bearb. von Kerstin Oldenhage. 2002. 128 S. € 7,50,- (ISBN 3-89192-125-X)
- Teil 5: Steuern (1946-1948) 1949-1966 (1967-1982). Bearb. von Kerstin Oldenhage. 2003. 351 S. € 12,- (ISBN 3-89192-127-6)
- Teil 6: Ministerbüros (1949-1971). Bearb. von Kerstin Oldenhage. 2004. 90 S. € 9,- (ISBN 3-86509-165-2)
- Teil 7: Geld und Kredit (1950-1971) 1972-1978. Bearb. von Kerstin Oldenhage. 2005. 220 Seiten. € 12,50 (ISBN 3-86509-379-5)

Bd 85: Nachlaß Lauritz Lauritzen (Bestand N 1282). Bearb. von Michael Wettengel. 2001. 143 S. € 10,- (ISBN 3-89192-107-1)

Bd 86: Zentrale Deutsche Kommission für Sequestrierung und Beschlagnahme (Bestand DO 3) Bearb. von Elke Vogel. 2001. 259 S. € 11,- (ISBN 3-89192-108-X)

Bd 87: Verwaltung für Wirtschaft des Vereinigten Wirtschaftsgebietes (Bestand Z 8). Bearb. von Johannes Bleich. Ergänzung und Überarbeitung durch Kerstin Schenke unter Mitarbeit von Anneliese Hoffmann-Thielen. 2001. 431 S. € 13,- (ISBN 3-89192-101-2)

Bd 88: Palast der Republik (Bestand DC 207).
- Teil 1: Hausverwaltung. Bearb. von Roswitha Schröder. 2003. 76 S. € 7,50 (ISBN 3-89192-129-2)
- Teil 2: Theater im Palast. Bearb. von Cornelius Sommer und Roswitha Schröder. 2001. 96 S. € 7,50 (ISBN 3-89192-111-X)

Bd 89: Presse- und Informationsamt der Bundesregierung (Bestand B 145)
- Teil 1: Abteilung V - Film, Funk, Fernsehen (1949-1972). Bearb. von Thomas Marschner. 2002. 166 S. € 10,- (ISBN 3-89192-117-9)
- Teil 2: Abteilung III - Inland (1949-1972). Bearb. von Elke Hauschildt. 2004. 412 S. € 22,50 (ISBN 3-86509-249-7)

Bd 90: Ministerium für Wirtschaft und Funktionsvorgänger (Bestand DE 10). Bearb. von Doris Boissier. 2002. 143 S. € 7,50 (ISBN 3-89192-118-7)

Bd 91: Reichskanzleramt (Bestand R 1401). Bearb. von Franz Göttlicher. 2002. 217 S. € 10,- (ISBN 3-89192-120-9)

Bd 92: Publikationsstelle Berlin-Dahlem (Bestand R 153). Bearb. von Irmtraut Eder-Stein unter Mitwirkung von Kristin Hartisch. 2002. 334 S. € 11,- (ISBN 3-89192-123-3)

Bd 93: Deutsche Investitionsbank (Bestand DN 3). Bearb. von Evelyn Grünspek. 2002. 240 S. € 11,- (F) (ISBN 3-89192-124-1)

Bd 94: Informations- und Pressestab des Bundesministeriums der Verteidigung (Bestand BW 1). Bearb. von Werner Loos. 2003. 239 S. € 11,- (F) (ISBN 3-89192-126-8)

Bd 95: Hauptamt für Erzieher/Reichswaltung des NS-Lehrerbundes (Bestand NS 12). Bearb. von Kristin Hartisch und Simone Langner. 2003. 253 Seiten. € 11,- (ISBN 3-89192-130-6)

Bd 96: Dienststellen der Luftstreitkräfte und Luftverteidigung der DDR (Bestände DVL 1, DVL 2 und DVL 3). Bearb. von Lutz Collin und Marianne Naujoks. 2003. 386 Seiten. € 12,- (ISBN 3-89192-131-4)

Bd 97: Ministerium der Finanzen der DDR (Bestand DN 1)
Teil 1: Deutsche Zentralfinanzverwaltung / Hauptverwaltung Finanzen der Deutschen Wirtschaftskommission (1945-1949). Bearb. von Isgard Löffler. 2003. 176 Seiten. € 10,- (ISBN 3-89192-132-2)

Bd 98: Reichskolonialamt (Bestand R 1001). Drei Teilbände. Bearb. von Michael Hollmann. 2003. 1049 Seiten. € 23,- (F) (ISBN 3-89192-134-9)

Bd 99: Kommando des Militärbezirks III der Nationalen Volksarmee (Bestand DVH 9). Bearb. von Marianne Naujoks. 2003. 485 Seiten. € 23,50 (ISBN 3-86509-073-7)

Bd 100: Reichsfinanzministerium (Bestand R 2) (F)
Teil 4: Aufstellung des Reichshaushalts der Fachressorts PM (Post), Po (Generalgouvernement (Polen)), Pro (Propaganda), R (Reichspräsident, Reichstag, Reichskanzlei), RG (Reichsgaue), Rh (Besetzte Gebiete (nach 1918)), RH (Rechnungshof / Reichssparkommissar), Str (Generalinspektor für das deutsche Straßenwesen), Su (Schuldenwesen). Bearb. von Karola Wagner. 2005. 456 Seiten. € 20,- (ISBN 3-86509-408-2)
Teil 5: Aufstellung des Reichshaushalts der Fachressorts Ve (Verkehr), We (Wehrmacht), WEn (Generalinspektor für Wasser und Energie), Wi (Wirtschaft), Wis (Wissenschaft, Erziehung und Volksbildung), WM (Rüstung und Kriegsproduktion). Bearb. von Karola Wagner. 2003. 483 Seiten. € 21,50 (ISBN 3-86509-077-X)

Bd 101: Generalstaatsanwalt der DDR (Bestand DP 3). Bearb. von Simone Walther. 2003. 588 Seiten. € 24,- (ISBN 3-86509-086-9)

Bd 102: Koloniale Gesellschaften und Verbände (Bestände R 8023, R 8024, R 8124, R 8133). Bearb. von Franz Göttlicher. 2003. 336 Seiten. € 16,- (ISBN 3-86509-091-5)

Bd 103: Reichspropagandaleiter der NSDAP (Bestand NS 18). Bearb. von Jana Blumberg, Thomas Marschner und Christine Reibel. 2003. 266 Seiten. € 11,- (ISBN 3-89192-133-0)

Bd 104: Polizeidienststellen in der Slowakei (Bestand R 70 Slowakei). Bearb. von Kerstin Weller. 2004. 144 Seiten. € 10,50 (ISBN 3-86509-095-8)

Bd 105: Ministerium für Bauwesen (Bestand DH 1)
Teil 1: Ministerium für Aufbau (1949-1958). Bearb. von Herbert Bauch, Chris Fengler, Barbara Fritsch und Karin Kleinwächter. Gesamtredaktion: Gisela Haker. 2004. 422 Seiten. € 18,- (ISBN 3-86509-167-9)

Bd 106: Ministerrat der DDR (Oktober 1949 - November 1989) (Bestand DC 20)
Teil 1: Ministerpräsident / Vorsitzende des Ministerrates: Otto Grotewohl, Willi Stoph, Horst Sindermann. Bearb. von Ulf Rathje, Maria Salopiata und Roswitha Schröder. Gesamtredaktion: Evelyn Grünspek. 2004. 476 Seiten. € 20,50 (ISBN 3-86509-219-5)

Bd 107: Nationales Olympisches Komitee der DDR (Bestand DR 510). Bearb. von Chris Fengler. 2005. 184 Seiten. € 11,50 (ISBN 3-86509-292-6)

Bd 108: Oberstes Gericht der DDR (1949-1990) (Bestand DP 2). Zwei Teilbände. Bearb. von Kerstin Schimmeck. 2005. 844 Seiten. € 31,50 (ISBN 3-86509-299-3)

Bd 109: SS-Wirtschafts-Verwaltungshauptamt (Bestand NS 3). Bearb. von Walter Naasner. 2005. 488 Seiten. € 21,- (ISBN 3-86509-353-1)

Bd 110: Bundesministerium für Wirtschaft (Bestand B 102)
Teil 1: Geld und Kredit (1945-1948) 1949-1972 (1973-1990). Bearb. von Barbara Limberg. 2005. 364 Seiten. € 16,50 (ISBN 3-86509-380-9)

Bd 111: Bundesministerium des Innern (Bestand B 106)
Teil 1: Abteilung RS Reaktorsicherheit und Strahlenschutz (1953-) 1972-1986 (-1988). Bearb. von Toni Seul. 2006. 244 S. € 13,- (ISBN 3-86509-587-9)

Bd 112: Bundeskanzleramt (Bestand B 136) 1949 – 1969 (2001). Bearbeitet von Jörg Filthaut und Lars Amelung, 2007. 220 S. € 12,50 (ISBN 978-3-86509-784-2)

Bd 113: Staatssekretär für Kirchenfragen (Bestand DO 4) 1949-1990. Bearb. von Walther Naasner. 2007. 976 S. € 36,- (ISBN 978-3-86509-776-7)

Bd 114: Ministerium des Innern (Bestand DO 1)
Teil 2: Verwaltung Strafvollzug 1949-1990. Bearb. von Kerstin Risse, Steffen Lamster. 2007. 332 S. € 16,- (ISBN 978-3-86509-774-3)

Bd 115: Ministerrat der DDR (Bestand DC 20)
Teil 1: Regierung Hans Modrow. November 1989 – April 1990. Bearb. von Ulf Rathje. 2007. 184 S. € 11,50 (ISBN 978-3-86509-782-8)
Teil 2: Regierung Lothar de Maizière. April – November 1990. Bearb. von Ulf Rathje unter Mitwirkung von Christiane Ihlius. 2007. 496 S. € 21,- (ISBN 978-3-86509-781-1)

Bd 116: Zentraler Runder Tisch (Bestand DA 3) 1989-1990. Bearb. von Roswitha Schröder, Franziska Eckardt, Daniela Schulz. 2007. 88 S. € 9,- (ISBN 978-3-86509-773-6)

Verwaltung des Deutschen Schutzgebietes Togo. Akten der deutschen Behörden in Togo (1884-1914) (Bestand R 150 F). Bearb. von Jürgen Real. 1980. 486 S. € 7,50 (F)

Ein nachgestelltes (F) weist darauf hin, daß nicht nur die Findbücher käuflich zu erwerben sind, sondern auch die Bestände selbst ganz oder teilweise in Form von Mikrofilmen oder Mikrofiches gekauft werden können. Bestellungen von Mikrofilmen oder Mikrofiches erbeten an das Bundesarchiv, 56064 Koblenz.

Bestellungen von Findbüchern erbeten unmittelbar an die Wirtschaftsverlag NW GmbH, Postfach 101110, 27511 Bremerhaven.

Materialien aus dem Bundesarchiv

Heft 1: Reichswehr und Rote Armee. Dokumente aus den Militärarchiven Deutschlands und Rußlands 1925-1931. Hrsg. für das Bundesarchiv von Friedrich P. Kahlenberg, für den Russischen Archivdienst von Rudolf G. Pichoja, für das Russische Staatliche Militärarchiv von Ljudmila V. Dvojnych. Bearb. von Kai von Jena und Natalja E. Elisseeva unter Mitarb. von Hannsjörg F. Buck und Ivan V. Uspenskij. 1995. 127 S., € 4,20 (ISBN 3-89192-050-4)

Heft 2: Das Rheinland in zwei Nachkriegszeiten 1919-1930 und 1945-1949. Ergebnisse einer Tagung des Bundesarchivs in der Universität Trier vom 12. bis 14. Oktober 1994. Herausgegeben von Tilman Koops und Martin Vogt. 1995. 222 S., € 10,- (ISBN 3-89192-055-5)

Heft 3: Topographie audiovisueller Quellenüberlieferung. Film- und Videobestände in Archiven und archivischen Einrichtungen in der Bundesrepublik Deutschland. Bearb. von Verena Bockhorn, Helmut Morsbach, Silke Ronneburg, Wolfgang Schmidt. 1996. 937 S., € 15,- (ISBN 3-89192-058-X)

Heft 4: Akten der Reichskanzlei. Weimarer Republik. Ergebnisse einer Tagung des Bundesarchivs zum Anschluß der Edition, 28. bis 29. Juni 1991 in Koblenz. Herausgegeben von Tilman Koops und Martin Vogt. 1997. 127 S., € 9,20 (ISBN 3-89192-060-1)

Heft 5: "Gemeinschaftsfremde". Quellen zur Verfolgung von "Asozialen" 1933-1945. Bearb. von Wolfgang Ayaß. 1998. 425 S., € 18,- (ISBN 3-89192-072-5)

Heft 6: A. Hillengaß: Erinnerungen aus den Kasematten von Rastatt (1849). Zur Charakteristik der Konterrevolution und des Kriegszustandes in Baden. Bearbeitet und herausgegeben von Ernst Ritter. 2002. 41 S., € 3,50 (ISBN 3-89192-122-5)

Heft 7: Archivierung von Unterlagen aus digitalen Systemen. Beiträge zur dritten Tagung des Arbeitskreises am 22. und 23. März 1999. Herausgegeben von Michael Wettengel. 1999. 139 S., € 8,- (ISBN 3-89192-086-5)

Heft 8: Die Bundesministerien 1949-1999: Bezeichnungen, amtliche Abkürzungen, Zuständigkeiten, Aufbauorganisationen, Leitungspersonen, inkl. CD-Rom. Bearbeitet von Heinz Hoffmann. 2003. 596 S., € 25,50 (ISBN 3-86509-075-3)

Heft 9: Die deutsche Seekriegsleitung im Ersten Weltkrieg. Dokumentation in vier Bänden. Bearbeitet und herausgegeben von Gerhard Granier.
Band 1. 1999. 454 S., € 15,20 (ISBN 3-89192-083-0)
Band 2. 2000. 336 S., € 14,20 (ISBN 3-89192-088-1)
Band 3. 2000. 676 S., € 17,-- (ISBN 3-89192-098-9)
Band 4. 2004. 527 S., € 15,50 (ISBN 3-89192-112-8)

Heft 10: Herbst 1941 im „Führerhauptquartier". Berichte Werner Koeppens an seinen Minister Alfred Rosenberg. Bearb. von Martin Vogt. 2002. 198 S., € 7,- (ISBN 3-89192-113-6)

Heft 11: Die deutsche Reichspost 1933 - 1945. Eine politische Verwaltungsgeschichte. Ausgewählte Dokumente. Bearb. von Wolfgang Lotz. 2002.
719 S., € 20,- (ISBN 3-89192-115-2)

Heft 12: Sachthematisches Inventar zur Kulturpolitik der Sowjetischen Militäradministration in Deutschland (SMAD) 1945 - 1949. Hrsg. vom Russischen Staatlichen Archivdienst, Bundesarchiv und Staatsarchiv der Russischen Föderation. 2002. 339 S., € 10,- (ISBN 3-89192-110-1)

Heft 13: Joachim Lilla: Die Stellvertretenden Gauleiter und die Vertretung der Gauleiter der NSDAP im „Dritten Reich". 2003. 112 S., € 9,50 (ISBN 3-86509-020-6)

Heft 14: Festung an der Donau. Unterlagen über die um Budapest geführten Kämpfe 1944/45 in der Sammlung des Budapester Militärhistorischen Archivs. Hrsg. vom Ungarischen Militärhistorischen Archiv und vom Bundesarchiv-Militärarchiv. 2003. 268 S., € 23,50 (ISBN 3-86509-050-8).

Heft 15: Arthur L. Smith, Jr.: Menschenraub in Berlin. Übersetzt von Hermann Graml. 2004. 180 S., € 11,50 (ISBN 3-86509-148-3)

Heft 16 Norbert Müller, Helma Kaden, Gerlinde Grahn, Brün Meyer, Tilman Koops: Das Amt Ausland/Abwehr im Oberkommando der Wehrmacht. Eine Dokumentation. 2007. 620 S., € 24,00 (ISBN 978-3-86509-767-5)

Heft 17: Gunter Holzweißig: Quellenkundliche Anmerkungen zur DDR-Historiografie. 2006. 192 S., € 12,00 (ISBN 3-86509-444-9)

Heft 18: Andrea Hänger, Anke Löbnitz, Rainer Jacobs, Michael Steidel: Vorgangsbearbeitungssysteme in Bundesministerien. 2006. 140 S., € 10,50 (ISBN 3-86509-445-7)

Heft 19: Markus Bultmann: Erfahrung von Freiheit und Unfreiheit in der deutschen Geschichte – Rastatt und Offenburg: Erinnerungsorte der Revolution 1848/49 – Darstellung – Dokumentation – Vermittlung. 2007. 312 S., € 15,50 (978-3-86509-768-2)